U0921611

MOOCs

课程改革深化背景下的慕课开发与实践

上海市高中名校慕课案例集

上海市电化教育馆　编

上海科技教育出版社

序

基于慕课平台，积极推进线上线下融合的项目化教学

一

截至目前，“上海市高中名校慕课”平台（以下简称“慕课平台”）已经走过7个年头。回顾建设的初心与使命，结合当前国家和上海市课程改革的走势，更感责任重大、使命光荣，尽管道路依然曲折和泥泞。

慕课平台于2015年开始建设、2016年正式上线运营，是上海市教委积极落实上海教育综合改革提出的任务，深化中学课程教学改革的一项重大举措，旨在利用教育数字化手段，推进优质资源共享辐射，为学生个性化自主学习创造条件，为上海基础教育改革创新探索经验。慕课平台初始的建设目标一是建设一批以中学生为对象的高质量慕课，实现本市优质高中课程资源的共享辐射，提升高中校本特色课程建设水平，促进高中特色发展；二是通过网络互动式自主学习，引导学生适应基于网络的学习途径和方式，促进学生学习方式变革；三是引导教师加强课程设计和教学研究，利用网络加强与学生的互动，促进教师教学方式变革。

因为慕课平台上的课程由上海市实验性示范性高中和特色高中的优秀教师创建，故称之为“上海市高中名校慕课”平台。相对于课堂内、分科的、接受式的、以必修内容为主的学习，慕课平台为全市中学生提供了基于网络的、综合的、探究和实践的、以自选为主的学习与交流空间。慕课平台建设的目的一是优质资源的辐射，任何一所中学的孩子都能学到上海中学、华东师范大学第二附属中学、复旦大学附属中学、上海交通大学附属中学等名校名师的课程，二是更加彰显实验性示范性高中和特色高中的示范意义和特色，三是让学生在课外有更多自主学习、发展个性特长的空间。相较于学校的学科课程，慕课平台上的课程以研究型课程和拓展型课程为主，具有如下几个鲜明的特点：

一是更加反映社会性。这些课程都来自现实世界，有些就来自学生的学习与生活。比如：每天花多少时间做作业学习成绩可能最好？怎样的膳食结构才最为健康？建造大桥需要考虑哪些问题？我们能不能自己动手模拟建造一座大桥？在完成项目的过程中，学生解决问题的能力会得到更好的提升，在此过程中找到服务他人、服务社会的机会和路径。

二是更加注重创新性。慕课平台上的课程多为拓展型课程和研究型课程，旨在培养学生的创造能力和创新思维。在课程学习以及任务完成过程中，很多时候没有标准答案或固定的标准。课程鼓励学生的奇思妙想，有时候奇思妙想的过程比奇思妙想得到的结果更为重要，这个过程对提升学生的创造能力很有帮助。

三是更加关注实践性。慕课平台上的课程强调学生动手实践，要求学生自己动手做些什么，让学生“亲历亲为”，在体验中学习，在实践中提升。例如上海交通大学附属中学的慕课“蘑菇的栽培”，学生需要在线上学习蘑菇栽培知识的基础上，亲自栽培蘑菇，拍照记录蘑菇的生长过程并上传至平台。

四是更加彰显个性化。慕课平台上的课程以服务学生兴趣激发和特长发展为导向。也就是说，这些项目都是个性化的，学生可以根据自己的兴趣和特长自由选择。如果说校内的基础型课程更多的是目标导向的，慕课平台上的慕课则是以学生兴趣激发和特长发展为导向。当然，这些课程可以由学生自己单独完成，也可以和同学一起合作完成。

五是更加体现综合性。这些课程是综合性、跨学科的。世界本来就是综合的，所以解决这些问题就需要综合地思考，需要跨学科的知识来解决。

在上海市教委的领导下，在上海市电教馆、上海市教委教研室、华东师大慕课中心的支持下，7 年来慕课平台共计上线全市实验性示范性高中和特色高中开设的优质课程近 400 门，每年开出课程 300 余门次，每年学生登录学习 5 万余人次。如上海市徐汇中学的科创类和艺术类慕课，上海市曹杨中学的“环境素养培育”特色慕课，上海市控江中学的“艺+”文创系列课程，上海南汇中学的天文系列慕课，上海市澄衷高级中学的“现代商业素养培育”特色慕课，上海师范大学附属罗店中学的美育系列课程……都给学生留下了深刻印象。这对于发展学生的兴趣爱好、转变学生学习方式和教师教学方式、提升师生数字素养、强化高中学校课程特色发挥了积极作用。与此同时，这些高中在慕课建设的过程中形成了慕课开发的机制与流程，每所学校都有专门负责慕课开发的负责人和团队，形成了校本慕课开发的流程和规章制度，制定了指导学生线上学习的规范，完成了从课程到教学到管理的数字化转型。

二

展望未来，在当今以及未来快速变化的社会中，培养学生具备适应社会发展和终身发展必备的正确价值观、必备品格与关键能力，是基础教育阶段最为重要的任务。教育部新修订颁布的《义务教育课程方案和课程标准（2022 年版）》明确提出要将学生培养成为“有理想、有本领、有担当”的时代新人，教育教学过程即落实学生核心素养培养的过程，即每门科目、每节课、每项活动都要从不同侧面培养学生正确的价值观、必备品格与关键能力。在课程教学改革过程中，尤为强调坚持素养导向、强化学科实践、增强课程的综合性，着力推进表现性评价，进而整体推动育人方式变革。

因此，培养目标的素养导向，课程内容的跨学科性、实践性，教学上强调实践、体验，强调“做中学”“用中学”“创中学”，是本次课程方案和课程标准改革的重点。相对于知识的接受和消化吸收，核心素养的培养离不开学生实践，离不开学生的行动，离不开学生在真实情境中解决问题。诚如课程教学专家余文森所言：“没有个体真实、完整、深刻的活动及体验，相应的素养就无法形成。活动是素养形成的必经路径、程序、过程、环节，所以对‘活动’也必须提升到与内容标准一样的高度来对待，即提升到‘刚性’和原则性的高度来定位。把各门课程重要的、基本的学习活动和经历提升到国家标准的高度来规定，而不是一般性的建议。就像理科的必做实验一样。”

然而，在传统的、单纯的线下课堂教学过程中培养学生的核心素养，在很大程度上存在课堂时间不够、教学资源不够、活动空间不足的现实制约。很多时候，教师讲解完基本的学科概念与核心知识，学生稍加练习，课堂教学的时间就用完了，根本没有时间让学生开展实践、实验和调查类的学科活动。因而就出现了“英语课上学生大部分时间在听，很少时间说”“物理课、化学课上学生大部分时间在听，没有时间或很少做实验”“思想政治课上学生大部分时间在听，很少时间从事调查或实践”的现象，即课程教学专家崔允漷所言的用“不言语的方法”学语言，用“不着地的方法”学地理，用“不艺术的方法”学艺术，用“不科学的方法”学科学。学科活动和实践难以开展，学生核心素养的培养就不到位、不全面。

那么,如何破解核心素养培养既需要知识、技能的基础,又要进行更多实践和“做”之间,时间、资源、空间不平衡、不匹配、不充分的棘手问题呢? 慕课平台提供了一个良好的契机。

线上线下融合的教学是利用现代信息技术的便利,利用互联网、人工智能等技术拓展学生学习的时空,丰富学生学习的资源,充分利用线上和线下教学的差别,在教师的指导和引导下,让学生在线上扎实掌握知识的基础上,在线下有更多的时间、空间和精力从事实践和调研,在此过程中发展学生的核心素养。幸运的是,2022 年版的《义务教育课程方案》也关注并强调了深化教学改革要“发挥新技术的优势,探索线上线下深度融合的教学,服务个性化学习”。

利用慕课平台开展线上线下融合的教学,学生在项目或活动任务的驱动下,跟随教师的指导,首先学习在线课程资源(包括导学案、教学微视频、习题、以及其他教学资料和活动),完成知识的理解、消化与吸收,以及动手实践过程中及时获取线上各类资源与指导;在线下的教学中,学生和教师一起开展实验、社会调查、考察等实践活动,即从事“做中学”“用中学”“创中学”的活动。需要特别指出的是,在整个线上线下教学实践中,需要一体化设计基于核心素养培养的学习目标与评价标准,具体安排线上线下教学的任务与活动,不断对照目标达成的程度即评价标准来校准教学活动的具体实施。另外,在整个线上线下教学的过程中,就学生之间的小组交流与合作而言,线上有线上的便利与优势,线下有线下的便利与优势。线上交流的优势是信息交流效率高,线下交流的优势是活动中的交流效益高,实践中要基于需要进行选择。

非常欣喜地看到,基于慕课平台开展线上线下融合的项目化教学,发展学生核心素养的实践已经在不少学校徐徐展开。以上海市曹杨中学开展的“天气预报制作”一课为例,学生通过慕课学习基本气象要素、天气预报发展史以及现代天气预报的一般流程;在线下实践中,学生走进学校的气象演播室,运用所学的气象基础知识,分析气象云图,开展气象预报会商,最后发布天气预报,体验了一次真实的天气预报制作过程。上海南汇中学的天文慕课通过线上慕课和线下活动相结合的方式,将学校的优质资源向周边地区特别是浦东新区南中教育集团成员学校辐射。学校天文台和天象馆除日常天文活动外,假期对其他学校和天文爱好者开放,平均每年接待 1000 多人次观摩学习。同济大学第一附属中学开设的慕课“3D 打印创意乐器设计与制作”,学生在线学习有关 3D 打印的知识,线下真切地体验了 3D 打印的过程。

在数字化、智能化时代,未来充满不确定性的世界中唯一的确定性就是各行各业的数字化。学校的课程、教学、管理的数字化转型是当前及今后相当长一段时间内教育人的时代使命和责任。诚如夸美纽斯在提出和设计班级授课制时所言:“追求伟大的事情在过去是高贵的,在现在是高贵的,到将来永远也是高贵的。”我们坚信,现在和未来,推动教育的数字化转型,开展线上线下融合教学与管理变革,是一件伟大的事情。对于正确的方向和伟大的事情,我们唯有坚持,并不断反思和改进,才是纷繁现象中的大道所在。

华东师范大学　田爱丽

2022 年 11 月

目录

课程开发

应用实践

前 言

党的二十大报告指出:“培养造就大批德才兼备的高素质人才,是国家和民族长远发展大计。”同时指出,教育方面要优化区域教育资源配置,坚持高中阶段学校多样化发展。推进教育数字化,建设全民终身学习的学习型社会、学习型大国。教育数字化转型是中国式教育现代化体系中不可替代的重要环节,其中课程建设是满足高品质、多元化、个性化教育需求的关键媒介,也是国家提升教育实力、增强国际竞争力的重大战略选择。这项事业关系到建设科技强国、人才强国、文化强国的时代使命,推动着中华民族伟大复兴的历史进程。

改革开放以来,上海在中央先行先试政策的激励和支持下,坚持教育事业优先发展、优质发展、公平发展、创新发展,努力争当国家教育改革的“领头羊”。为落实国家教育数字化转型的战略需求,展现《国家中长期教育改革和发展规划纲要(2010—2020年)》和《教育信息化十年发展规划(2011—2020年)》中“优质教育资源普及共享”落地实施的成果,在上海市教委的指导下,上海市电化教育馆于2015年启动规划“上海市高中名校慕课”平台(以下简称“慕课平台”),统筹利用本市实验性示范性高中和特色高中拓展型课程和研究型课程的优质、特色课程资源,创设在线学习空间,为本市初中、高中学生提供基于网络的自主学习机会。

在落实上海教育综合改革的过程中,慕课平台提供了有力抓手,充分发挥了实验性示范性高中和特色高中的示范引领作用,利用信息技术联结名校、名师、名课程,鼓励高中学校分享优质、特色的校本课程资源,推进高中学校提升优质特色课程建设水平,促进高中学校特色多样发展。通过为中学生提供多元丰富的课程选择,满足学生个性发展、特长发展和全面发展的需要;鼓励中学生进行个性化学习、自主学习和协作学习,引导学校和教师依托信息技术推动教学理念、教学方式和教学内容的改革，创新人才培养模式，促进因材施教、个性化培养，培养信息技术与教育教学深度融合的师资队伍，深化普通高中特色化办学和育人方式转变。

作为充实课程形式的重要举措之一，慕课平台进一步满足高中阶段学校多样化发展的需求，为搭建自主创新、因材施教、弹性实施的现代化课程体系奠定了扎实的基础。截至2022年6月，慕课平台已上线来自上海16个区81所学校创建的近400门课程，共有320位主讲教师（含教师团队）加入该项目的慕课建设与推进，课程覆盖语言文学、数学、社会科学、自然科学、技术、艺术、体育与健身、综合实践等多个领域。慕课平台上参与学习的学生覆盖上海市770所学校，已经完成和正在进行课程学习超过50万人次。

经过7年的精心打磨与实践检验，"上海市高中名校慕课"平台在激发学生兴趣爱好、转变学生学习方式和教师教学方式、提升师生数字素养、强化高中学校课程特色等方面发挥了积极作用，沉淀了丰富的实践经验和理论成果。在上海教育数字化转型和新课程新教材改革的背景下，为持续深化慕课平台在推动高中学校多样化发展、促进教学改革、提升教师数字化教学能力等方面的作用，为一线教师总结课程设计与实施的参考模板、为教育管理者呈现最新的数字化转型成果、为学术研究者提供原始的分析素材，上海市电化教育馆面向慕课共同实践校进行了案例征集，联合市级专家组从学校特色、课程开发、应用实践三个视角汇编出版《课程改革深化背景下的慕课开发与实践——上海市高中名校慕课案例集》。

随着基础教育管理体制机制的日益成熟，国家、地方、学校的三级校本课程政策体系也逐渐得到完善。2020年教育部修订《普通高中课程方案（2017年版）》，明确要求将全部选修课交由学校开设，校本课程受到国家重视，也为学校校本课程带来更为广阔的发展空间。上海市多所中学传承学校特色，以慕课为载体对校本课程进行系统性的规划、组织、实施和创新。上海市曹杨中学围绕学校"环境素养培育"的特色，注重跨学科知识与技能相结合、理论知识与实际生活相结合、科学性与趣味性相结合、线上学习与线下实践相结合，兼顾普适性和差异性的学习需求，开发、完善了环境通识类课程群。上海体育学院附属金山亭林中学基于"理解生命、享受体育、追求卓越"的办学理念和"以体育人"的特色定位，从"健身、修身、砺身"三个维度构建体育特色课程。上海南汇中学是中国科学院紫金山天文台的"天文科普推广中心"和上海天文台的"科学普及实验基地"。学校基于长期天文教学的实践经验，围绕天文学创设基础型课程、拓展型课程及研究型课程共7门慕课，在国内教育界树立起天文教育的标杆，扩大了天文教育的辐射效应。上海市澄衷高级中学由清末著名实业家叶澄衷捐资创办，商科“基因”已传承百年，该校在创建“现代商业素养培育”特色普通高中的基础上，开发“商之术”“商之法”“商之道”三个维度的特色慕课14门，为学生传授参与现代商业活动必备的知识和技能，培养正确的商业道德与价值观。同样，将“中西商学的摇篮”作为目标的上海市第四中学，创建以经济、管理、金融为核心的优质课程，形成具有多学科渗透、跨学科整合、多样性选择和全方位合作特点的商学特色课程。上海市徐汇中学、上海师范大学附属罗店中学分别依托学校的音乐、美育办学特色创建相关系列课程群。

中学教师作为课程开发的主体，在确定课程目标、设计课程内容、课程实施、课程评价等环节发挥着举足轻重的作用。厘清慕课开发的整体样态是推动慕课高质量发展、奠定理论基础研究的必然要求。几年来，慕课平台的课程开发整体朝着“以学生个性化学习为核心，各方资源协同推进”的方向发展。上海理工大学附属中学以CDIO工程教育理念（Conceive、Design、Implement、Operate，意为构思、设计、实现、运作）为依据，以培养学生创意思维和实践能力为目标，兼顾学生素养培育与学校特色发展需求，开发慕课“工程与创意”，呈现出充分动手实践、纵向循序递进、横向拓宽视野的课程特点。上海市徐汇中学和同济大学交通运输工程学院合作共建了高铁调度实验室，依托实验室开设慕课“轨道交通与高铁调度”。华东师范大学第一附属中学以技术进化规律的理念为引领，建设慕课“Just do, Arduino智能巡线小车”，展示技术发展与实践探索的历史脉络，指导学生运用技术进行创造性活动。遵循“确定主题—搭建框架—重视引入—设计教学形式—核查效果”的思路开发的慕课“TI图形计算器作图”，解决了传统课堂学生学习兴趣不高、学习目的不明确、学习主动性不足等问题。上海师范大学第二附属中学使用技术手段，通过展示与生物入侵相关的史料、案例和诗词激发学生内驱力，以内容为核心、以活动为依托整合团队资源创建生态教育课程“外来生物入侵”。上海市敬业中学基于生涯发展理论，结合现实情况和学生需求，通过统筹资源、构建模式、完善课程和丰富资源构建起生涯教育课程“生之涯 心之往——高中生生涯导航”。上海市青浦高级中学从提升课堂效率、提升审美能力、提升人文素养三个方面进行“探觅词之卓妍”的课程设计，以宏观的视角和贯古通今的意识，由浅入深地对宋词之演进作简明介绍，分别从纵向和横向探讨重要词人的代表作品，提升学生的诗词素养及人文情怀。上海交通大学附属中学从“情境启思，培养思考意识”“探究导学，发展推理意识”“搭建支架，助力思维发展”“组间讨论，发散思维意识”四个方面进行“揭秘层析”的课程设计，通过驱动性任务指引学生开展实践探究，培育学生的科学素养和人文精神。

信息技术一直被视为课程改革的催化剂，数字化课程的教学质量能否得到显著提升关键在于信息技术的应用方式。经过多年实践探索，慕课平台逐渐从单向应用性技术整合转向双向创造性技术融合，从技术应用转向技术集成，从互联网技术转向智能科技创新，从单一专业研究团体转向交叉、跨界共同体研究。上海市位育中学以慕课“自然生存法则”和“汉字游戏‘原来如此’”为例，展示慕课制作的六个环节：团队建设、资源调配、方案制订、素材拍摄、后期剪辑和平台发布。上海中学基于慕课“分子生物学实验”的开发与实践，指出慕课是以传承为目标的经典课程再创造，是以传播为目标的特色课程再展示，慕课实施的关键在于提升教师的数字能力和学生的自组织能力。上海市宜川中学和同济大学第一附属中学利用翻转课堂，将优质慕课与传统课堂的优势双向互补，大大提升了慕课“Oh là là 法语启蒙”和“翻转英语词汇课堂”的教学效率。上海外国语大学附属外国语学校基于教学实践中的瓶颈问题，制订“中国与世界”课程群的目标、教学内容和实践活动，以形成性评价为主，辅以终结性评价，帮助学生认识自我、建立自信，调整学习策略，促进学生核心素养的全面发展。上海外国语大学附属外国语学校和上海师范大学第二附属中学结合项目化学习方式，将慕课“抗战的十五个瞬间”“启蒙运动十日谈”“昆虫秘事”与线下教学相融合，激发学习内驱力，提升教学成效。华东师范大学第一附属中学以慕课“跟着奥巴马了解美国节日”和学校特色课程“语用实践课”的融合路径为例，指出融合课程在教师、学生、教材和环境等多种因素的持续相互作用中动态生长，充分体现“生成课程”理念。同济大学第一附属中学将慕课与历史教学相融合，利用“专题式”的慕课学习和线上线下综合评价的方式，提供个性化深度学习的体验。上海市徐汇中学利用数字化资源平台的优势，呈现线上线下混合式教学的组织形式，以慕课“从零起步 快速学中阮”和“力量锻炼”为例，引导学生自适应学习。

上海市电化教育馆作为慕课平台的建设者和管理者，作为慕课项目的推进者和研究者，处于政策与实践之间的枢纽位置，既能把握政策制定的本质要求，兼顾政策执行的实施尺度，又能时刻关注学校的实践探索。一方面根据学校的实际情况更新对政策目标的认知，另一方面基于政策的指导意见与学校协同推进工作。近三年，全国处于数字化发展与全球新型冠状病毒感染疫情相遇的十字路口，慕课平台加足马力持续更新、迭代课程设计理念和技术应用方式，从资源筹备、课程创建、教学管理、信息维护等方面为同类课程平台的建设提供了宝贵且可靠的参考，为全国教育数字化转型的探索交出阶段性成果。

慕课平台凝聚了学校和教师的智慧和力量，所有参与慕课平台推进的学校，皆名校；所有参与课程建设与实践的教师，皆名师；所有上线共享知识的慕课，皆名课。在汇编案例集的过程中，上海市多所学校将倾注心血和智慧创建校本化慕课的经历和体会、将把信息技术用起来的经验梳理总结，向全国范围内的同行传播，充分发挥上海作为全国教育信息化“领头羊”的作用。

本书编委会

2022 年 10 月

学校特色

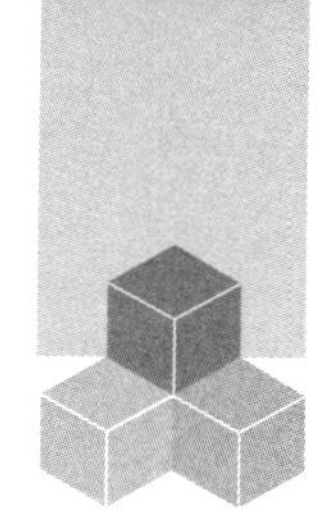

开发特色慕课，推动教与学方式变革

——以上海市曹杨中学“环境素养培育”特色慕课为例

上海市曹杨中学　张明晓

在推进普通高中育人方式改革的背景下，上海市曹杨中学结合“环境素养培育”特色，搭建了慕课框架，并纳入学校特色课程体系，将慕课作为学校推动教与学方式变革的重要载体。学校自主研发了9门慕课上线“上海市高中名校慕课”平台，并在开发与实施的过程中，明确了慕课的设计原则与开发策略，建立了高效的推进机制，实现了线上线下相结合的教与学方式的创新，推动了学校特色的新发展，促进了普通高中育人方式改革。

2019年，国务院办公厅印发的《关于新时代推进普通高中育人方式改革的指导意见》提出：“推进信息技术与教育教学深度融合，加强教学研究和指导。”2021年，中共中央办公厅、国务院办公厅印发的《关于进一步减轻义务教育阶段学生作业负担和校外培训负担的意见》提出：“做强做优免费线上学习服务。教育部门要征集、开发丰富优质的线上教育教学资源。”上海市曹杨中学（以下简称曹杨中学）结合学校“环境素养培育”特色，对课程进行系统设计和规划，开展了慕课的开发与实施的创新实践。

一、学校特色发展与课程规划

（一）学校特色与文化

作为上海市首所特色普通高中，曹杨中学坚持传承与发展，围绕“环境素养培育”，提出“大环境”（自然环境、社会人文环境以及人自身的心理环境）作为育人价值导向。学校通过这一创新育人载体，落实立德树人根本任务，构建了凸显办学特色的“环境素养培育”课程体系，建设了集文化熏陶、环境滋养、实践体验为一体的校园“育人场”。

1. 学校使命

坚持党的教育方针，立足学校的办学文化传统和教育实践特征(教学与生活相结合，学习与实践相结合)，结合时代发展和学生发展需求，秉持“大环境”的育人价值导向，以“环境素养培育”为特色育人载体，全面落实立德树人根本任务，推进五育并举，致力于培养学生与“大环境”和谐共生、协同发展的责任担当意识，自主力行的必备素养，满足学生全面而有个性的发展需求。

2. 学校愿景

通过系统的培育，让每一位学生在成长中能与“大环境”和谐共生、协同发展。

(二)学校特色课程体系

学校完善、优化了课程体系，形成了体现学校“环境素养培育”特色的课程架构(见图1-1)。课程体系的总体设计既面向全体学生，又关注个体差异，在课程架构上形成了兼顾普适性和差异性的学习需求。

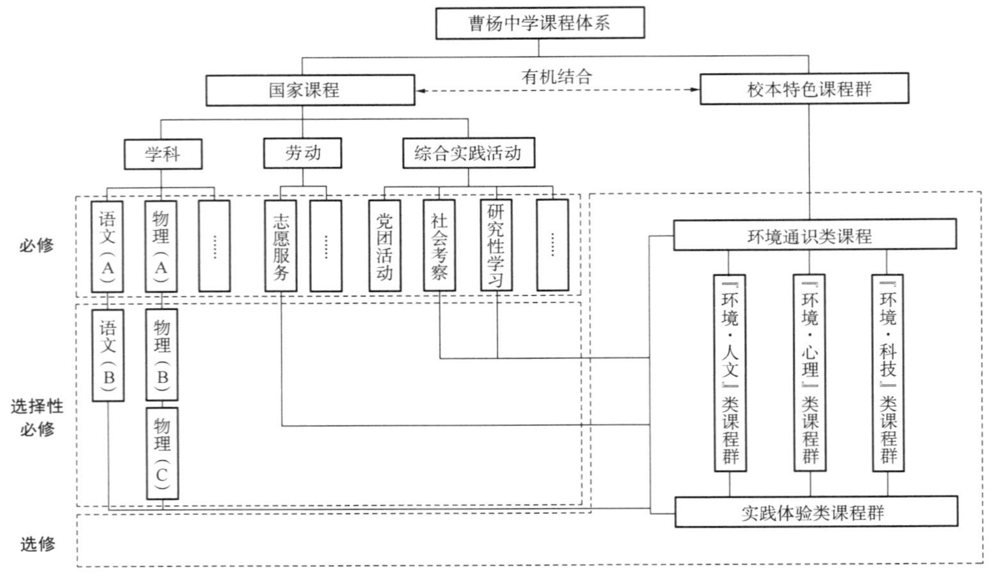

图1-1 体现学校“环境素养培育”特色的课程架构

在开足开齐国家课程的前提下，学校基于“环境素养培育”特色，开发和完善了校本特色课程群，即“3+2”特色课程群。“3”是指“环境·人文”类课程群、“环境·科技”类课程群、“环境·心理”类课程群，“2”是指为了促进这三类课程更有效地实施而设置的环境通识类课程与实践体验类课程。这些课程主要是基于必修学科开发的，既是对学科内容的补充和拓展，又注重与学生生活紧密结合，从而有效激发学生的学习兴趣，培养学生的社会责任感和解决实际问题的能力。

（三）慕课体系规划

互联网的普遍应用，特别是大数据、云计算和移动互联等技术的发展，正深刻地改变着教育的面貌，推动教育向数字化、网络化和智能化方向发展。[1] 2016 年，特色课程教师团队有幸参加了华东师范大学慕课中心举办的慕课培训，拓宽了课程开发的思路，将信息技术与教育教学深度融合，以原有的特色课程为基础，架构慕课体系，开发了一系列的慕课。

1. 慕课定位及其功能

慕课具有规模大、开放性、交互性等特点。学校开发的慕课主要面向本市初中、高中学生，学生的年段、知识储备有一定差异。因此，学校的慕课将“环境素养培育”特色与慕课的特点、学生学情相结合，以学生核心素养培育为目标，以解决真实“大环境”问题为抓手，兼顾普适性和差异性，面向学生的基本学习需求，关注学生适应时代发展需要的基础知识和基本技能的掌握，整合不同学科领域的知识体系和能力要求，拓宽学生的知识结构，帮助学生提升解决问题和自主学习的能力，为学生开展线上学习提供资源。

2. 慕课目标

慕课在培养学生掌握适应时代发展需要的基础知识和基本技能的基础上，帮助学生不断提升科学文化素养和环境素养，将不同领域的知识通过“大环境”问题链接整合、融会贯通，从而按照自身的逻辑思维重新建构不同于单一学科的知识体系；引导学生关注生活中的环境问题，正确认识和处理人与大环境的关系；推动学生灵活运用辩证思维、实证方法以及跨学科知识进行探索，提高跨学科、创造性解决问题的能力，促进学生高阶思维能力的发展；培养学生正确处理人与社会、自然环境以及自我心理环境三者之间的关系，进而形成与“大环境”和谐共生、协同发展的责任担当意识与自主力行能力，提高自身的生存能力、实践能力和创新能力。

3. 慕课框架

学校系统规划、有机统整“3+2”特色课程群，形成慕课的框架，分为“环境·科技”

类、“环境·人文”类、“环境·心理”类，共9门慕课（见表1-1）。

表1-1　曹杨中学慕课框架

“环境·科技”类课程群	“环境·人文”类课程群	“环境·心理”类课程群
风吹山川绿，光照万物兴——绿色能源与科技创新	“史老师”说故事	解锁心灵密码
绿色校园，“维”美生命	古艺新韵——中华传统文化的传承与发展	
玩转水世界——水技术与环保创新	楹联观春秋，赤子传文化	
观风云变化，识气象万千——气象科学		
食育		

（四）慕课推进策略

针对慕课开发环节多、历时长、涉及面广等特点，学校整体统筹规划，通过组织架构、制度建立、团队搭建、设施保障等工作，构架起保障慕课顺利推进的管理支持系统（见图1-2），并以平均每年1.3门课程的速度高效高质开发慕课。

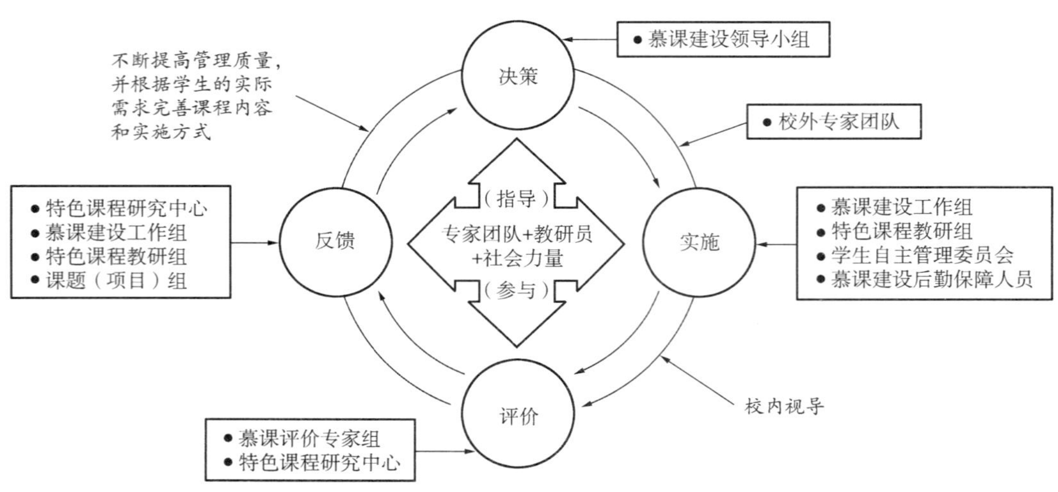

图1-2　曹杨中学慕课管理支持系统

1. 搭建项目运行团队

学校建立了一支由校长室、特色课程研究中心、教研组、总务处、政教处、校外专家等组成的慕课项目团队。校长室为总负责；特色课程研究中心为主要负责部门，负责教师培训、组织慕课开发与实施、课程评价、跨部门协调等；教研组负责开发并实施慕课；总务处提供信息技术和经费支持；政教处组织学生开展慕课学习及学生评价。此外，10余位来自高校、科研机构(如同济大学、上海大学、中国极地研究中心等)的专业人员组成专家团队，为课程提供专业指导。

2. 建立一套健全的开发实施流程

学校建立了一套行之有效的“前期论证—课程开发—课程实施—课程评价—课程完善”慕课开发与实施流程，主要流程如下：①组建教师团队，开展教师培训；②提出课程开发申请，开展专家论证；③搭建课程框架，规划课程内容；④精心设计并制作视频；⑤打磨慕课，完成平台上线；⑥组织学生开展慕课学习；⑦开展课程评价；⑧评价反馈，完善课程内容和实施方式。

二、慕课创新设计与开发

（一）慕课设计原则

慕课设计时，在保证科学性的基础上，要体现趣味性、综合性和实践性，把相关学科知识的深度和特色拓展内容的广度有机统合起来。具体设计原则如下。

1. 目标统一性原则

从促进学生核心素养发展的角度思考慕课的开发，将慕课设计与国家课程目标、学校“环境素养培育”特色等相联系，突出慕课的整体育人功能，体现“双新”背景下对课程设计提出的新诉求。

2. 内容科学性原则

为了保证课程内容的科学性，学校建立了课程内容论证机制，聘请专家团队在课程开发前期对课程内容的科学性进行论证，在课程实施中定期对课程内容的科学性开展评估，并根据反馈信息组织人员进行更新、完善。

3. 主题统整性原则

慕课应体现不同学科概念与方法的整合，以环境“大主题”统整的项目化学习的方式，调动学生运用多学科知识与技能，完成复杂情境中的任务。每门慕课设计8—10个模块，每个模块均为相对独立的主题或者项目，引导学生开展项目化学习。

4. 价值正当性原则

课程开发应当以学生需求为中心，项目设计贴近学生生活实际，以解决真实问题为载体，为学生提供真实的、有意义的学习经验。因此，课程内容选择既要符合学科知识、生活经验、社会需求，更要符合主流价值取向，同时关注当前社会热点议题以及科技前沿。

5. 民主公平性原则

慕课开发要重视学生的参与，力求满足不同学生的兴趣和需求，强调师生和社会多方共决，确保为所有学生提供广泛多元的学习机会，从而提高学生主动参与的意识和能力。

6. 课程研制、实施、评价一体化原则

慕课开发应使课程的研制、实施、评价一体化。在课程实施的同时，通过对课程实施过程和效果的评价，反思课程方案的合理性和实施的科学性，提高课程设计的质量。

（二）慕课开发策略

田爱丽教授团队[2]通过对中学生慕课学习体验的分析发现：在优化学生慕课体验的因素中，主要因子贡献度如下：课程因素＞学习内驱力＞交互因素＞技术支持。可见，慕课的建设与发展应首先关注课程质量。学校坚持“内容为王，凸显特色”，注重“跨学科知识与技能相结合、理论知识与实际生活相结合、科学性与趣味性相结合、线上学习与线下实践相结合”，着力打造具有特色的慕课。

1. 跨学科知识与技能相结合，打破学科间壁垒

慕课的开发主要依托基础学科，同时整合两门或多门学科知识，打破单一学科的界限，拓展学科知识和技能，从而培养学生灵活运用多学科知识和技能的能力。如慕课“风吹山川绿，光照万物兴——绿色能源与科技创新”中的“尺有所短——太阳能电池的缺陷及解决之道”模块，教师整合物理、工程、计算机等学科，设计了“太阳能追光装置设计与制作”项目，不仅让学生了解太阳能、聚光技术、追光技术，还引导学生设计制作追

光装置，开展跨学科的科技创新活动。

2. 理论知识与实际生活相结合，搭建学习与生活的桥梁

慕课内容和形式可以比传统课堂更开放多元，教师创设各种与生活息息相关的情境，引导学生积极探索生活中的问题，支持开展基于真实问题解决的学习实践，搭建起学习与生活的桥梁。如通过“观风云变化，识气象万千——气象科学”课程，学生可以初步了解天气预报的流程和天气变化的原理、掌握观云识雨的方法等与日常生活息息相关的内容，还可以尝试分析在神奇的北纬30°乃至全球正经历着怎样的气候变化。

3. 科学性与趣味性相结合，激发学生学习兴趣

采用图片、视频、实验演示等形式，增加课程的趣味性，加入“打点提问”和“课后作业”环节，增加师生的交互性。在慕课拍摄过程中，教师选择在校园的各个角落甚至走出校园，录制片头和片尾，必要时会邀请学生加入录制。如“‘史老师’说故事”课程以上海名人故居为背景，让学生在学习历史的同时了解自己生活的这座城市；“古艺新韵——中华传统文化的传承与发展”课程，学生参与课程录制，与教师搭档共同开展教学活动，使课程更加鲜活生动。

4. 线上学习与线下实践相结合，助力教与学方式的变革

慕课不是简单的在线课程，它可以突破传统课堂教学时空的壁垒。教师在设计课程之初就有意识地将慕课与线下特色课程、学生社团活动等结合在一起，为线下学习预留接口。同时，课程内容从通识普及到高阶思维培养，分层递进地提升学生能力，满足学生的多元学习需求。

（三）慕课内容分析与组织

慕课的内容分析与组织主要包括前期论证、制订课程框架、设计内容、准备资料、撰写脚本等，现以“玩转水世界——水技术与环保创新”课程为例加以说明。

1. 前期论证

在这一环节，通过开展慕课现状和学生需求分析，初步确定课程目标与价值取向、课程主要内容与结构等，并填写《上海市曹杨中学慕课开发申请与论证表》和《上海市曹杨中学慕课方案编订阶段论证表》。学校组织专家进行审查，提出修改意见和建议，教师们根据专家组审查意见修改完善，再进行课程开发。

2. 制订课程框架

根据慕课特点，课程分为8个模块，每个模块设计1—3个微视频。模块之间具有独立性，方便学生利用碎片化时间开展学习。课程框架见表1-2。

表1-2 “玩转水世界——水技术与环保创新”课程框架

模块序号	模块名称及对应微视频
模块一	走进水世界 微视频1：水和我们
模块二	神奇的水魔术 微视频1：神奇的净水杯 微视频2：浊水化清
模块三	水污染 微视频1：水的污染 微视频2：水体富营养化
模块四	水质监测初探 微视频1：水质指标简介 微视频2：水样的采集、保存及预处理
模块五	水体物理性指标的测定 微视频1：虬江河水悬浮物质的测定实验
模块六	水体化学性指标的测定 微视频1：虬江河水氨氮的测定实验 微视频2：自来水中氯化物的测定实验
模块七	水质净化原理与方法 微视频1：虬江河水氨氮的测定实验 微视频2：自来水中氯化物的测定实验
模块八	水资源节约与综合利用 微视频1：中水回用简介 微视频2：雨水回用初探

3. 设计内容

对于每一节慕课，教师在设计时均会确定主要内容、形式、时间、问题探讨（1—2个）、课后作业等。表1-3为模块八“水资源节约与综合利用”的内容设计。

表1-3 “水资源节约与综合利用”的内容设计

环节	主要内容与形式(格式)	时长
播放学习视频1	《中水回用简介》 主要内容：介绍如何选择中水水源、中水处理的一般流程及中水的应用及意义。	7分钟
问题探讨1	什么是中水？	30秒
问题探讨2	哪些水可以作为中水水源？	30秒
布置课后作业1	1. 请为家庭设计一个简单可行的中水回用系统。 2. 动手制作一个简易的中水回用模型。	30分钟
播放学习视频2	《雨水回用初探》 主要内容：以我校雨水回用系统为例，学习雨水回用系统工艺流程。	6分钟
问题探讨3	什么是雨水回用系统？	30秒
问题探讨4	为什么要设置初期弃流模块？	30秒
布置课后作业2	这就是我们学校的雨水收集回用系统，你们有新点子改进它吗？	5分钟

4. 准备资料

为了提高课程的趣味性和丰富性，教师收集了图片、视频等来配合讲解。如收集的网络视频有《水世界》《水污染宣传片》等，自制视频有《虬江河水悬浮物质的测定实验》《虬江河水氨氮的测定实验》等。

5. 撰写脚本

教师在课程设计时都撰写了相应的脚本，包括授课话语、呈现画面、播放视频、教师出镜画面等，见表1-4。

表 1－4　微视频《水和我们》拍摄脚本(节选)

环节	内容	画面	时间
一、片头	水,是生命之源。正是因为有了水,才有湛蓝的天空,才有芳香的花朵,才有翱翔的小鸟,才有我们人类,才有这个美丽的世界……我们每天都会看见水,使用水,可你们真的了解水吗?	教师出镜 水技术与 环保实验室	15 秒以内
	你想学习更多关于水的知识吗？让我们跟着课程一起来玩转水世界吧。	第 1 张 PPT	5 秒以内
	今天,我们先来学习水和我们的关系吧。	第 2 张 PPT	3 秒以内教师出镜
二、讲解	地球是茫茫宇宙中的蓝色星球,表面约有 70% 的面积为水所覆盖,丰富的水资源孕育了种类多样、形态各异的生命。下面请大家观看一段视频。	第 3 张 PPT	5 秒以内
	播放视频。	视频《水世界》	(截取视频 1:40—2:48)
	从地球上生命的起源到人类社会的形成,从生产力低下的原始社会到科学技术发达的现代社会,人类与水结下了不解之缘。	第 4 张 PPT	5 秒以内

(四)慕课内容呈现方式

慕课主要通过视频形式呈现,包括与课程相关的图片、视频等形式多样的素材。通常,教师会在片头、片尾出镜,必要时学生也会出镜,取景地包括实验室、校园各个角落,以及校外的一些场所。每个视频时长控制在 8—10 分钟,最长不超过 15 分钟,每个画面静止不超过 30 秒,以此尽量减少视频观看的疲劳感。

(五)课程评价

对于所有参与课程学习的学生,只要观看课程的总时长达到规定要求,并完成课程教师布置的学习任务,“上海市高中名校慕课”平台就发放结业证书,以此激励学生学习的主动性。

同时,我校充分利用作为特色普通高中在校本课程设置上的优势,将慕课纳入学校课程体系,并结合高中生综合素质评价要求,将慕课学习纳入学分制管理中。表 1－5

为《上海市曹杨中学学分认定办法》的部分内容。因此，本校学生只要修完慕课获得课程结业证书，即可获得相应的学分。

表 1－5　曹杨中学校本课程学分认定办法（节选）

类别	项目	总学分	学分计算标准	实施年级要求
“环境素养培育”慕课学习类	上海高中名校慕课平台中的慕课（校本选择性必修）	1.5	每修完 2 门课程计 0.5 学分	高一（至少 1 学分） 高二（至少 0.5 学分）

为了发挥评价对教师的促进作用，学校设计了《“环境素养培育”特色课程发展性评价表》来收集课程实施反馈信息，根据评价反馈意见和建议改进和完善课程。

三、教与学创新应用与实践

学校充分利用慕课，将线上线下相结合，通过翻转课堂，打破时空壁垒，创新教与学的方式。

（一）线上线下环境支持

学校倡导线上线下相结合的教学方式，鼓励教师翻转课堂，并给予配套支持，如图书馆、机房、创新实验室等随时向学生开放，还设置了相应的特色课程、特色社团活动及指导教师团队。有兴趣的学生可以参加相应的特色课程和特色社团活动；有潜力的学生可以参加更高阶的课程学习，开展课题研究，获得多元发展。

（二）应用情境

进行慕课教学和翻转后的现场课堂教学，是实施翻转课堂教学的两个重要环节。根据安德森（J. R. Anderson）的学习认知目标分类体系，认知目标分类底端的教学如知识的“记忆和理解”的教学，采用微视频的讲解教学比较恰当；高层次认知目标的学习，如知识的“运用、分析、评价和创造”等，可以通过翻转后的课堂教学来完成。

以“天气预报制作”一课为例，学生通过慕课学习基础气象要素、天气预报发展史以及现代天气预报的一般流程；在线下课堂中，学生可以走进学校的气象演播室，运用所学的基本知识，分析气象云图，开展气象预报会商，最后发布天气预报，体验一次真实的天气预报制作过程。

（三）活动设计与组织方式

学校通过整体课程设计，将慕课与特色课程链接，开展翻转课堂。教师会在课前发布学习任务，学生需要通过慕课平台观看教学视频、学习拓展资料，遇到困难时，可以在线与老师、同学交流讨论，也可以将问题带到线下课堂。在线下课程中，师生开展交流讨论、实验验证、探索实践等活动。

1. 基于学生学情，开展分层教学

根据学生的学习状况，教师开展分层教学：对于普遍存在的问题，教师可以集中讲解知识，对慕课视频的知识点进行补充和拓展；对于部分学生存在的问题，教师可以开展分组讨论、实验验证等方法；对于个别问题，教师可以进行个别交流，或者同学之间讨论交流，获得解答。

2. 统整教学内容，开展项目化教学

教师归纳、统整教学内容，以项目化的方式开展教学，让学生通过翻转课堂，理论结合实践，解决生活中的实际问题。以“河流环境问题观察”项目为例，基于慕课“玩转水世界——水技术与环保创新”、慕课“环境问题观察”（华东师范大学）和线下课程“水技术与环保”，教师将线上线下、课内课外相结合，打破时空界限，引导学生关注河流环境（项目设计表见表1-6）。该项目获得第35届上海市青少年科技创新大赛“科技辅导员科教创新成果”一等奖。

表1-6 “河流环境问题观察”项目设计表

项目分层	线上学习		线下学习			设计意图
	慕课学习	科普问答	课堂学习	实地观察	成果展示	
A层课程	慕课“玩转水世界——水技术与环保创新”（部分）	在线互动问答	•讲座：河流观察和水质测定基本方法	•观察一条河流 •采集一份水样 •测定一份水样	•撰写一份水样档案 •制作一个水样二维码	学会基本的观察方法，体验观察过程，激发学习兴趣，培养河流保护意识。

（续表）

项目分层	线上学习		线下学习			设计意图
	慕课学习	科普问答	课堂学习	实地观察	成果展示	
B层课程	慕课“玩转水世界——水技术与环保创新”（部分）	在线互动问答	•校本课程：“水技术与环保”系列课程	•观察多条河流环境问题 •采集并测定多条河流水样 •华东师范大学“环境问题观察”线下活动	•多条河流水环境问题观察分析报告	运用水质监测相关知识和方法观察河流水环境，初步学会分析不同河流的水环境问题，培养保护河流环境的意识和能力。
C层课程	慕课“环境问题观察”及课题相关其他慕课（选修）	在线互动问答	•研究性学习方法 •个性化指导	•对身边的河流或水体长期观察和监测	•一份研究性学习报告	主动发现河流环境问题，并运用研究性学习方法开展研究，提升保护河流环境的能力。
D层课程	慕课“环境问题观察”及课题相关其他慕课（选修）	在线互动问答	•研究性学习方法 •个性化指导	•河流环境问题相关的创造发明实践	•一份研究性学习报告	运用研究性学习方法开展研究，并尝试解决实际水环境问题。

四、成效与反思

慕课对基础教育最直接的影响便是其向传统的课堂教学方式提出了挑战，确切地说，慕课给予了传统课堂教学以更新的视野，引发每一个教学参与者思考何种教学方式更适宜基础教育阶段的学习者们[4]。在这样的变革和挑战中，学校特色课程体系不断优化完善，教师的教育教学理念、专业能力等有了较大的提升，学生也有了可喜的变化。

（一）学生的变化

1. 学习兴趣浓厚，学习态度积极

布鲁姆（Benjamin Bloom）认为，决定学生学习效果与学习可持续性的因素有两类：

一是学生的认知准备；二是学生的情感准备，即学生是否愿意学习新的知识。在翻转课堂过程中，学生可以通过慕课学习增加知识储备，也做好了深入学习的情感准备。在此过程中，学生逐渐学会自学，学习兴趣和主动性不断增强。

2. 思维拓宽，综合能力提升

翻转课堂让学生有更多的时间开展有针对性地研讨、实验、探究等，有了更多交流表达、小组合作、动手实践的机会，综合能力都得到了不同程度的提升。在新型冠状病毒感染疫情防控的背景下，慕课的作用更加凸显。学生通过慕课学习顺利开展线上线下相结合、跨年段的研究性学习，研究成果在国家级、市级、区级创新大赛上屡获殊荣。以 2021 年上海市青少年科技创新大赛为例，曹杨学子荣获奖项 37 项，占普陀区所有中小学获奖总数的近 1/3。

（二）教师专业发展

1. 教育教学理念更新

教师的教育教学观念不断更新，更加注重创建“以学生为中心”的课堂，关注学生的个性成长与综合素养的培育。自 2016 年起，学校有超过 60％的教师参与慕课项目，这些教师在“双新”改革中起着引领作用，积极探索教与学方式的变革。

2. 专业能力和信息技术能力提高

教师们教学设计水平、专业知识的理解深度、信息技术水平等都得到很大提升。2017 年，一位教师荣获上海市中小学教育信息化应用推进大赛“高中名校慕课网红教师”光荣称号；2018 年，两位教师获得第 21 届全国教育教学信息化交流展示活动上海赛区“基础教育组微课”二等奖；2020 年，一位教师获得第 35 届上海市青少年科技创新大赛“科技辅导员科教创新成果”一等奖。2020 年至今，已有语文、艺术、特色等 6 个教研组的 12 位教师参与空中课堂录制。

（三）学校特色发展

1. 慕课课程影响力不断增强

学校的慕课深受学生喜爱，课程影响力不断增强。目前，全市从六年级到高三年级的中学生累计有 7049 人次参与我校慕课学习，其中 1440 人次正在学习。“每时每刻运动的太阳及追光技术”等4门慕课上线中宣部学习强国平台。

2. 学校特色可持续发展

每一门慕课的自主研发都是教师们对特色课程的一次梳理、统整和再创新。在慕课开发过程中，特色课程体系得以完善与优化，师生教与学方式变革有了更多的探索和实践，学生评价方式也更加多元，由此推动了学校“环境素养培育”特色不断发展。2017年，学校被市教委评为特色普通高中；2018年学校“立德树人导向的‘环境素养培育’特色教育实践与研究”成果获教育部国家级教学成果奖二等奖。

（四）反思

随着线上学习的不断发展，学生对学习的需求日益增加。慕课具有广泛性和开放性，每位学生都可以利用碎片化时间根据自己的兴趣开展学习，这让学校对慕课后续的开发与实施有了更多思考：第一，增加慕课的多样性，基于学校特色开发更丰富的慕课，给学生更多的选择空间；第二，增强慕课的交互性，不仅在慕课视频中采取多样的教学方式与学生互动，还要关注学生课后的生成性问题，为师生创设自由交流答疑的环境；第三，关注课程线上线下的互补性，系统规划学生的线上学习和线下学习内容，形成线上线下相互补充、相辅相成的教与学模式；第四，提升慕课的成长性，对已有的慕课进行更新与优化，将慕课内容与学科知识、相关领域的最新信息更好地关联和拓展，帮助学生建立学科与学科之间、学科与生活之间的联系。

参考文献

[1] 张岩.“互联网+教育”理念及模式探析[J]，中国高教研究，2016(2)：70－73.

[2] 田爱丽，于天贞，万芮. 中学生慕课学习体验：内涵、现状及优化路径——基于上海G慕课平台的实证分析[J]，现代教育技术，2020，30(8)：65－72.

[3] 田爱丽.翻转课堂教学模式下教师角色转变与综合素养提升[J]，教师教育研究，2015，27(5)：84－88.

[4] 汤颖.慕课在基础教育领域的功能限度与价值定位[J]，课程·教材·教法，2015，35(10)：33－36.

[5] 布鲁姆.教育评价[M].邱渊，译.上海：华东师范大学出版社，1987.

作者简介

张明晓

同济大学环境工程硕士，上海市曹杨中学课程中心副主任、特色课程教研组组长。作为校园人工湿地的主要设计者与负责人，牵头开发了校本课程“湿地印迹”和“玩转水世界——水技术与环保创新”等慕课，参与出版《气候与环境——高中生应对气候变化行动》（气象出版社，2016）等著作，发表《跨学科项目提升学生综合素养 以“河流环境问题观察”项目实践为例》（《上海教育》，2019 年 Z2 期）等论文，荣获上海市青少年科技创新大赛“科技辅导员科教创新成果”一等奖、“高中名校慕课网红教师”等奖项，指导学生获得全国中学生水科技发明比赛二等奖、上海市青少年科技创新大赛一等奖等荣誉。

核心素养视域下高中慕课课程群规划与实施

——以同济大学第一附属中学为例

同济大学第一附属中学　郎　樱

本文系统介绍了同济大学第一附属中学慕课的性质、课程分类、与《中国学生发展核心素养》的对应关系、开发原则，以及学校慕课建设的经费保障和项目推进的主要环节，完整呈现同济大学第一附属中学的慕课建设情况，为其他学校规划慕课课程群提供借鉴。除同济科创类课程为同济大学开发外，博雅通识类、个性特长类、学科拓展类这三类课程为同济大学第一附属中学自主开发。本文还通过慕课实例，总结得出面向中学生的慕课在设计开发上应遵循思想性、时代性、发展性、关联性这四大原则，以保证课程的前瞻性、引领性和适用性。

基础教育课程在立德树人中发挥着关键作用。根据国务院办公厅《关于新时代推进普通高中育人方式改革的指导意见》，2020 年教育部印发的《普通高中课程方案》总结了我国普通高中课程改革的宝贵经验，构建了新的普通高中课程体系。新课程体系将普通高中课程分为必修、选择性必修、选修三类课程。其中，选修课程可依据本校学生的多样化需求，学科课程标准的建议以及学校办学特色等自主开发，学生自主选择修习。

为贯彻落实党的十八届三中全会提出的“构建利用信息化手段扩大优质教育资源覆盖面的有效机制”，按照 2014 年教育部《关于全面深化课程改革落实立德树人根本任务的意见》文件的精神，在上海市教育综合改革总体部署下，同济大学第一附属中学作为市实验性示范性高中，积极响应市教委建设上海高中名校慕课的号召，深化中学课程教学改革，推进优质资源共享辐射，于 2016 年启动基于学生核心素养的慕课项目的建设。

一、核心理念与目标定位

基于《中国学生发展核心素养》的要求，中国学生发展的核心素养应以培养"全面发展的人"为核心，从文化基础、自主发展和社会参与三个方面出发，分别从人文底蕴、科学精神、学会学习、健康生活、责任担当、实践创新六大素养培养。

在《中国学生发展核心素养》的指导下，依据学校"济世兴邦，爱国奉献"的办学理念，秉承"明德、笃学、敦行"的校训，学校慕课体系的目标定位是积极落实立德树人根本任务，关注学生个性化、多样化的学习和发展需求，促进人才培养模式的转变，让每一门慕课帮助学生"学有兴趣、学有特长、学有所成"，努力将学校的毕业生培育成有理想、有修养、有爱心的文化人和担当者（明德）；善学习、善合作、善探究的求知人和创新者（笃学）；会健身、会创造、会生活的健康人和行动者（敦行），为中国学生发展核心素养服务。

二、慕课课程群的规划与内容特色

（一）慕课课程群的结构

根据国家课程标准的要求，我校的课程分为两大类（见图 2－1）：一类是国家课程，即语文、数学等 14 个科目，含必修课程和选择性必修课程；另一类是校本课程，以选修课为主体，由学校自主开发课程、高校—高中合作开发课程、大学先修课程等构成。慕课属于特色校本课程这一类。

我校在建设慕课课程群时，主要从同济科创、博雅通识、个性特长、学科拓展四大类去架构。

同济科创类：指融入高校资源（包括师资、场地、设施等）、整合社区资源（包括生态资源、企业资源），以低碳和人工智能为特色，推进跨学科项目化学习，着力提升学生创新素养与综合实践能力的系列课程。由本校和高校教师共同参与建设。

博雅通识类：注重"全人涵养"，健全人格，以及理想信念、传统文化和社会责任感方

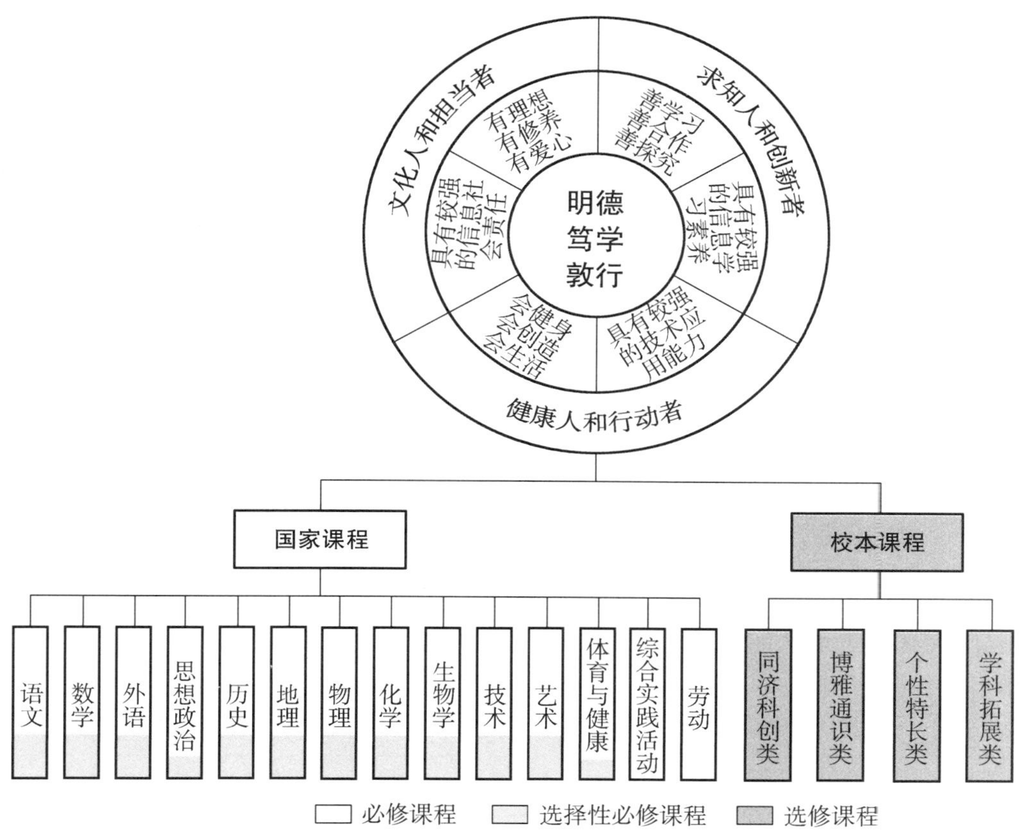

图 2－1　同济大学第一附属中学课程结构示意图

面的教育，引导学生形成正确的世界观、人生观和价值观。一般由人文类学科教师及学生发展中心开发并实施，适度整合家长资源。

个性特长类：旨在满足学生兴趣爱好，帮助学生形成积极健康的生活态度，提高艺术修养、信息素养、工程思维和动手实践能力。一般推荐艺术、体育与健康、信息技术、通用技术学科的教师开发并实施。

学科拓展类：由学科教师开发，对国家课程起到拓展、补充作用，满足学生潜能发展的深度要求。

在校本课程四大领域的总体架构下，我校慕课课程群目前已有 17 门自主研发的校本慕课资源和 12 门同济大学提供的大学慕课资源。慕课整体架构对应校训中的要求见表 2－1。

表 2-1　同济大学第一附属中学慕课架构

对应校训中的要求	课程分类			
	同济科创	博雅通识	个性特长	学科拓展
明德	解读中国经济发展的密码	社会创新领导力		未来，化学家想知道什么
笃学	医用物理学	文学创思	零基础学 Python	有趣的数学
	城市轨道交通结构设计与施工	瑰宝档案	3D 打印创意乐器	英语达人养成记
	C 语言程序设计	电影中的西方哲学		翻转英语词汇
	面向对象程序设计	从“丝绸之路”到“一带一路”		千变万化　玩转化学——变色系列
	大学物理先导课			生活中的物理
	基础力学实验			物竞天择，生存有道
	外科手术技能教学			
	画法几何			
	多媒体技术与应用			
敦行	零基础的住宅和城市设计	发现地理之美	建筑——时空流转的艺术	
	景观生态学		板球运动	

* 说明：同济科创类慕课均为同济大学提供，上线于“中国大学 MOOC”平台。其他三类慕课是由我校自主开发的校本资源，上线于“上海高中名校慕课”平台。

同时，我校慕课课程在设计与开发时也充分考虑对标《中国学生发展核心素养》(见表 2-2)，现有慕课基本涵盖六大素养，彰显“人文奠基，科学创新”特色，激发学生语言、数理逻辑、运动、空间、人际交往、艺术等多方面的潜能。

表 2-2　校本慕课与中国学生发展核心素养的对应关系

校本慕课	中国学生发展核心素养					
	人文底蕴	科学精神	学会学习	健康生活	责任担当	实践创新
文学创思	√		√			
有趣的数学		√	√			√
英语达人养成记	√		√			
翻转英语词汇	√		√			
瑰宝档案	√		√		√	
从“丝绸之路”到“一带一路”	√				√	
发现地理之美	√			√		
建筑——时空流转的艺术	√			√		
3D 打印创意乐器		√	√			√
社会创新领导力		√	√		√	
电影中的西方哲学	√	√				
板球运动				√		
千变万化，玩转化学——变色系列		√	√			√
未来，化学家想知道什么		√	√			
生活中的物理		√	√			√
零基础学 Python		√	√			√
物竞天择，生存有道		√	√			
* 解读中国经济发展的密码	√				√	
* 医用物理学		√	√			√
* 城市轨道交通结构设计与施工		√	√			√
* C 语言程序设计		√	√			√
* 面向对象程序设计		√	√			√
* 大学物理先导课		√	√			√

（续表）

校本慕课	中国学生发展核心素养					
	人文底蕴	科学精神	学会学习	健康生活	责任担当	实践创新
* 基础力学实验		√	√			√
* 外科手术技能教学		√	√			√
* 画法几何		√	√			√
* 多媒体技术与应用	√		√			√
* 零基础的住宅和城市设计	√			√	√	
* 景观生态学	√			√	√	

说明：带 * 的慕课为同济大学提供的资源。

（二）慕课设计开发的四大原则

慕课的设计与开发不能脱离普通高中课程标准的规定，我校慕课几乎涉及高中阶段的所有学科，覆盖面十分广泛。然而，不论是学科拓展类课程、个性特长类课程还是博雅通识类课程，教师在设计慕课主题、确定慕课内容时都遵循以下四大原则。

1. 思想性

慕课选题和课程内容设计应凸显中国特色，具体表现为：有机融入社会主义核心价值观，大力弘扬社会主义先进文化、中华优秀传统文化、生态文明等，坚定“四个自信”。比较有代表性的课程有：

博雅通识类课程“瑰宝档案”

课程内容：课程内容分为六讲，除第一讲课程导论外，后五讲按照时代分为五个专题：“犹梦玉钗金缕衣”（汉）、“绮罗丰肌盛时妆”（唐）、“目断山南无雁飞”（宋）、“滚滚红尘漂泊路”（明）、“岁岁年年贡如意”（清）。

选题价值：讲述国之瑰宝背后的故事。一器、一物、一书、一卷是中华传统文化的一种传承。五千年的中华文明如广袤而璀璨的星空展现于今人面前。

博雅通识类课程“社会创新领导力”

课程内容：课程内容分为六讲：“改变自己，改变世界——高中生社会创新领导力概况”“志愿服务还可以这样做”“‘菁英’学生干部的快速养成法”“在‘模拟联合国’中体验国际视野”“在中华优秀传统文化中感悟领导力”“如何进行高效沟通和有效管理时间”。

图 2-2　慕课“社会创新领导力”

选题价值：现代社会的组织化程度越来越高。学会自我管理，学会组织和管理团队——领导力正成为社会主义新时代接班人都应具备的基本素养。课程的选题基于社会主义核心价值观，引导学生关注社会问题，学习如何解决社会问题，以及如何在全球视野下看待国际问题，结合校内校外活动资源开展活动，形成创新思维和领导力。

2. 时代性

慕课应充分反映当代社会进步、科技发展和学科发展前沿，聚焦新一代信息技术、生物技术、新能源、新材料、绿色环保以及航空航天、海洋装备等内容，充分体现国家的先进生产力和未来科技创新的发展方向。比较有代表性的课程有：

学科拓展类课程“未来，化学家想知道什么”

课程内容：课程分为六讲，分别是“化学学科中的大问题”“未来的粮食加工厂”“向树叶要能源”“让你脑洞大开的新材料”“学习应该是一件轻而易举的事”“从智人到智神”。

选题价值：通过介绍目前化学在粮食加工、能源开发、新材料合成、脑科学以及人工智能等领域所取得的最新成果，从学科基础的角度对未来发展的趋势做出大胆的推测。具有时代性、前沿性的选题，让学生不仅了解到最新的化学发展动态，更能激发其对未知领域的探究兴趣。

学科拓展类课程“物竞天择，生存有道”

课程内容：课程分为七讲，分别是“大道至简”“合作共赢”“蒸腾作用”“植物繁衍”“世代交替”“呼吸作用”“起源之谜”。

选题价值：通过了解不同生物在面临生存挑战时各自展现出的生存策略，深刻感悟生物之间相互竞争，只有能适应者才能生存下来。这不仅仅是大自然的规律，也是人类社会发展的哲学命题。

个性特长类课程“零基础学 Python”

课程内容：本课程分为八个主题任务：“Hello Python”“海龟画图”“超级变变变”“BMI 问题*”“猜数字”“恺撒密码”“骰子游戏”和“兔子繁殖问题”。寓教于乐，让学生在游戏中收获 Python 基础编程技术。

选题价值：2017 年国务院印发的《新一代人工智能发展规划》中提到“在中小学阶段设置人工智能相关课程，逐步推广编程教育”“利用智能技术加快推动人才培养模式、教学方法改革，构建包含智能学习、交互式学习的新型教育体系”。Python 作为目前非常热门的人工智能基础编程语言，其优点显著：语法简单、极易上手；免费开源共享；移植性、扩展性强；并拥有强大的库。除了激发学生个性特长之外，本课程还可以培养学生信息意识、计算思维和数字化学习等核心素养，为学生未来学习人工智能专业技术打下基石。

---

* BMI 指 Body Mass Index，即体重指数。此处意为利用 Python 实现体重指数的计算。

3. 发展性

慕课内容的选择要考虑学生终身发展必备的知识和技能，学生的终身发展依托于浓厚的学习兴趣、高效的学习方法和勇于探索的精神，同时要着重提升学生发现问题、分析问题和解决问题的能力。比较有代表性的课程有：

学科拓展类课程“有趣的数学”

课程内容：本课程共六讲，分别是“自然数平方和公式的几何证明”“博弈论初步”“哥尼斯堡七桥问题”“集合的势”“幻方”“非欧几何初步”。借六个小专题，窥数学世界之万一。

选题价值：课程中介绍了一些有趣的数学小问题，以点带面，可作为数学课堂的补充与延伸，带领学生浸润数学文化，感受数学的趣味，思考数学的价值。课程希望为学生打开一扇窗，管中窥豹，尝试用数学的眼光发现问题，用数学的语言解释问题，用数学的方法解决问题。

学科拓展类课程“英语达人养成记”和“翻转英语词汇”

课程内容：“英语达人养成记”分为六讲，分别是“Introduction”（引入）、“On Listening”（听力）、“On Speaking”（口语）、“On Reading”（阅读）、“On Writing”（写作）、“On Translation”（翻译）。“翻转英语词汇”则分为五讲，分别是“音义联想记忆法”“形义联想记忆法”“多媒体联想记忆法”“语境联想记忆法”“词根词缀联想记忆法”。

选题价值：这两门英语学科拓展类的慕课，课程内容都是基于语言学习方法。一门课程是从听说读写译五个方面展开，对英语学习不得法、不见效的学生有很强的指导作用。另一门课程则主抓记忆单词的老大难问题，通过解构英语单词的各类构成方式，并结合信息技术，向学生介绍了五种有趣的英语单词记忆法，使记忆单词变得不再枯燥，提高背单词的效率，从而激发学生学习英语的热情。

4. 关联性

本次慕课建设以拓展型课程、研究型课程为主，因此更应关注课程跨学科间的联系与整合，增强课程内容与真实生活的链接，促进有意义学习的发生。

博雅通识类课程“发现地理之美”

课程内容：课程分为“地球内部的力量——火山”“走进我国的名山——庐山、泰山和黄山”“千姿百态的地貌——红树林和喀斯特地貌”三大模块。

图 2-3 慕课“发现地理之美”

选题价值：地理自然景观蕴含十分深厚的美学价值。丰富多彩的地理现象和千姿百态的地理景观同时隐含了许多地理原理和规律。通过对地理现象和地理景观的欣赏，学生既能获得美的享受，又能了解地理各要素间的相互影响，学习其中隐含的科学原理，在开阔视野、陶冶情操的同时，激发学生学习地理的兴趣。

个性特长类课程“3D 打印创意乐器”

课程内容：课程分为六讲，分别是“认识 3D 打印”“3D 打印创意乐器的模拟音效”“创意乐器从想象到搭建 1——圆柱形沙筒（手指沙锤）”“创意乐器从想象到搭建 2——立式沙筒”“创意乐器从想象到搭建 3——沙蛋”“创意乐器从虚拟到现实创建——打印沙锤”。

选题价值：3D 设计与打印技术近年来飞速发展，被称为“具有工业革命意义的制造技术”。课程选用“用 3D 打印技术设计并制作一个具备演奏功能的创意乐器”，这是一个真实、有趣、贴近生活的项目。该项目让学生不仅仅了解 3D 打印，掌握新兴技术，同时认识到 3D 打印技术的跨学科集成性以及创新性，从而发展对科学、技术、工程、艺术及数学领域的兴趣，为培养新一代设计师和工程师、提升未来我国的科技竞争力起到促进作用。

三、经费保障与项目推进

（一）申请专项支持

学校向上级部门申请慕课建设与实践的专项经费，建立稳定的经费保障机制，以满足课程开发、慕课教学研究、专业拍摄团队和设施配置、资源建设、教师培训与研修等必要的经费需求。

（二）项目推进流程

为了鼓励更多优秀教师参与学校慕课课程群的建设，培养信息技术与教育教学深度融合的师资队伍，提升教师在信息化环境下的课程与教学设计、实施与评价的能力，学校建立慕课项目领导小组和专家小组，并分三个阶段开展慕课项目推进工作。

1. 动员选题

学校慕课领导小组梳理学校原有的精品课程资源，如艺术、体育、创新实验室、STEM 或拓展型课程等，并结合高校资源，最终确定特色校本课程的四大类。然后由各教研组（含跨学科教研组）申报，并组建慕课建设团队（每个团队成员在 6 人以下）。学校慕课领导小组在听取专家组的意见后，将从课程的科学性、创新性和成熟度三个维度，确定该门慕课能否立项。

2. 慕课建设

每一门慕课的制作流程大致为：教师先确定课程内容并撰写脚本初稿—专家或教研组研讨、修改脚本—慕课专业团队拍摄、制作—根据教师反馈修改视频至定稿—课程上线“上海市高中名校慕课”平台—教师团队跟进学生学习进程—形成课程案例资料或经验总结。

3. 资料汇总成集

每一批次慕课实施的实践完成后，学校会收集各个团队的制作经验、教学案例等，并汇编成册。

学校在推进学校特色多样化发展的过程中，提升课程领导力和优质特色课程建设水平，形成了具有一定规模的优质、特色、多样的慕课资源。后期，学校将继续深化慕课设计与实施方面的探索，形成特色慕课，凸显学校教育理念，提升学校的知名度和美誉度。

参考文献

[1] 林崇德.21世纪学生发展核心素养研究[M].北京：北京师范大学出版社，2016.

[2] 张民生.国家课程方案校本化实施需继承与创新[J].现代教学，2020(5)：1.

[3] 孙智明.基础教育慕课要着眼于培养学生核心素养[J].新课程评论，2017(1)：72－77.

[4] 张志新，刘静.开放大学的慕课课程体系规划与设计研究——以北京开放大学为例[J].职教论坛，2017(36)：60－64.

作者简介

郎　樱

高级教师，杨浦区第五届、第六届学科带头人，杨浦区中学信息科技教研中心组成员。参编《学校信息化之路2.0》(复旦大学出版社，2020)、《慧苑撷芳 春华秋实：中学信息科技创智课堂研究集萃》(上海科技教育出版社，2019)，曾获杨浦区2010—2011年度教育信息化工作先进个人称号。指导多位学生获得2019年上海市青少年机械奥运活动智能物流项目一等奖，第二届上海市青少年人工智能挑战赛“AI＋智能驾驶”一、二等奖，2020年上海市青少年人工智能创新季“AI创想飞行”二等奖，2021年上海市青少年机器人知识与实践比赛“视觉竞速”二等奖。

体育特色校创建背景下慕课的开发与实践思考

上海体育学院附属金山亭林中学　冯艳君

在新时代普通高中育人方式改革的背景下，上海体育学院附属金山亭林中学结合学校体育特色普通高中创建的实际情况，围绕育人目标，结合学校“三身”课程，切实规划、开发了体育特色慕课资源。在这一过程中，学校整合原有校本课程资源，在上海体育学院专家团队的指导下组建了慕课“双师”团队，不仅提升了慕课品质，拓展了校本课程读本的应用，还丰富了学生的学习方式和实践活动内容，促进学生的身心全面和谐发展，健康成长，走出了一条体育特色的慕课开发与实践之路。

一、学校办学特色

上海体育学院附属金山亭林中学是一所地处上海市远郊的普通高中，多年来以立德树人为根本，深耕体育特色传统。经过几十年的实践探索，我校走出了一条从孕育体育项目开始，形成特色体育项目，持续提升到体育办学特色，最终发展成学校优质品牌的办学之路。

学校体育是实现立德树人根本任务、提升学生综合素质的基础性工程。我校深入学习贯彻习近平总书记关于学校体育要“树立健康第一的教育理念，开齐开足体育课，帮助学生在体育锻炼中享受乐趣、增强体质、健全人格、锤炼意志”的精神，结合学校体育特色办学的实践与探索，确定了“理解生命、享受体育、追求卓越”的办学理念和“以体育人”的特色定位。

在创建体育特色校的背景下，为了更好地通过多元途径实施特色课程，我校依托“上海市高中名校慕课”平台，开始了体育特色慕课的开发与建设。

二、学校课程规划

我校以立德树人为根本任务，以学生发展为导向，按照《关于新时代推进普通高中育人方式改革的指导意见》《普通高中课程方案(2017 年版 2020 年修订)》以及上海市年度课程计划等文件，在新课程新教材的大背景下，系统规划学校课程。

（一）学校课程整体规划

在落实全国和上海市教育大会精神、推动“双新”实施的过程中，我校在创建特色普通高中的基础上，进一步完善课程架构，加强国家课程的校本化、特色化实施。将“相互理解、友谊长久、团结一致、公平竞争”的奥运精神，“为国争光、无私奉献、科学求实、遵纪守法、团结协作、顽强拼搏”为主要内容的中华体育精神，“规范、拼搏、坚毅”的学校精神等体育精神与体育元素充分融入国家课程建设，在必修课程中夯实基础，在选择性必修课程中有机融入，在选修课程中充分加强。学校这一整体课程结构促进了国家课程的高质量实施，为育人目标达成提供了有力支撑。

（二）特色课程的定位

依据 2020 年中共中央办公厅、国务院办公厅印发的《关于全面加强和改进新时代学校体育工作的意见》和 2021 年教育部印发的《关于进一步加强中小学生体质健康管理工作的通知》等文件精神，我校围绕“享受体育”的核心办学理念，落实“以体育人”的特色定位，明确了“以体育人，身心一统，培养德智体美劳全面发展，具有‘规范、拼搏、坚毅’特质、阳光健康的时代新人”的育人目标，从“健身、修身、砺身”三个维度，构建体育特色课程，即“三身”课程。同时，在“双新”实施的背景下，我校对标上海市特色普通高中建设标准，借力高校资源，对学校“三身”课程模块进行了完善，形成了具有五育融合特质的“以体育人”特色课程。

（三）特色课程的模块构成与内容

我校体育特色课程的三个维度相互关联，覆盖学生学习、身心发展的各个方面，形成了“体育运动健身”“体育文化修身”和“体育实践砺身”三个课程模块(见图 3 - 1)。

体育运动健身模块	
体质健康	一般体能[必修] 力量、速度、耐力、协调、灵敏、柔韧、平衡
	专项体能[必修] 力量、速度、耐力、协调、灵敏、柔韧、平衡
	特异体质体能[选择性必修]
	课间体育活动(假期自主锻炼)[必修]
运动能力	专项运动技能(基础)[选择性必修] 足球、篮球、排球、田径、乒乓球、健美操 专项运动技能(提高)[选修] 足球、篮球、排球、田径、乒乓球、健美操、冰壶、龙舟
	休闲体育[选修] 冰壶、攀岩、龙舟、划艇
	一班一品课程[选择性必修]
健康行为	健康生活[选修] 身体活动、静态行为、视力健康、睡眠与营养
	健康知识[必修] 运动损伤与防护、运动营养科学、运动心理健康
	健康活动[选修] 太极、健步走、健身气功

体育文化修身模块	
以体立德	生涯导航[必修]
	体育名人故事[选修]
	我的体育故事[选修]
	中国近代体育教育史[选修]
	亭林中学体育教育史[选修]
以体增智	体育与科学[选择性必修] 地理环境与体育运动、体育运动中的数学知识、体育赛事中的现代科技、兴奋剂防范、体育运动中的化学现象、体育运动与物理
	体育与人文[选择性必修] 奥运历史、国际体育赛事阅读(英语)、体育英语翻译
	体育创新素养[选择性必修] 体育赛事运营、体育俱乐部运营、体育模拟法庭、学生体育论坛、体育解说、体育新闻传播

体育实践砺身模块	
以体砺德	体育赛事[选修] 国家级赛事、市级赛事、区级赛事、学校赛事
	体育训练营[选修] 冬令营、夏令营、高原训练
以体育美	欣赏运动美[选择性必修] 拉丁舞、健美操、啦啦操、球操、广场舞、旗舞
	传播体育美[选修] 体育速写、体育摄影、体育音乐
	塑造形体美[必修][选修] 形体塑造、健美与礼仪
以体尚劳	职业体验[选择性必修]
	志愿服务[必修] 球童、助教、助理裁判、见习教练
	基地体验[选修]

图 3-1　学校“三身”课程内容

“体育运动健身”课程模块由“体质健康”“运动能力”“健康行为”三部分组成，以身体素质、课间体育活动、运动训练、休闲体育、健康生活、健康知识、健康活动为主要课程内容，兼顾不同类型学生提高身体素养、养成良好运动习惯、形成健康生活方式的需要。

“体育文化修身”课程模块包括“以体立德”和“以体增智”两部分内容。以体立德作为学校德育工作的重要组成部分，立足学生生涯教育，通过体育史教育等培育学生良好品性。以体增智一方面开发体育与其他学科的融合课程，挖掘学科体育元素，实现体育与智育的融合；另一方面开展项目化学习，依托学校的体育创新实验室，开展系列小课题研究，培养学生的研究能力和创新精神。

“体育实践砺身”课程模块包括“以体砺德”“以体育美”“以体尚劳”三个部分。通过体育赛事、志愿服务、国防教育、体育训练营、职业体验等实践活动磨砺意志品质，拓宽视野，提升实践能力；通过欣赏运动美、传播体育美、塑造形体美等学习实践活动，提升审美素养。

三、慕课团队组织建设

慕课团队是学校设计开发特色慕课的核心力量。我校在开发建设体育类特色慕课之初就成立了体育特色慕课领导小组与工作小组，并与上海体育学院组建的专家团队合作，加强对体育特色慕课的研发、设计、管理、实施等工作（见图 3－2）。

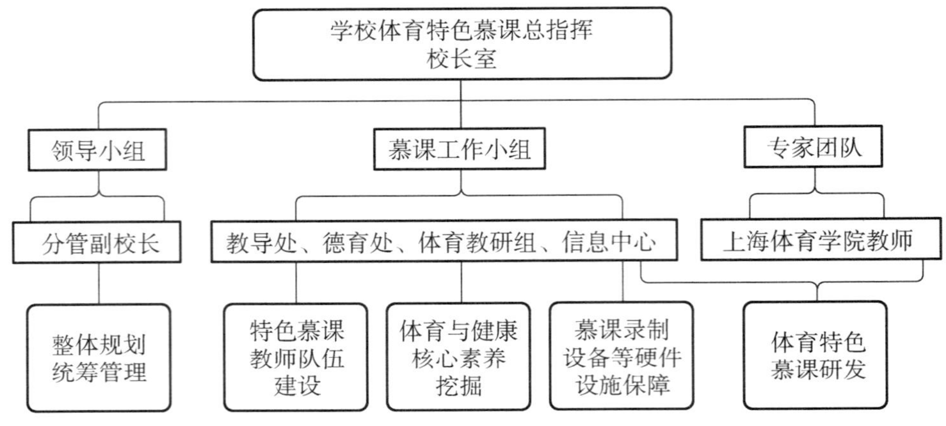

图 3－2　学校体育特色慕课团队组织架构

（1）校长作为第一负责人统领指导学校体育特色慕课的建设。

（2）分管教学副校长为我校体育特色慕课领导小组的主要负责人，整体规划并统筹管理体育特色慕课。

（3）组建由学校教导处、德育处、体育教研组、信息中心共同构成的慕课工作小组。教导处、德育处负责特色慕课教师队伍的选拔与建设；体育教研组重点负责在特色慕课研发过程中对体育与健康核心素养的挖掘与研究；信息中心负责特色慕课录制过程中的相关设备、仪器等硬件设施的正常运行及保障工作，以及慕课录制视频的后期制作、处理、上传等工作。

（4）我校教导处、德育处、体育教研组与上海体育学院专家团队共同开发体育特色慕课。慕课录制师资队伍由我校教师组成，专业体育知识理论和慕课制作技术支持则由上海体育学院专家团队提供。

（5）慕课教师队伍方面，在校长室领导下，主要由教导处负责。通过自荐报名、学校选拔等方式，结合学校的特色校本资源，我校组建了一支由多学科教师组成的慕课建设队伍。

四、体育特色慕课设计

在学校特色课程的基础上，我校结合体教融合、智慧运动创新实验室和体育与健康创新素养培育基地，借力上海体育学院的优质资源，根据学生实际情况及学习需求，打造体育创新素养培育特色课程，设计与开发体育特色慕课（见图3－3、表3－1）。目前，我校共有“体育与科学”“体育与健康生活方式”“运动与心理”“运动损伤与防护”4门慕课，均上线“上海市高中名校慕课”平台。

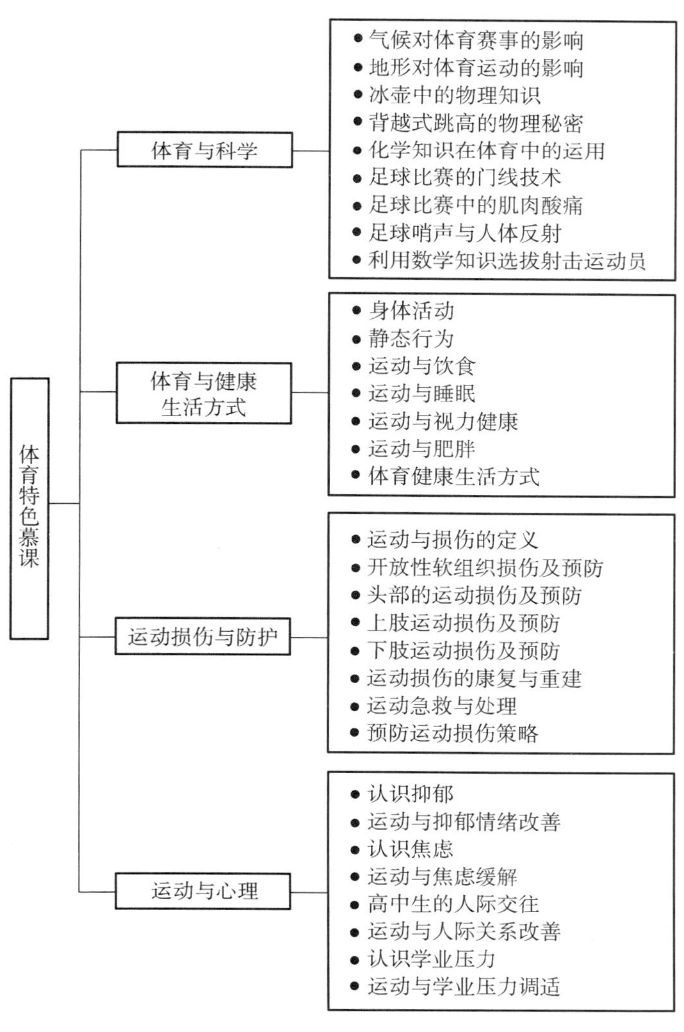

图3－3　我校体育特色慕课框架

表3-1　我校体育特色慕课内容概况

慕课名称	内容概况
体育与科学	本课程是体育与科学的跨学科拓展课程，以了解体育运动、体育比赛中涉及的相关学科（如物理、化学、数学、生命科学、地理和信息科技等）知识为主要内容，引导学生发现体育运动背后的科学知识，理解科学知识在体育学科中的广泛应用和相互联系，从不同学科角度对体育运动进行思考、分析，在实践中创造性地解决问题，从而培养创新精神。
体育与健康生活方式	本课程让学生了解坚持慢跑、游泳、体操等运动给身体健康带来的益处，长时间的静态行为给身体带来的危害，帮助学生养成合理的饮食与运动习惯、避免肥胖带来的潜在危害。引导学生学会如何科学地用眼并理解体育运动与视力健康的关系，了解运动与睡眠的内在联系，从而提高睡眠质量，养成科学、健康的生活方式。
运动损伤与防护	本课程在让学生了解损伤的类型和原因、运动损伤的预防、损伤的简单处理的基础上，能够知道常见运动损伤和一些突发伤病事故的处理及急救方法，自觉、自主地科学地进行体育锻炼，树立运动安全意识，逐步养成锻炼习惯，学会积极休息、劳逸结合、动静结合，形成健康的生活方式。本课程是全国普通高等学校体育教育专业本科选修课程之一，在我校作为大学先修课程推出。
运动与心理	本课程介绍了抑郁、焦虑、学业压力等高中生心理问题现状，引导高中生了解常见心理困扰的表现和诱因，帮助学生识别自己的情绪状态；还介绍了运动在调节不同类型心理困扰中的作用，指导学生通过运动调节心理困扰；帮助学生将所学应用到自己的实际生活中，知道如何通过运动提升心理健康水平。

在慕课资源内容的设计上，慕课工作小组主要从学校体育特色创建的“三身”课程出发，在原有校本特色读本资源的基础上重新修改、编排、设计了慕课所需的讲义及脚本等材料。特别是在第一门慕课“体育与科学”的制作过程中，参与制作慕课的教师团队主要来自校本特色读本开发的教师。在我校正式挂牌高校附中之后，上海体育学院的专家教授团队结合我校体育特色创建的实际情况，深入指导我校的体育特色慕课资源建设，进一步丰富并完善体育特色校本读本资源，为后续开发建设“体育与健康生活方式”“运动损伤与防护”“运动与心理”3门慕课提供了大量的理论与技术支持。

五、体育特色慕课实施

（一）依托慕课平台，开展线上学习

我校体育特色慕课的实施主要依托“上海市高中名校慕课”平台。课程上线后，学生通过登录平台，进行线上的慕课学习。慕课开发内容及开课时间的不同，参与学习的人数及所学程度也有所不同。

我校体育特色课程能够满足学生个性化体育运动的需求。本来我校慕课开设的目标是拓展学生的视野及丰富学生的学习体验，并没有硬性要求全员参与，但伴随学校体育特色逐渐深入人心，参与“上海市高中名校慕课”平台学习的学生慢慢增多，目前已覆盖全年级。

（二）借力高校资源，线下“双师”指导

学生通过慕课平台进行线上学习，相关慕课的负责教师会根据学生的在线学习情况，针对学生在慕课学习过程中出现的疑惑，定期进行线下指导与答疑。同时，我们借助上海体育学院的师资力量，开展慕课相关课程的线下授课、指导，与本校教师形成“双师制”，使体育特色慕课的实施从线上延伸到线下，贯穿学生校内外的学习。（见图 3－4、图 3－5、图 3－6、图 3－7）

图 3－4　慕课“体育与健康生活方式”我校教师线下指导学生

图 3－5　慕课“体育与科学”我校教师线下指导学生

图 3－6　慕课“体育与心理”上海体育学院教师线下指导我校学生

图 3－7　慕课“运动损伤与防护”上海体育学院教师线下指导我校学生

（三）丰富实践活动，个性化反馈评价

根据学生在慕课平台的学习情况，慕课制作教师在线下会根据各门慕课的授课内容及特点，对学生进行不同形式的学习评价及反馈。同时，学校还会根据学生参与的校内外的体育类实践活动，进行个性化的评价反馈。参与体育类志愿服务活动或进行相关主题交流汇报，以及参加相关体育比赛等活动，均可纳入学生慕课学习的考核评价中（见图 3－8、图 3－9）。对于表现突出、成绩优异的学生，还会进行相应的表彰与奖励，从而激励学生积极参与到慕课学习中来。

图 3－8　学生作体育类小课题汇报

图 3－9　学生参与体育类社区志愿服务活动

六、经验与反思

在新时代普通高中育人方式改革的背景下，我校结合体育特色学校创建的实际情

况，希望通过体育特色慕课的开发与建设，深入推进我校体育特色内涵的发展。经过持续不断的探索，我校在体育慕课开发与建设的过程中积累了一些经验，并在体育特色学校创建背景下的慕课开发与实践方面进行了诸多反思。

（一）发挥特色创建优势，整合多种课程资源

在学校体育特色创建的背景下，全校积极建设特色课程，《体育与科学》《奥运史》《地理环境与体育运动》《光环背后》等多本校本特色读本，为我校开发制作慕课提供了教学内容的基础。同时，发挥特色创建优势，借助上海体育学院等高校力量，整合了多种课程资源，进一步编写了《体育健康生活方式》《运动损伤与防护》《运动心理健康》《体育英语翻译》《兴奋剂防范》《体育赛事运营》等多门校本课程读本，为开发建设体育慕课提供了丰富且专业的教学资源。

（二）加强师资队伍建设，组建慕课“双师”团队

我校的体育特色慕课制作主要以本校教师为主，根据不同的内容，参与开发制作的教师来自校内不同学科、不同教龄段。这支相对稳定的慕课建设队伍覆盖了慕课的开发、设计、慕课（视频）录制、制作等各个环节。借助上海体育学院的师资力量，我校组建线上、线下特色慕课“双师”团队，对学生的慕课学习进行“双师制”指导，进一步保障学习效果，提升学生综合素养。同时，通过校内外各级各类平台的相关培训，我校充分发挥高级教师、骨干教师的示范引领作用，提升慕课师资队伍的整体水平。

（三）加强高校团队合作，提升慕课品质

我校的多门慕课是在上海体育学院相关专家团队的指导下完成的。为了继续保障慕课的专业性及质量，我们将继续加强与高校专家团队的合作，定期对我校的慕课建设队伍进行深入指导与培训，开展慕课资源研发建设方面的研讨交流活动，提升我校慕课建设队伍制作慕课的整体能力及素养。除了目前已经上线开课的 4 门慕课外，我校也在开发其他体育类相关特色资源，为开设新的慕课做准备。除了体育类慕课资源外，也可结合当下教育热点，尝试开发建设其他方面的慕课，以进一步丰富我校的慕课资源，完善慕课体系，提升慕课品质。

（四）注重学生综合实践，完善评价反馈形式

目前所采取的评价方式较为单一，主要根据学生在“上海市高中名校慕课”平台的学习情况进行。后续我们将根据慕课内容的特点，设计更多、更丰富的学习方式以及评价方式，并结合学生校内外丰富的综合实践活动，更有针对性地考查学生慕课学习及参与情况。在体育特色慕课学习的过程中，在参与综合实践活动的过程中，充分发挥学生兴趣及所长，促进学生身心全面和谐发展，健康成长。

参考文献

[1]刘丹青.慕课建设与实施策略探讨[J].信息技术与信息化，2017(8)：133－135.

[2]李继.中国高校慕课建设的问题和对策探讨[J].科技资讯，2021(11)：23－25.

[3]冯永华，刘志军.慕课开发的问题、成因及改进路径[J].现代远程教育研究，2016(6)：82－92.

[4]梁政东.基于慕课(MOOC)高职院校《体育与健康》课程设计与策略研究[J].体育科技，2020(3)：120－121.

作者简介

冯艳君

上海体育学院附属金山亭林中学地理教师、校体育与健康创新素养培育基地负责人、“体育与科学”特色慕课团队教师，金山区第七届、第八届“明天的导师”工程地理学科骨干教师。曾在金山区创新素养培育项目工作推进会上，代表学校作主题为“以体育人 智慧创新”的发言，发表《融合学校发展特色的高中地理作业优化策略思考》(《现代教学》，2022 年第 1 期)等。曾获金山区“明天的导师”工程金苗奖、金山区基础教育“教学改革成果奖”，案例《多软件融合在高中地理课堂教学中的实践应用》获上海市基础教育信息化应用展示交流活动教师案例一等奖。

高中天文慕课体系规划与实施初探

上海南汇中学　赵一斌

上海南汇中学在“仰望星空，探索宇宙；脚踏实地，探求知识”天文教育理念指引下，为配合基础教育的转型发展，满足学生个性化发展的需求，围绕基础型课程、拓展型课程、研究型课程三类课程，开设不同类型的天文课程形成慕课体系，以达到培养学生学习兴趣、完善学生认知结构、开发学生发展潜能的目标。上海南汇中学天文慕课体系满足了学生个性化发展的需求，开创了特色项目转型发展的一种模式。同时，天文慕课体系的构建对应三类课程的三个维度，可以解决核心概念、学科综合、科学实践三个方面的问题。实践证明，上海南汇中学的天文慕课形成了独特的天文教育理念，在国内教育界树立了较为领先的天文教育标杆，同时扩大了学校天文特色资源的辐射效应。

上海南汇中学立足自身基础和条件，开发出能够满足学生个性化需求、与基础型课程密切联系的天文特色慕课。通过多年来的研究、实践，学校不断提高课程对学生的适切性，以及天文科技教育的实效性，同时延展优势资源的辐射共享，从而丰富了基础教育阶段天文教育的内涵，为基础教育阶段天文教育提供了借鉴。

一、学校天文教育的实施背景

上海南汇中学是中国科学院紫金山天文台的“天文科普推广中心”、上海天文台的“科学普及实验基地”，学校建设有天文台和天象馆。通过长期实践，学校确立了天文科普教育的特色发展方向：给每一个学生“仰望星空，探索宇宙”的机会，激发学习兴趣，培养科学精神；给每一个学生搭建一条“脚踏实地，探求知识”的途径，通过探究式学习，培养科学思维。

基础教育的转型发展需要改变标准化的学生培养模式，更加注重学生成长个性化的需求。我校的办学理念是“关注每一个学生的发展”，必须面对不同基础、不同水平的学生发展的个性化需求，例如，推进教学内容的多样化、教学方式的多元化，拓展学生的学习经历，提高学生的学习效能，建设天文慕课体系就是转型发展的一条重要路径。

二、学校天文教育的推进策略

（一）以基础设施为起点，让学生感受天文学的魅力

学校建设了天文台、天象馆（见图 4－1、图 4－2）等天文基础设施，通过天文台和天象馆的日常开放、科技节的观摩演示以及特殊天象的观测活动等，让全校师生都能够参与天文活动，感受天文学的魅力。

图 4－1　上海南汇中学天文台位于行政楼顶楼

图 4－2　上海南汇中学天象馆

学校天文台数年来坚持用望远镜和成像设备记录太阳黑子，至今已累计 2000 多人次参加太阳黑子观测，积累太阳黑子资料 3000 多张。学校天象馆的天象仪可以演示四季星空、太阳系行星运动、流星和彗星运动、天体视运动等。每个班级在高一学年每个学期都至少要在天象馆上一次课，使学生对星空、宇宙有一个新的认识，激发学生的学习兴趣。

（二）以课程建设为依托，让学生学习天文学知识

为学生创设丰富多彩的慕课资源，包括与基础型课程整合的天文学必修课，以及配套的拓展型课程，如慕课“家园・宇宙・征程”（见图 4－3）和“航天技术引论”，以及研究

型课程，如“项目研究课”和“观测活动课”。学生在利用学校天文基础设施感受天文学魅力的基础上，可以突破教学场域的限制，较为系统地学习天文学基础知识，也可以自主选择课程来进一步深入学习和探究。通过这一系列课程的学习，学生得以提升科学素养，强化学习能力，培养创新精神。

图 4-3　慕课“家园·宇宙·征程”界面

（三）通过课题研究，让学生自主探究天文学问题

学生利用自己亲身经历的观测活动和累积下来的资料，开展相关天文课题的探究。学生的课题，如《太阳黑子位置与形态的关系》《太阳表面各纬度的自转周期关系探讨》《基于单反照片对星团颜色和恒星演化的研究》《基于单反照片的变星（双星）识别与周期分析》等，多次在上海市、区级科技创新大赛上获奖。更重要的是，学生逐渐掌握了怎样选择课题、怎样研究课题、怎样撰写科技论文的方法。

三、学校天文教育的慕课规划

在长期天文教学实践基础上，我校根据素质教育的要求构建了新的天文特色课程，围绕天文学规划了基础型课程、拓展型课程及研究型课程共 7 门慕课。课程设计遵循从基础知识逐步提升到学界的最新发现，从课堂学习逐步发展到自主探究，从理论学习逐步拓展到创新实践。

（一）基础型课程建设

以促进学生基本素质的形成和发展为目标，结合学生现有基础和教学实践，依据统整性原则（学科知识体系统整）、适切性原则（学生能力要求适切）、选择性原则（教学内容适当增删），将上海市普通高中地理、物理教材中的天文学内容，通过天文慕课整合在一起，构建较为完整的天文学入门课程群，让学生能够掌握天文学基础知识，同时也让天文慕课为基础型课程服务，培养学生的学习兴趣，促进学生对学科内容的深度学习。

（二）拓展型课程建设

以提高学生综合素质为目标，构建与具体学科知识相融合的拓展型课程，促进学生对所学知识的融会贯通。面向对天文比较有兴趣或有一定基础的学生，采用“拓展+社团”的形式，打造拓展型课程与天文社团互融的平台，构建拓展型课程与研究型课程的交集。在拓展型课程上，可开展天象观测等活动（见图 4－4），既使课程内容得以延伸，又为学生继续探究和丰富学习经验提供了平台。以拓展型课程落实“会学习”，帮助学生将知识与技能结构化、过程与方法体系化。

图 4－4　学生利用折返式望远镜观测月球

（三）研究型课程建设

以实践创新能力培养为目标，以“项目研究课”和“观测活动课”为载体，以主题式学习、课题体验和项目研究的方式，逐步实施探究活动（见图 4－5）。通过“项目研究课”开展主题式学习、小课题体验，使学生具备初步的项目研究能力；具备观测条件的学生，可通过“观测活动课”的学习，进行天象观测，积累资料，并

图 4－5　上海天文台博士指导学生进行课题研究

在此基础上开展较为深入的课题探究。在整个过程中,让学生学会发现问题,学会寻找解决问题的途径,学会课题研究的方法,学会撰写科技论文。以研究型课程落实"能发展",帮助学生发展潜能。

四、学校天文教育的慕课体系

(一)天文基础系列慕课

天文基础系列慕课整合了国家课程地理、物理中天文学的内容,面向高一学生,主要学习天文学基础知识,包含3门慕课,分别是"天文学入门""天文学简史""飞越太阳系",内容具体安排见表4-1。

表4-1 天文基础系列慕课内容安排

序号	"天文学入门"包含主题	"天文学简史"包含主题	"飞越太阳系"包含主题
1	天地玄黄	从"地心说"到"日心说"	太阳
2	宇宙洪荒	从银河系到河外星系	行星
3	日月盈仄	从静态宇宙到膨胀宇宙	矮行星
4	辰宿列张		卫星
5			小行星
6			彗星
7			流星体

(二)天文拓展系列慕课

天文拓展系列慕课面向高一、高二部分学生,包含"家园·宇宙·征程"和"航天技术引论"两门课程。

慕课"家园·宇宙·征程"的主要内容包括有关天文学热点问题的知识、方法以及最新进展。课程分为九大主题,每个主题都有相应的专题讨论(见表4-2)。课程内容尽可能吸纳主流媒体的科技报道,在课程中渗透天文学领域的最新发现和最新成果,让学生感受到科技发展的日新月异。该课程在“上海市高中名校慕课”平台上线以来颇受好评。

表 4-2 慕课“家园·宇宙·征程”内容安排

序号	主题	专题讨论
1	我们的家园——地月系	假如月亮不存在
2	不速之客——近地小行星	征服小行星的好处
3	星际移民地——火星	怎样把火星地球化
4	ET外星人——地外生命	外星植物的颜色
5	地球2.0——系外行星	如何找到地外生命
6	太空礼花弹——超新星	超新星对地球的影响
7	隐藏的终结者——黑洞	如何寻找黑洞
8	明亮的天体城邦——星系	星系碰撞是怎样的
9	一切的一切——宇宙	为什么是多重宇宙

慕课“航天技术引论”是在“家园·宇宙·征程”的基础上，展现天文学发展和航天技术进步的密切关联，结合我国航天科技的最新进展，讲述航天技术的基本原理、发展概况以及应用前景等，内容具体安排见表 4-3。

表 4-3 慕课“航天技术引论”内容安排

<table>
<tr><th>序号</th><th>主题</th><th>内容</th><th>专题学习</th></tr>
<tr><td rowspan="2">1</td><td rowspan="2">航天技术发展</td><td>火箭起源</td><td rowspan="2">载人登月</td></tr>
<tr><td>航天技术的先驱</td></tr>
<tr><td rowspan="2">2</td><td rowspan="2">火箭推进系统</td><td>火箭发动机原理</td><td rowspan="2">火箭复用</td></tr>
<tr><td>常规火箭发动机</td></tr>
<tr><td rowspan="2">3</td><td rowspan="2">航天飞行原理</td><td>飞行环境</td><td rowspan="2">登陆火星</td></tr>
<tr><td>星际航行</td></tr>
<tr><td rowspan="3">4</td><td rowspan="3">载人航天工程</td><td>载人飞船</td><td rowspan="3">中国航天</td></tr>
<tr><td>航天飞机</td></tr>
<tr><td>空间站</td></tr>
</table>

基于学校办学理念的慕课建设规划、策略与经验

华东师范大学第一附属中学　袁　芳　王　新　陈　耸　阮武林

2016 年以来，华东师范大学第一附属中学基于“三个研究”办学理念，积极探索推进慕课开发的特色路径。学校通过组织架构、保障工作、专家指导和校内研讨，构建了慕课建设的保障机制，通过着力培养可持续性发展的研究型教师，形成了以点带面的人才发展规划，不仅提高了教师的信息技术应用水平，还促进了教师教育教学水平的提升，探索出一套慕课建设闭环优化的策略：技术先行—整合研讨—形成特点—重点反馈。在此期间，学校共开发 4 期慕课，上线 15 门慕课，在提高学生综合素质的同时，还提升了教师的课程建设的意识和能力，有效促进了学校“三个研究”办学理念的深化落实。

一、“三个研究”：慕课建设规划的出发点和落脚点

华东师范大学第一附属中学具有 90 多年历史，是首批市级实验性示范性高中，学校以“培养研究型学生、造就研究型教师、建设研究型学校文化”(即“三个研究”)为办学理念。

2016 年，在上海市教委关于高中名校慕课建设方案的指引下，学校规划了慕课建设的推进路径。一方面，推进以点带面的人才发展规划。学校从各教研组遴选优秀教师制作慕课，带动教研组和全校教师学习慕课制作技术，为课程建设提供源源不断的优质师资储备；另一方面，建构融合共生的教学质量提升路径。慕课作为一种新的课程类

型，既具备课程建设的基本要素(即泰勒课程模式)，又蕴含现代信息技术对传统课堂的改革支撑。教师开发慕课过程中，可基于课程基本要素，将自身的教学经验和信息技术结合起来，有利于教师在实践中学习、研究、锻炼，提高课程开发能力，向研究型教师发展，从而真正提升教学质量。

根据办学理念和学校优势，学校在首期慕课建设中，从数学、物理、化学、技术 4 个教研组遴选出 4 位有多年拓展课经验的主讲教师。他们自学课程开发、视频录制、视频编辑等技术，按照“上海市高中名校慕课”平台的要求，利用课余时间上线了 4 门慕课。学校利用教工大会、自主招生等平台，为主讲教师搭建展示舞台，分享慕课建设经验和成长经历。

首轮慕课主讲教师的成长经历引起校内其他教师的关注，2017 年有 8 位教师主动报名参加第二期慕课建设。通过教师自主研修和实践，再次上线 7 门慕课。

通过两期慕课建设，学校逐渐形成了与“三个研究”办学理念相结合的较为系统的慕课建设规划：通过部分教师的慕课开发工作，带动全体教师树立课程研究意识，提高专业能力和信息技术应用能力；形成若干慕课系列，丰富学生课程学习资源，引导学生自主学习，培养研究型学生，建设、完善学校研究型文化。

二、四位一体：学校慕课建设实施推进的机制保障

学校主要从组织架构、保障机制、专家指导、校内研讨四个方面实施推进慕课。

(一)组织架构

学校建立了由总负责人、学术顾问、主管、主讲教师组成的四级慕课组织架构(见图 5-1)。书记、校长为总负责人，总体规划学校慕课体系，把握学校慕课建设方向。总负责人注重将慕课建设和深化高中课程教学改革背景下学校“跨学科”可持续发展相结合，让现代信息技术赋能学科教学；注重慕课和“双新”背景下学科核心素养培养相结合，确定以教研组为单位，选拔教师组建跨学科慕课研究团队。学术顾问由分管副校长和科研主任担任，负责慕课申请表审核、慕课专题内容审核、组织专家研讨等事项。慕课主管由技术学科教师担任，具体负责慕课开发、上线申请、信息技术培训等事项。主讲教师负责各自的慕课设计、脚本撰写、视频编辑等事项。

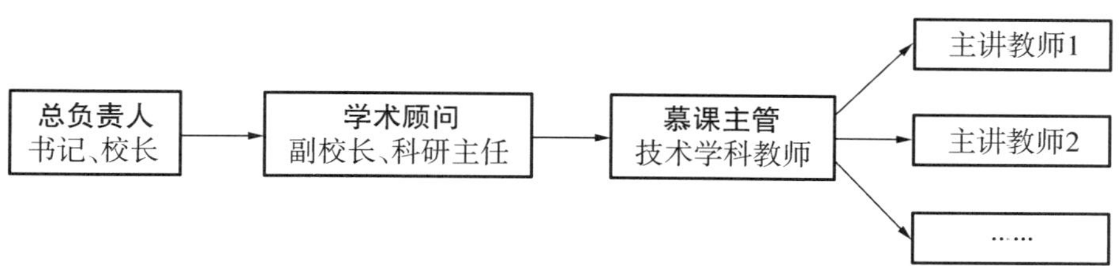

图 5-1　学校慕课建设组织结构

（二）保障工作

学校基于慕课主讲教师的要求，从通用性保障和个性化保障两个方面保障慕课工作顺利开展。

1. 通用性保障

学校为每一位慕课主讲教师提供硬件保障，如配置高性能笔记本电脑、录音话筒，搭建灯光、背景布等录制环境，并形成具体的绩效奖励方案，引导教师积极主动建设慕课。

2. 个性化保障

为有特殊需求的主讲教师配置个性化材料，如机器人课程开发所需的电子材料等。

（三）专家指导

邀请相关专家指导慕课建设工作，专家扎实的理论基础和切实的实践经验提升了主讲教师课程开发的科学性、逻辑性和规范性，拓宽了教师信息技术与学科教学融合的视野，促进了教师专业发展，增强了教师自主开发慕课的信心。

（四）校内研讨

1. 教研组内研讨

教研组长利用备课时间，与教研组内教师一起，研讨慕课目标和难点，帮助教师梳理慕课内容框架、组织教学经验、选择慕课授课方式，安排慕课建设进度。

2. 教研组间研讨

慕课主管根据教师慕课制作实际情况提出教研组间研讨申请，科研室召集学术委员会、教研组长开展慕课研讨会议，帮助主讲教师完善慕课。

三、教、研共进：学校慕课建设的成效分析

（一）培养可持续性发展的研究型教师

学校从 2016 年 6 月着手"上海市高中名校慕课"平台的建设，先后有 20 位教师积极参与慕课建设。教师们自主学习课程设计、脚本撰写、视频拍摄、视频编辑等。通过团队合作和个人力量的有效融合，绝大部分教师完成了慕课制作任务。除正在制作的 3 门慕课外，目前我校已在"上海市高中名校慕课"平台上线 15 门慕课，辐射 1000 多名学生，收获较好的评价。

通过慕课建设，学校培养了可持续性发展的研究型教师。例如，第一期慕课主讲教师阮武林、谢健美、许文怡和张知愉，不仅具备了慕课开发能力，还提高了课程研究意识。近 3 年来，4 位教师各主持 1—2 个区级课题、参与 2 个市级课题，发表 10 多篇论文，成为学校课题研究的骨干力量，指导学生参加数学、物理、技术类科技创新比赛并获得优异成绩。以慕课主管阮武林为例，他原本主要负责劳动技术教学，主管学校慕课制作以来，与其他学科教师之间的互动增加，促进他对学科核心素养育人的深度理解，从而能够以跨学科视角培养学生科技创新能力，指导学生在市级科技创新竞赛中获得佳绩，并出版了个人专著。目前，他已成长为上海市高中通用技术学科中心组成员，参与高中通用技术课程相关教材审读和教参编写工作。

图 5－2　我校部分慕课主讲教师（左上起：张明、陈莹、朱彦铭、张偲玙、朱陵宁、许璐、邹园园、蔡瑞娟）

图 5-3　第四期慕课团队成员

许璐是第二期慕课主讲教师。通过慕课制作，她由一名青涩的青年教师成长为学校生物组备课组长。她能够巧妙地将信息技术和生物学的教学内容结合起来，帮助学生基于知识结构形成认知结构，体现出较好的研究型教师素养。她制作的慕课收获专家和学生的一致好评。

柴瑞娟是第三期慕课主讲教师，日常主要从事化学教学。通过慕课制作，她成长为我校智慧课堂教学的主力，可以熟练地将传统化学实验和信息技术融合起来开展教学，体现出教师对课程与信息技术融合的研究意向，进而成功申报市级青年教师课题。

慕课主讲教师研究素养的增长，潜移默化地影响着其他教师，借助信息技术手段开展教学管理、教学展示、教学分享已成为学校每一位教师必备技能。教师的成长促进学校进一步思考“双新”背景下“三个研究”办学理念下提高教学质量的新路径，并形成“基于认知科学的结构化教学研究——构建‘悦动课堂’的实践探索”市级课题。

（二）促进教师教育教学水平提升

慕课建设不仅提高了教师的信息技术应用水平，还促进了学科教学和信息技术的深度融合，几乎使每一名主讲教师都在教育、教学方面获得不同程度的提升。例如，陈莹是一名英语教师，口语能力强。针对学生不愿意说英语的现象，她分析原因，将文化和英语口语学习相结合，形成了慕课“跟着奥巴马了解美国节日”，并在全国教育教学信息化交流展示活动中的微课设计比赛中获得一等奖；历史教师朱陵宁的专业知识很强，能在1周内完成慕课“晚清的现代化”的脚本，经过多次试镜，他最终成功完成慕课。这个过程锻炼了他的课堂教学技巧，增强了他的肢体、语言表现力，促使他多次从容参加市、区级公开课教学，并成功晋升高级教师；语文教师张明制作的慕课“科幻电影中的人文内核”从科技与人文高度融合的角度，启发学生理性思考人类科技的发展；阮武林老师通过制作慕课“Just do, Arduino智能巡线小车”，形成了技术系统观，增强了课程系统设计能力和网络课程开发实践能力，主持开发了师训课程，并作为“双名工程”“种子计划”领衔人组建团队，攻关学科教学难点，新型冠状病毒感染疫情期间被选拔参与“空中课堂”在线视频课的录制，被授予突出贡献奖。我校教师开发慕课所获奖项见表5－1。

表5－1 我校教师开发慕课获奖情况

姓名	慕课名称	慕课中微课获奖情况
陈莹	跟着奥巴马了解美国节日	全国教育教学信息化交流展示活动一等奖
邹园园	食物中的蛋白质	全国教育教学信息化交流展示活动二等奖
谢健美	TI图形计算器制图	上海教育教学信息化交流展示活动一等奖
董雨雪	新技术研究与评价——人工智能	上海教育教学信息化交流展示活动一等奖
张明	科幻电影的人文内核	上海教育教学信息化交流展示活动三等奖

（三）触动兄弟学校青年教师研究互动

学校的慕课建设工作在虹口区乃至上海市都产生了一定的影响，我校为虹口区乃至上海市的兄弟学校多次介绍慕课建设经验。慕课团队中的每一位主讲教师从慕课建设学习者变身为慕课经验分享者，他们关于团队成长的经验引起兄弟学校研究互动。比如，2019年，我校与虹口高级中学青年教师开展慕课专题研讨会，两校青年教师就慕课与学校选修课的对接、慕课内容更新等话题展开了深度研讨，激发出有关慕课、微课建设与课程深度整合的思考，展示出两校青年教师较强的教学研究意识。

正如英语特级教师刘超所讲：“慕课可以让教师个人成长从‘文字式反思’进入‘微视频反思’。青年教师要站在学科教材数字化资源建设的大背景下，将信息技术和学科教学相结合，以教师特色发展为目标，持之以恒、适时反思，将自己的慕课变成有生命力的课。”

（四）赢得教育同行肯定

我校慕课规划组织与建设工作，得到华东师范大学国际慕课研究中心和华东师范大学普教研究中心的肯定。2016 年我校被华东师范大学国际慕课研究中心评为“上海市高中名校慕课建设教师研修班”优秀组织单位。2019 年我校慕课团队被华东师范大学普教研究中心第二十五届科研大会评为先进集体。这些是教育同行对我校慕课团队工作的肯定，也是对我校“三个研究”办学理念下慕课团队工作的鼓励。

目前，我校共进行四期慕课开发。这些工作让教师队伍获得了现代信息技术的滋养，每个参与者既是开发者，又是培训者。教学相长，薪火相传，让我校研究型文化搭乘信息时代快车，行稳致远。

四、且研且行：体现研究型学校文化的慕课建设模式

在研究型学校文化积淀下开展慕课建设，我们意识到不论是慕课的建设，还是学校的发展，关键在于教师的能动性。新时代赋予研究型以新的定义，与此相适应的研究型教师更要有课程建设的意识和能力，需要良好的教育技术应用水平。参与慕课建设的 20 位主讲教师充分展现了能动性。他们不忘初心、牢记使命，秉承了我校“积极研究、勇于实践、艰苦卓绝”的办学思想，在“培养研究型学生、造就研究型教师、建设研究型学校文化”理念的指引下，克服一道道难关，较好地完成了慕课开发任务，体现出研究型学校文化的慕课建设模式。

（一）责任担当、自我突破，继承学校办学思想

“三个研究”办学理念让团队意识到必须走一条慕课建设特色之路。这条路既能实现信息技术与学科融合的可持续发展，其源头又要与“三个研究”办学理念同根，即学校办学思想。为此，我校教师敢于担当、勇于突破，走出了一条自力更生的慕课建设之路。慕课建设中，教师在完成教学任务的同时，还利用课外时间完成脚本撰写、视频制作、配音编辑等工作，保质保量完成了任务。

（二）思想认同，形成合力，完善学校研究型学校文化

慕课团队成立之初，学校领导组织团队围绕慕课建设意义深入讨论，在思想上形成

了共同认识：慕课开发不是为了完成上级部门交代的任务，而应该从学校长远发展、教师专业发展、学科教学与信息技术深度融合的角度去理解开发慕课的意义，慕课开发既是提高教师信息技术应用水平的过程，也是增强课程意识、形成知识结构、提炼教学方法的过程。因此，在此基础上形成的研究共同体具有了较强的团队合力，在面对慕课内容架构、脚本撰写、视频拍摄、视频编辑、慕课上线等一系列任务时，团队能团结互助，共同克服各种实际问题。同时，在慕课制作过程中，团队之间形成了良好的合作氛围，这种氛围也延伸到其他教学研究活动中，如"双新"推进、教学案例撰写等，逐步增强了学校在研究方面的凝聚力，完善了学校研究型学校文化。

（三）注重方法，提炼经验，形成慕课建设闭环优化的策略

经过四期慕课开发的实践，我校总结经验，目前已形成一套慕课建设闭环优化的策略：技术先行—整合研讨—形成特点—注重反馈。

1. 技术先行

大部分主讲教师刚接触慕课时会产生各种疑问，比如："慕课是什么？""怎样选题、怎样组织？""如何编辑视频？""如何上线慕课？"等。这些问题的解决是完成慕课制作、增强教师信心的前提，也是增加教师思想认同的重要方面。为此，我们以技术先行，确定了"视频拍摄方法—视频编辑方法—慕课选题—慕课组织—慕课上线"的技术培训路线。每次培训聚焦一个问题，即排除教师技术操作困惑，并给予教师充分的技术体验与实践的机会。技术先行的培训路线注重突出重点，以慕课制作需要的重要技术内容为主，如视频编辑软件学习包括资源导入、录制 PPT、旁白录制、音视频分离、视频分割、视频合成等。目前，学校已将技术先行深化为校本培训的一种方式。

2. 整合研讨

整合研讨是指在技术先行之后，主讲教师制作一个慕课专题，邀请多学科专家整体研讨，为慕课质量把关的过程。作为新型课程，慕课既有课程规范的要求，有学科知识内在逻辑的要求，还有适应网络教学特点的要求。然而，由于高中教师缺乏相应的理论背景，在理论运用和实践上存在困难。在整合研讨中，学校邀请学科专家、课程专家和教育技术学专家共同参与。学科专家对主讲教师慕课专题内容进行结构分析，启发教师了解学科知识逻辑与学生认识规律相结合的思路和方法；课程专家从慕课全局眼光分析慕课专题的价值与作用，促进教师反思、优化慕课课程目标与内容框

架；教育技术学专家从信息技术与网络课程融合角度分析慕课专题，促进教师基于网络课程特点和学生认知规律，合理安排专题视频中文字、图片呈现方式和比重，提高信息技术素养。

3. 形成特点

形成特点是指主讲教师在整合研讨之后重构、优化慕课专题并形成特色的过程。学校鼓励教师研究与实践相统一，强调基于理论而不局限于理论，基于教学经验而要超越教学经验。在慕课制作中，教师将遇到的各种困难转化为自主研究的机会，学、思、行相结合，努力形成自己的特点。例如，阮武林在学习技术理论知识的过程中，认识到技术发展的进化规律，重构“智能控制与设计”模块教学，建设了慕课“Just do，Arduino智能巡线小车”；许文怡以能源为主题，基于人类能源利用历史设计慕课框架，课程体现出历史与逻辑相统一的特点；张知愉基于金属物质规律性和知识结构化的教学思想，建设了慕课“奇妙的金属世界”。形成特点是教师向研究型教师转型的标志，也是教师专业发展的关键。目前，慕课团队中多位教师都已成长为区学科带头人和骨干教师。

4. 注重反馈

注重反馈是基于学生的慕课学习情况，反思慕课质量，促进教师教育教学正反馈自我提升的过程。一方面，我们借助“上海市高中名校慕课”平台提供的“打点”提问和讨论区功能，获取学生慕课学习的真实情况，反思“打点”提问的有效性，以及慕课授课内容与方法的科学性；另一方面，将慕课纳入校内选修课程，倡导慕课和线下选修课相结合，通过线下教学反馈，检验学生慕课学习的效果，作为进一步优化慕课的依据。慕课建设正反馈优化的理念增强了教师教书育人自我反思的意识，促进形成严谨的教风和学风。

慕课建设促进了学校深化落实“三个研究”的办学理念。6年来，慕课建设对学校其他工作产生涟漪效果，学校开展了“智慧课堂”“创新实验室建设”和“校园走廊研究型文化建设”等工作，推动我校“三个研究”的办学理念全面落地。在提高全体学生综合素质的同时，教学质量也逐年提升。在新一轮教育改革背景下，我校将继续爬坡奋进，依靠全体教师的课程与教学研究，借助现代信息技术，进一步提升学校育人品质。

作者简介

袁　芳

上海市特级教师，物理正高级教师，在核心期刊发表《关于物理概念教学的讨论》(《物理通报》，2015 年第 52 期）和《关注科学思维能力发展的教学评价改进初探》(《物理教学》，2018 年第 12 期）等论文十多篇，参与多项市级课题研究。

王　新

曾荣获“上海市三八红旗手”“上海市优秀青年”“虹口区园丁奖”等荣誉称号，出版专著《中小学党组织书记的专业发展和职能发挥》(江西人民出版社，2018 年)、《新时代高中生涯教育的理念转型与模式重建》(上海交通大学出版社，2020 年)，主编《项目引领下的青年教师发展性培养》(学林出版社，2012 年）等，在核心期刊发表论文多篇。

陈　耸

高级教师，在省级刊物发表论文多篇；擅长课程教学理论、课程评价、课程育德方面的实践研究。

阮武林

高级教师，华东师范大学第一附属中学慕课主管，上海市“双名工程”名师基地成员，参与高中通用技术教材审读、教参编写等工作。

学校"现代商业素养培育"特色发展视角下的慕课规划及实施

上海市澄衷高级中学　潘红星

为了响应2016年上海市教委关于高中名校慕课平台建设的通知，上海市澄衷高级中学在创建"现代商业素养培育"特色普通高中的基础上，积极制定"现代商业素养培育"特色课程与慕课发展规划，将慕课实施纳入学校整体课程结构。学校通过借助校内外优质资源，积极搭建高校教师与青年骨干教师一对一指导平台，开发了14门"现代商业素养培育"类特色慕课，丰富了学生的线上学习资源，拓宽了学习渠道，提升了学生的自主学习能力，带动了教师教学方式的转变和专业水平的快速提升，从而有效推动了学校优质特色课程建设的持续发展。

为全面贯彻落实国家和上海市中长期教育改革和发展规划纲要，坚持党的教育方针和落实立德树人根本任务，深入推动上海基础教育综合改革，利用信息技术手段，丰富学生课程选择，推进学校特色多样化发展，自2018年起，上海市澄衷高级中学开展了"现代商业素养培育"系列慕课的开发和推进工作，充实了学校课程资源，丰富了学生的选择，促进了学生多元发展。

一、学校"现代商业素养培育"特色

（一）学校特色定位依据

1. 源远流长的商科传统

上海市澄衷高级中学是一所拥有辉煌历史的百年名校。清末著名实业家叶澄衷于1900年捐资创办澄衷蒙学堂，也就是上海市澄衷高级中学的前身。学校办学之初就明确了商科的存在，课程设置体现商科特色。

根据1926年《澄衷学校章程》中的课程表，初级中学段设置了商科，而在高级中学段，则并列设置了商科必修科与商科选修科。可见，商科"基因"在上海市澄衷高级中学已传承百年。

2. 鼎力助学的商界校友

学校培养出多位叱咤商界的商业巨擘，他们传承澄衷商科精神，回报母校、回报社会。以李达三先生为例，他事业有成后，为母校捐资建造李达三楼，设立"李达三叶耀珍澄衷教育发展基金"，牵线母校与复旦大学管理学院建立合作关系、与香港宁波公学结为沪港文化交流姐妹学校，以多种方式支持母校特色发展。

3. 优势明显的地域资源

上海"五个中心"（国际经济中心、金融中心、贸易中心、航运中心、科创中心）的建设都和现代商业素养联系紧密。学校所处的北外滩，作为上海市核心功能的重要承载区，为学校的特色创建提供了丰富的区域资源。

在商科精神的传承下，在校史资源、校友资源和地域资源的助推下，学校将办学理念凝练为"陶冶性灵，启迪智慧，涵养气质"，将"育有个性的学生，塑有风格的教师，办有特色的学校"作为办学的理想追求，把"能服务于未来社会的德、智、体、美、劳全面发展的合格高中生，成为现代商业素养突出，重责任、讲诚信、有性灵、能创新、善自律、会合作的澄衷人"作为学生的培养目标，明确"现代商业素养培育"为学校特色。"普通+特色"的学校发展目标、"全面+特长"的学生培养目标和"传承中创新"的办学思路由此基本确立。

（二）现代商业素养的内涵

现代商业素养是指学生参与现代商业活动所必备的知识和能力，以及由此形成的正确的商业道德与价值观。

我校经百年传承后形成的现代商业素养内涵，分为"商之术""商之法""商之道"三个维度（见图6-1）。现代商业素养培育是我校对学生进行社会主义核心价值观教育和培育学生核心素养的重要载体。"商之术"，即通过现代商业知识的学习，学生的人文底蕴得以加深、科学精神得以提升；"商之法"，即通过现代商业活动能力的培养，学生更加会学习、会生活、会创新；"商之道"，即通过现代商业优秀品格和价值观的养成，学生更加勇于担当，乐于奉献。

（续表）

慕课名称	课程内容与目标
诚信漫谈	通过介绍诚信的含义、中西方诚信文化的异同和特点、诚信在社会和经济领域的价值体现，以及青少年在家庭、校园、网络生活中如何遵循诚信原则、如何查询和保护个人信用信息等，帮助学生认识诚信，感受诚信的价值，树立诚信的意识，养成诚信的习惯。
商业模式漫谈	通过介绍不同规模、不同状态、不同行业企业的商业模式，让学生了解常见的商业模式、商业文化，通过商业案例，培育学生的创新意识，树立学生的责任意识和契约精神。
生活中的会计学	通过从会计学的角度分析生活实例，让学生认识什么是会计以及基本的记账方式，从而帮助学生学习经济学常识，提升实践能力，培养诚信意识，学习商业道德中的优秀品质。
申城百年名校之澄衷风云录	通过介绍上海市澄衷高级中学建校至今一百余年的校史文化和校友先贤为国为民所做的杰出贡献，引导学生践行爱国、敬业、诚信、友善的社会主义核心价值观，传承澄衷延续百年的“持诚求真”校训精神，成为具有时代精神和现代商业素养的学子。
人人都是演说家	通过介绍演说的基本概念和简单技巧，教会学生怎样在限定的时间内把准备好的内容表达出来，培养学生学会说话，学会表达，提升现代商业素养。
大数据浅析	通过介绍大数据的概念、产生背景、特征及技术特点，结合大数据时代的新商业模式，让学生了解大数据在商业中的应用，提高学生利用大数据技术进行商业创新的能力，培养学生树立正确的商业价值观，提升学生的现代商业素养。
挫折与成长	通过介绍挫折的含义及造成挫折的因素，引导学生掌握应对挫折的方法和技巧，增强抗挫抗压能力，做好直面挫折的心理准备，同时增强战胜挫折的信心，培养学生勇于克服困难和积极进取的良好心理品质。
金融信用与生活	通过介绍信用的含义、形式和信用卡等，让学生知道贷款的种类，并在模拟情境和实践操作中，理解信用和风险的关系，培养学生树立诚信意识和理财意识，信守契约精神，做生活的主人。

三、学校“现代商业素养培育”特色慕课的实施

（一）依靠本校教师，借力社会资源

“现代商业素养培育”特色慕课对我校教师来说是一个全新的领域。我校鼓励青年骨干教师勇挑重任，他们可塑性强，精力充沛，自学能力和接受新知识的能力强。为了确保开发慕课的科学性，我校充分利用校外资源，特别是高校资源，为教师撰写慕课脚本搭建一对一指导平台，解决教师在慕课科学性上的后顾之忧。同时，我校还充分考虑教师的学科背景、兴趣和积累，例如：请心理辅导教师开发慕课“挫折与成长”，请语文教师团队开发慕课“人人都是演说家”，请思想政治教师开发慕课“生活中的经济学”。

为了避免与其他学校的理财类慕课重复，我校结合“尚诚朴”的传统文化精神，从信用的角度切入，开发了具有本学校特色的理财慕课“金融信用与生活”。

（二）通过慕课，丰富学生选择

我校目前已开发 14 门慕课，主要用于学生寒暑假的自主选学。这些慕课弥补了“双新”实施后学校校本课程课时大幅减少的问题，也符合“双减”工作和疫情防控常态化的要求，丰富了学生的假期生活，还为初中学生提前了解学校特色提供了一个窗口。学生每学完一门慕课，只要自行打印一张学习证明，就可以和学校线下学习一样计入学分。

目前“上海市高中名校慕课”平台已上线 300 多门慕课，为学生的多元发展提供了丰富的课程资源。学校要求学生选学本校慕课的同时，也鼓励学生根据自己的兴趣爱好，选学其他市级共享慕课，拓宽视野，提升能力。

（三）线上线下结合，助力特色发展

我校特色课程的开发与实践促进了学生、教师、学校的可持续发展，并广泛辐射影响多地学校。

1. 学生综合素养显著提升

数据显示，我校 2018—2020 届毕业生中，分别有 29.8%、33.3%、38%选择了与现代商业素养直接相关的大学专业。从 2018 年起，我校学子在全国和市级各种商业素养类比赛中荣获奖项 55 项。为现代商业素养培育排演的校史剧《天下之利》带动了学生学

习艺术的热情，多名学生考入艺术院校，还有学生荣获“全国最美中学生”称号。近三年来，学生学业水平考试合格率全部在98%以上，14门次学科合格率100%，学校本科上线率稳定在90%以上。

2. 教师专业发展水平快速提升

我校特色课程及慕课的开发与实践促进了教师的快速成长与发展。全体教师均参与了现代商业素养培育的实践和研究，开发了“学生公司”“生活中的经济学”等20余门特色课程，其中14门在“上海市高中名校慕课”平台上线。在此过程中，教师在市、区级刊物发表论文及案例20余篇，课题研究成果《特色普通高中课程建设探索》于2019年正式出版。

3. 学校发展成效明显

我校在特色课程方面的探索与实践推动了学校的较快发展。在此过程中，学校荣获了上海市文明校园、上海市依法治校示范校、上海市安全文明校园、上海市特色普通高中项目校、上海市体育传统特色项目校、上海市学校系统共青团工作示范校、上海市家庭教育示范校、上海市劳动教育特色校、全国篮球特色学校等多项荣誉称号。

4. 示范辐射作用显著

2019年10月，上海市特色普通高中项目校展示吸引了全市百余所高中参加。我校和青海省果洛州民族高级中学、江苏省陈集中学、江西省横峰中学、云南省马关县第一中学校、云南省西畴县第一中学、香港宁波公学、香港宁波二中等20多个学校进行了交流。专题片《商道酬信，赋能人生》由上海教育电视台播出。校史剧《天下之利》的首演被新华社上海分社、上观新闻、文汇、上海教育等多家媒体报道。

四、关于学校慕课开发与实施的反思

自2016年上海市教委关于高中名校慕课平台建设的通知发布以来，我校在创建“现代商业素养培育”特色普通高中的基础上积极开发慕课，在丰富学生线上学习资源、拓宽学生学习渠道、提升学生自主学习能力的同时，带动了教师教学方式的转变和专业水平的快速提升，从而有效推动了学校优质特色课程建设的持续发展。在5年多慕课开发与实施的过程中，我校也面临着一些困难：一是经费受限，慕课录制产生的费用主要由学校承担；二是慕课平台辐射学生有限，这在一定程度上制约了学校鼓励教师开发、录制慕课的积极性。如果能够将慕课开发作为学校课程开发的重要组成部分纳入学校考核，把慕课开发作为教师专业成长的重要组成部分给予资质认定，将慕课作为必要补充要求学生选修，就能够引起学校、教师在慕课开发上的积极性，以及学生学习慕课的积极性，从而最终达到慕课平台希望利用信息技术手段，深化课程教学改革、推进优质资源共享辐射、扎实推进上海基础教育优质均衡发展的目标。

参考文献

[1] 潘红星，等.特色普通高中课程建设探索[M].上海：华东师范大学出版社，2019.

作者简介

潘红星

地理高级教师，曾获“上海市三八红旗手”、虹口区园丁奖等荣誉，主持过近10个市、区级课题，有近百篇论文在区级以上报刊发表，有多篇论文在全国、长三角地区、市、区级评比中获奖，参与编写了多部著作，是《特色普通高中课程建设探索》一书的主要作者。

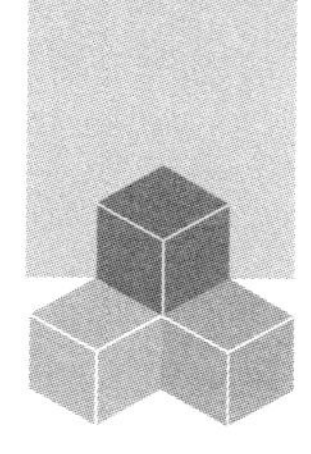

慕课在高中商学类特色课程建设中的应用

——以上海市第四中学为例

上海市第四中学　平嘉玲

在互联网技术快速发展、慕课教学模式备受瞩目的背景下，上海市第四中学秉持以商学特色课程实践特色育人的理念，通过借助慕课资源进行学科创新、借助慕课教学更新教学内容并提升教学趣味性、借助慕课平台提高教师专业水平等做法，解决了以往课程实施过程中出现的重理论轻实践、内容陈旧、脱离社会实际等问题，达到了提升商学特色课程教学互动性、学生学习便捷性、课程内容开放性和受众学生广泛性等效果，显著提高了学校特色课程的教学质量。

学校的使命在于育人，育现实之正人，育未来之人才。作为区实验性示范性高中，上海市第四中学（以下简称上海四中）在新的教育发展背景下将“中西商学的摇篮”作为特色高中建设的目标。为此，我校整合多个特色项目，构建特色课程体系，灵活使用慕课资源，实践慕课教学方式，实践特色育人机制，帮助学生掌握商科基本知识与技能，形成正确的商学理念，创建以经济、管理与金融为核心的优势优质课程。

一、特色课程存在的问题

上海四中在中西方文化交流、经济交往方面有着丰富的课程资源和实践经验。经过多年实践，我校形成了具有多学科渗透、跨学科整合、多样性选择的商学特色课程，以满足学生多元化、个性化的学习需求。

（一）教学上重理论、轻实践

目前，高中拓展型、研究型两类课程种类繁多，内容丰富。教师的教学重点往往在于理论知识的迁移，并通过简化知识点来帮助学生理解运用，但是大部分两类课程本身存在强调理论轻于实践的问题。教师在备课时就很容易偏重理论，导致学生所学知识很难被运用到实践中。

此外，教学时教师也缺乏培养学生自主学习能力和创新能力的意识，学生始终处于被动状态，缺乏主动思考的动力。

（二）教学内容陈旧

拓展型、研究型两类课程部分教学内容存在与时代发展脱节。商学特色课程所涉及的内容十分广泛，包括管理类、经济类、法律类等，知识的更新速度也非常快，教师有时未能及时更新专业知识，确保教学内容的时效性。例如，在法律类知识的教学中，随着《中华人民共和国民法典》的颁布，应当立刻对相关内容进行更新，确保教学内容的适用性和时代性。

（三）教学效果与社会需求不匹配

拓展型、研究型两类课程的教学存在着实际效果与社会需求不匹配的现象。目前担任两类课程教学的教师大部分本科、硕士毕业后直接进入学校参加工作，缺乏实践经验导致其在教学中多照本宣科，难以结合实际案例进行深入的剖析。同时，两类课程的教学评价依旧多采用传统评价方式，缺乏对学生综合能力，特别是实践能力的评价。

（四）个性化教学不足

拓展型、研究型两类课程的教学缺乏个性化教学策略。教师多按照教案开展教学，很少结合学生的实际情况调整教学的计划和内容，缺乏针对性与个性化。此外，虽然多媒体教学技术被广泛应用，但在实际教学中，教师仍多采用讲授的教学方式，教学互动较少，学生的体验与理解都不够深刻。

二、慕课在商学特色课程教学中的优势

上海四中慕课“理财”“叱咤风云的商界人物”“商学导航”“走进商务谈判”“CIS企业身份识别设计”目前已在“上海市高中名校慕课”平台上线，其中校本拓展型课程“理财”荣获教育部首届全国校本课程大赛特等奖。在教学过程中，学生可以将慕课平台的课程内容与线下商学课堂的实践体验相结合，更好地掌握商科基本知识、实践商务基本技能；教师可通过慕课平台上学生的学习情况随时完善教学设计，实施更有效的评价。

（一）教学互动性好

通过配合线上慕课教学，可有效地提升师生之间、学生之间的互动，进而提升教学效果。慕课中教师可以采用一对一或者一对多的方式与学生进行互动，并及时解答学生提出的问题。借助慕课平台，教师可以从学生的浏览情况和作业完成情况全面了解学生的学习状态，及时调整教学方式和教学内容。慕课教学也利于学生之间的互动与合作，以小组为单位进行自主学习的优势尤为突出。这对于调动学生学习的积极性，帮助学生通过讨论交流弥补自身的不足十分有益。

（二）学习效率高

慕课之所以可以提高商学特色课程的教学效率，是因为慕课的教学方式有效地改变了传统的教学关系，充分体现出了学生在课堂上的主体地位与教师的引导作用。课前，学生可以自主地收集相关的学习资源，并且结合教师的推荐阅读相关材料和书籍，做好课前学习准备。如慕课“商学导航”（见图7-1）每单元都有经典案例作为引入，学生可以提前收集相关资料，并在慕课平台完成预习。

课堂上，学生可以结合自己的实际情况选择恰当的学习方式和学习内容，并且结合个人的学习进度做好学习笔记。课后，学生之间可以通过QQ、微信、微博等软件来交流学习感受，进行资源的分享。通过慕课平台，学生的学习过程得以完整呈现，教师可以借助慕课平台对学生进行更加全面的评价，教师还可以依据慕课平台上学生的学习情况来布置相应的小组作业，提高学生的参与度。

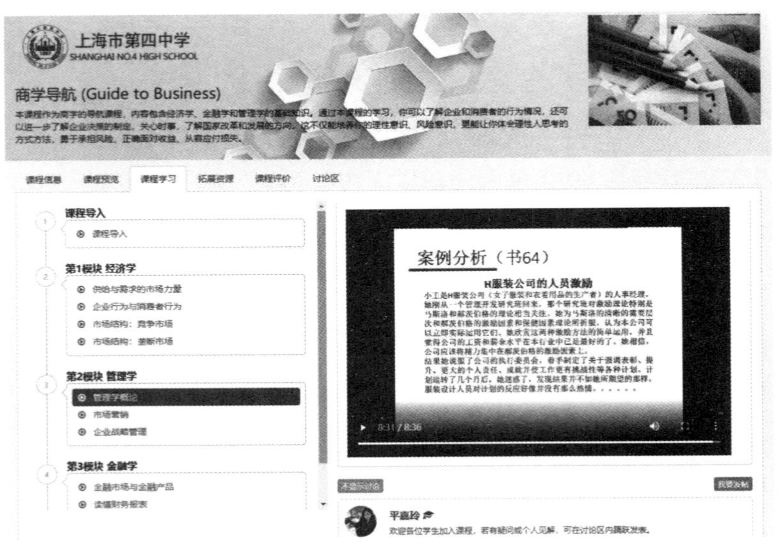

图 7－1　慕课“商学导航”中的案例分析

（三）课程内容开放

慕课教学模式使商学特色课程教学的开放性更高，这得益于慕课本身的开放性。学生可以结合自己的学习情况选择不同的课程内容，随时随地进行自主学习，打破了传统教学模式空间与时间的限制，充分体现了学生的主体地位。

（四）受众范围广

随着互联网技术的快速发展和应用，慕课教学模式得以广泛使用。借助电脑、智能手机，可以便捷地参与学习使得商学特色课程的受众变得更为广泛。从某种角度上来说，慕课教学模式是促进师生间、学生间相互学习、共同发展的有效措施。

三、慕课在商学特色课程中的应用

（一）借助慕课资源进行学科创新

慕课教学方式的应用对于促进商学特色课程的发展，提升教学质量起到了重要的作用。慕课教学具有很强的互动性，教师可以更加全面地了解学生的学习情况，并且借助慕课平台与学生进行深入的互动。因此，教师可以借助这样的优势对课程内容进行创新。比如，将某个知识点的教学时间控制在10分钟之内，并且在原有教学内容的基础上添加交互式问题和小测试等，吸引学生注意力的同时调动学生的思考积极性。

（二）借助慕课资源更新商学教学内容

慕课所包含的教学资源非常丰富，教师可以借此更新和丰富教学内容。比如，由于时间有限，课堂上教师无法同时讲解多个案例，此时，教师可以在慕课平台上分享多个案例，并设置相关问题来引发学生思考。以慕课“商学导航”为例，教师在课程中添加“××企业的广告战略”“奢侈品的需求”“××股份有限公司的财务报表”等案例，并通过讲解视频加深学生对这些案例的理解，取得了很好的教学效果。

（三）借助慕课教学丰富教师专业知识

慕课教学资源的时代性和时效性，确保它不仅可以更新教学内容，也可以更新教师的知识体系。比如，通过与企业的合作，从企业中聘请经验丰富的管理人员作为兼职教师，定期在慕课平台上分享实际案例，并通过视频录制的方式对这些案例进行讲解，不仅学生受益，教师也可以获得理论和实践方面的提升，丰富自身经验。

（四）借助慕课教学提升商学课程趣味性

传统的商学特色课程教学以理论讲授为主，缺乏实践，教学内容有限，教学形式单一，无法调动学生的学习兴趣。借助慕课教学则可以提升教学的趣味性。利用大量的教学资源，满足不同学生的需求，引导学生结合自身情况选择不同的学习方式和学习内容，让学习更有针对性。同时，慕课教学资源的形式多样，有图片、文字、视频和音频等，这本身也能提高教学的趣味性，更容易吸引学生的注意力。

四、总结与反思

上海四中商学特色课程的建设体现了学校办学对适应时代与社会需求的转型。随着社会的进步，对于人才的素质要求也在不断变化。在开展商学特色课程教学时，如何完善对慕课教学的运用，加强对学生实践能力、创新能力的培养，进一步满足社会对于人才的需求，本文也有一些思考。

（一）加强先进教学手段的运用

慕课是科技发展的产物，上海四中商学特色课程要发挥出慕课的优势，必须不断加强先进教学手段的运用，通过更多体验式的教学来提升学生解决实际问题的能力。微课、小测验和实时解答是慕课的重要组成部分，微课是对教学内容的浓缩，能够帮助学生快速形成认知、找到学习重点、提升学习效率；小测验可以快速检测学生的学习效果，帮助教师了解学生的学习情况；实时解答是师生互动的重要渠道，学生可以随时在讨论板上提出问题，教师可以实时进行解答。因此要提升慕课教学的效果，教师需要更新教学观念，教师要主动适应信息化教学的环境，学会灵活运用微课、小测验、实时解答等信息化教学的工具，持续加强先进教学手段的学习和应用。

（二）加强自主学习环境的创建

慕课教学能够有效突出学生的主体地位，对于提升学生的自主学习能力十分有帮助。教师应重视相应自主学习环境的创建，转变传统的教学观念，提高学生学习的自主性。比如，通过网络平台进行预习的过程中，教师可以指导学生结合小测验进行针对性的学习，提高预习的效率。

参考文献

[1] 常远.试论基于慕课平台视角的经管类专业教改[J].广东技术师范大学学报，2021(2)：23－27.

[2] 缪文清.高校经管类实验课程线上教学方法及对策[J].现代企业，2021(2)：140－141.

[3] 高贵现."慕课"背景下地方院校经管类统计学教学改革研究[J].教育现代化，2019(33)：35－37.

[4] 龚文婷.慕课教学在高职院校经管专业中的应用研究[D].福州：福建师范大学，2018.

[5] 翟运开.基于慕课的高校经管类专业互动式教学模式探讨[J].河南财政税务高等专科学校学报，2016(3)：70－73.

作者简介

平嘉玲

上海师范大学经济学学士，上海四中英语教师，并担任学校商学组长，在学校开设商学类特色课程的同时，致力于开发适合中学生学习的商学相关慕课。多次指导校商学致远队参加各类商学赛事，指导的学生在相关商学赛事中表现优异：2015 年获韦伯商业计划大赛一等奖，2016 年获全国创青春创业计划大赛金奖；2017—2021 年获校园企业家全国成果展评一等奖、特等奖。个人获 2018—2021 年校园企业家全国成果展评优秀指导教师称号。2019 年至今，每年参与组织指导上海市徐枫学区商学实训活动，为徐枫学区的中小学生提供商学实训体验。

围绕学校特色的高中音乐慕课体系的规划与实施

上海市徐汇中学　姚勇磊

作为一所百年名校，上海市徐汇中学围绕学校文化特色，充分整合学校教育教学资源，规划、实施了高中音乐慕课。在设计过程中，学校以核心素养为课程目标，坚持以学生为本的原则，将先进的教育理念和钢琴教学理念、优秀的传统文化融入慕课之中，有效促进了学生的个性化学习和全面发展。音乐慕课的实施激发了学生的学习兴趣，提升了在线教育的效率，进一步拓宽了高中音乐教育的路径。同时，慕课还推动了教师的专业发展，提升了教师教学创新的信心。

一、学校特色发展与慕课规划

（一）学校特色与文化

上海市徐汇中学是上海市科创特色高中、上海市规模最大的完中、徐汇区实验性示范性高中，创办于1850年，有“西学东渐第一校”之美誉。这所历史悠久的百年名校，其办学理念高度浓缩在“汇学”二字之中。学校以科创特色撬动总体发展，始终坚持以学生为本的原则，筹建了生命科学创新实验中心、工程科学创新实验中心、7门“双新”种子课程等高端实验室群，开设了科技课程、艺术课程、体育课程，拥有享有盛誉的汇学乐府和徐汇画苑等音乐、美术特色课程专用工作室。经过多年的发展，学校在多个项目中取得良好成绩，成为“学生有特长，教师有专长，教学有质量，办学有成就，社会有声誉”的品牌学校。在此特色文化之下，学校积极响应时代的发展，巧妙地将“互联网+教育”的理念融入学校文化的建设之中，并在此基础上进行了高中音乐慕课体系的规划，希望能够以此来促使高中音乐个性化教学的有效开展。

(二)慕课内容规划

音乐是学校教育的重要课程之一。为了构建专业的音乐教学项目,有效整合学校的教育教学资源,助力学生全面发展,我们充分遵循以学生为本的原则,围绕我校办学特色,对高中音乐慕课“快速上手钢琴即兴伴奏”的内容进行了设计(见表 8-1)。

表 8-1　慕课“快速上手钢琴即兴伴奏”前四个部分内容规划

慕课章节			详细内容
第一部分	即兴伴奏课程简介	基础乐理知识应用	音符时值概念、音符节奏练习、各音符结合节奏练习
		伴奏和声	常见伴奏三和弦组成、常见三和弦的色彩、常见伴奏和弦标记
		伴奏织体	伴奏织体概念、常用伴奏织体介绍、伴奏织体有效运用
			改编
			研究价值
第二部分	大小调式分析	什么是调式和调性	调、调式、调性的概念
		初步了解大调和小调	大小调式的色彩
		欣赏	大调的色彩
		欣赏	小调的色彩
		反复听辨	借助乐器明确主音或者模唱曲谱分析
		作业	辨别旋律的大小调性质、讨论
		讨论	小组讨论
第三部分	主调音乐和复调音乐的辨析	什么是主调音乐	主调音乐概念解析
		什么是复调音乐	复调音乐概念解析
		主调音乐和复调音乐的区别	主调音乐和复调音乐区别解析:左右手声部的不同、左右手的主次关系、图示展示、演奏展示
		作业	分辨乐谱:主调、复调

（续表）

慕课章节			详细内容
第四部分	第一课：音程与和弦	音程的定义	音程的定义、案例
		音程的分类和转位	音程的分类、和声音程、旋律音程、课堂练习、音程的转位、音程转位的计算、课堂练习
		音级的定义与分类	音级的定义、音级的分类
		音程在伴奏中的应用	课堂练习
		作业	/
		教学说明	/
		提问时间	/
	第二课：伴奏三和弦	和弦与三和弦	/
		三和弦的分类	/
		三和弦的色彩	/
		三和弦的转位	/
		弹唱练习	/
		课堂练习	/
		课后作业	/
	第三课：和弦标记法	和弦标记法分类	/
		和弦标记应用	/
		示范欣赏	/
		课堂练习	/
	第四课：大调正三和弦的旋律创编	变格进行	/
		正格进行	/
		完全进行	/
		弹奏练习	/
		课堂练习	/
		创编旋律	/

（续表）

慕课章节			详细内容
第四部分	第五课：小调正三和弦的旋律创编	变格进行	/
		正格进行	/
		完全进行	/
		弹奏练习	/
		课堂练习	/
		编配练习	/
	第六课：乐句终止的和弦	K64 和弦	/
		属七和弦	/
		乐句中的逗号	/
		乐句中的句号	/
		弹奏练习	/
		课堂练习	/
		编配练习	/
	第七课：大小调式的辨析	调式和调性的定义	/
		初步了解大调和小调	/
		欣赏：大小调的色彩	/
		欣赏	/
		交流	/
	第八课：伴奏织体的三种变化形式	伴奏织体的分类	/
		和弦式织体	/
		分解式和弦织体	/
		半分解式和弦织体	/
		课堂练习	/

（三）慕课推进策略

1. 提前导学，优化预习质量

高中音乐个性化教学由线下转为线上，但教学流程没有减少。比如，预习是高中音乐教学的重要环节之一，做好预习能够让学生提前认识学习内容，从而提前围绕主题或者中心搜集相应的材料，保证在音乐学习的过程中有的放矢。对于慕课来说，预习更加重要。慕课时间比线下课短，学生如果对所学内容不熟悉，便很难跟上教师的教学节奏。因此，在高中音乐慕课教学中，应提前指导学生预习，并根据学生预习的反馈情况相应调整指导方案。比如，提前一天通过社交软件向学生发送音乐学习任务、视频链接、音乐学习笔记等，并与家长沟通，在方便学生安排学习计划的同时，做好家校共育。

比如，在引导学生学习本慕课的第一部分时，教师便通过社交软件群上传了导学，引导学生事先根据自己的喜好，利用互联网、日常生活环境等搜集相关学习资料，并做好记录，为接下来的慕课学习做好准备。

2. 整合资源，设置分层作业

充分整合校内外教育教学资源，选择某网络云平台的资源作为慕课教学的补充内容，以便帮助学生精选有效资源，并根据学生特点设计个性化的音乐慕课作业，提升综合能力。

例如，部分学生在即兴伴奏方面存在困难，教师专门制作了相关慕课视频，方便学生强化学习。同时，教师还根据学生的学习情况，设定相应的引导方法，如情境教学法、小组合作法、欣赏教学法、课后练习等，让学生在学习过程中获得更多资源，并最终进行有效运用。

课后巩固是学习过程中十分重要的一环，不能一刀切，要在充分了解学生的基础上设计分层作业。比如，有部分学生的乐理基础比较欠缺，教师在布置作业时应更加关注乐理基础知识的掌握情况，在教学过程中既体现教育教学的共性，又彰显学生的个性特征，让每一位孩子都能够在适合其发展的道路上不断地前行。在慕课实施的过程中，教师要充分关注各种资源的整合与利用，然后根据学生的情况进行分层次教学引导，帮助学生在适合自己的位置上进行学习，才能够收获最理想的教学效果。

学习本身是一个不断展现个性的过程，在这个过程中，教师应该充分汲取现实生活中能够获得的教育资源，并对这些资源进行全面的整合，同时积极关注学生的个性特点，制订个性化的音乐作业，帮助学生快乐、自信、有效地进行音乐学习。

3. 关注细节，及时发现问题

在高中音乐慕课的学习中，最为关键的一步是练习与评价。但是，与课堂教学相比，慕课教学在师生交流互动方面较为欠缺。因此，作业作为教师与学生之间交流的桥梁就显得尤为重要。在高中音乐慕课实施的过程中，教师要特别关注学生作业中的细节问题，并针对这些问题开展音乐教学。

例如，学生音乐学习的过程包括相关知识点的学习和运用、相关符号的全面掌握以及文章的结构是否完整等。那么，教师在作业评价的过程中应关注细节，如知识点的掌握与运用的程度，以客观、公正的态度发现学生作业的优缺点并及时给予评价，引导学生客观、全面地认识自己，提升自身的音乐能力。

二、高中音乐慕课创新设计与开发

（一）设计思路

根据《普通高中音乐课程标准（2017 年版 2020 年修订）》，普通高中音乐课程与义务教育阶段音乐课程一脉相承。因此，我校在开发高中音乐慕课的过程中尤为关注课程的整体性、发展性、独特性。比如，在慕课“快速上手钢琴即兴伴奏”的设计过程中，高度关注学生在即兴伴奏中所展现出的身心发展特点以及相关规律，将整个教学内容设置为十二个部分，每一个部分围绕一个重点知识点进行探究。每个部分的设计都遵循先整体概括课程内容，然后从细节方面来详细阐述，最后再根据具体的情况设置编创、欣赏、讨论、作业环节等，引导和帮助学生在学习过程中对学习内容有所创新与发展，同时注重学生的个性化发展。在这个过程中，我们逐渐探索出高中音乐慕课的设计思路。

1. 确立核心素养导向的课程目标

充分理解高中音乐学科核心素养以及高中音乐新课标的内容与要求，立足学生的身心发展规律，根据学生的基本需求，选择一个比较核心的点来进行慕课导学。将基础乐理知识应用、伴奏和声、伴奏织体作为教学的主要内容，促进学生基本知识、主要技能的掌握以及情感经验的获得与发展，同时运用相应的工具引导学生在即兴演奏方面发现问题、提出问题、分析问题并解决问题，促使学生综合能力的有效提升。

2. 设计符合课程目标的课程结构

为了有效实现课程目标，我们将慕课设置为基础乐理知识应用、伴奏和声、伴奏织体等四个部分，并围绕这四个部分进行内容的细化，确定不同阶段的学习目标，然后将个性化学习融入过程，将教师讲授、欣赏练习、个人创新、群策群力的方式融入慕课教学中，综合运用主题式学习和项目式学习，引导学生在真实情境中充分发挥个性化特征，对课程进行深层次理解。

3. 选择实现课程目标的课程内容

课程内容是慕课的核心内容，因此，在慕课的设计过程中要围绕课程目标来选择课程内容。首先，课程内容的选择要遵循以学生为本，在充分体现高中音乐课程特色的情况下，展现时代发展的需求，将先进的教育理念、优秀的传统文化、钢琴演奏的理念等融入慕课内容之中，旨在更好地培养音乐学科核心素养。在课程内容的组织方面，高度重视教学过程与结果的关系，既充分关注音乐知识的直观陈述，又充分关注学生的情感感悟，对直观经验与间接经验都进行有效表述，关注教学方式的层次性、多样性，以及教学的跨学科融合性，为学生的个性化发展提供可能性。

4. 实施促进学生发展的教学活动

教学活动仍然是慕课的中心部分。在慕课设计的过程中，我们设置了有趣的教学活动，比如编创、欣赏、讨论等，在充分尊重学生主体的过程中高度关注学生的个性化发展，发挥教师引导者地位，让学生的主体性得到有效展示的同时，促使学生主动听讲、思考、实践、探索、合作、交流等。在教学活动中，我们高度重视启发式教学，将教学的内容与学生的实际发展情况相融合，在真实情境中发现问题、提出问题，确保学生在学习的过程中会主动去分析问题、解决问题。

5. 探索改进教学评价

音乐慕课的教学评价主要采用作业的方式，即通过作业反馈了解学生音乐学习的过程与结果。在慕课评价中，教师针对结果性评价检验学生的个性化学习情况以及核心素养的提升状况，以便及时督促学生养成主动学习习惯和实践习惯。

（二）建设路径

根据慕课在高中音乐个性化学习方面的促进作用，以及慕课教学的实施情况，可以进一步探究将慕课与音乐个性化学习深度融合，凸显学生学习的主体性，从而推动课程改革的持续、深入发展。

（1）整合慕课资源，形成高中音乐慕课库。在高中音乐慕课教学中，教材的编排是系统化、专题化的，将碎片化内容有机组合为一个系统和专题，化零为整，从而实现教学资源的有效整合。

（2）优化可视教学，提高学习的有效性。在教学过程中，教师只需在关键环节向学生示范，其余环节均可交给慕课，让学生在具体、实际、生动、形象的教学中感知学习内容，提高学习的有效性。

（3）促进反思，引导学生个性化学习。学生可以利用慕课能随时暂停的特点，及时对教学片段进行反思，并与教师交流沟通，促进自身的个性化学习。教师也可以根据学生的反馈情况，及时调整教学。

（三）学习内容分析与组织

1. 学习内容分析

慕课“快速上手钢琴即兴伴奏”分为四个部分，共十一讲，包括即兴伴奏课程简介、大小调式分析、主调音乐和复调音乐的辨析、音程与和弦、伴奏三和弦、和弦标记法、大调正三和弦的旋律创编、小调正三和弦的旋律创编、乐句终止的和弦、大小调式的辨析、伴奏织体的三种变化形式。慕课内容的设置充分围绕学校特色化教育状况进行，以学生为主体，以教材为大纲，以教师为引导者来进行。

2. 学习内容组织

本次高中音乐慕课在学习内容组织上主要采用了课前预习、教师讲授、演奏直观展示（含教师示范、名段欣赏、作业设置、小组讨论）、课后总结的线索，旨在充分展现教学环节的关联性，从而促进学习的有效进行。

（四）呈现方式

慕课“快速上手钢琴即兴伴奏”主要通过以下方式呈现高中音乐个性化学习：一是课前个性化资料搜集。课前引导学生根据将要学习的内容进行个性化资料搜集，然后自行学习和了解。二是课中个性化探究。以学生为主体，引导学生根据慕课内容进行个性化学习，对欣赏曲目作个性化理解，在小组讨论中进行个性化的认知与运用。三是课后个性化作业。引导学生围绕教师布置的作业进行个性化展现，让学生能够在作业中充分发挥个性，实现音乐综合能力的提升。

三、高中音乐慕课教与学创新应用与实践

（一）线上线下相结合

1. 制作慕课视频，促进学生有效学习

教师应根据本节课的课堂教学内容，精心选择重点来制作成慕课，可以以示范视频、学科知识分解视频、纠正视频等形式进行，以确保学习的有效性。要注意控制慕课视频的长度，以 5—10 分钟为宜。教师在进行课堂教学时，先向学生展示示范视频，让学生对于本节课教学内容形成基本的认识。教师还可以根据课堂教学内容向学生提出问题，让学生围绕问题展开思考，提高学生的探究意识。这种线上线下相结合的教学方式能有效吸引学生的注意力，促进有效学习。

2. 分解学科知识要领，促进学生的理解和掌握

教师在进行课堂教学时，要明确本节课的教学重点，在播放重点内容的完整视频后，应针对这部分内容进行引导和讲解，让学生理解得更加透彻，掌握得更加扎实。同时，通过提问，教师可以发现学生学习过程中的困难或疑惑，要予以讲解，为学生通过慕课进行音乐个性化学习扫除障碍。

3. 鼓励分组实践，检验学生学习成果

在掌握了基本的学科知识要领后，教师应鼓励学生开展实践，在实践中检验课堂学习成果。通过分组实践的形式，能够提高学生的合作能力，巩固学生的学习成果，也有助于学生发现自身学习中的问题所在。

（二）情境应用

慕课“快速上手钢琴即兴伴奏”的教学页面体现了音乐特色，营造了即兴演奏的氛围，简洁、大方、柔和的界面让学生将注意力集中在学习的过程中。在个性化应用情境方面，该慕课展现了即兴演奏所取得的成绩，激发学生的学习兴趣，帮助学生设定合适的学习目标；还邀请了学生进行解说，增强个性化音乐学习的代入感，让学生在慕课氛围中能够感同身受；还设置欣赏情境，并采取小组讨论的方式积极引导学生参与到个性

化学习中，从而实现学生综合音乐能力的提升。

（三）慕课开发流程与组织方式

1. 慕课开发流程

（1）了解学生需求。慕课制作是为了满足学生需求，促进学生更好地学习与发展。在学习过程中，学生才是主体。所以，在正式制作慕课之前，先通过问卷调查和课堂观察法详细了解学生需求，了解学生在音乐个性化学习上的兴趣点和难点，根据这些需要制作慕课。

（2）结合常规课程。慕课是对高中音乐学习常规课程的补充，所以在制作时，要仔细地研究常规课程的设计与要求，以达到更好的教学结果。

（3）慕课制作培训。为确保慕课的制作精良，对教师开展了关于慕课制作的培训，重点包括摄影、录制、剪辑等，以便教师能够更好地运用信息技术手段来实现课程要求。

（4）正式制作。在做好详细的慕课设计后，正式录制慕课。录制内容包含六个部分：一是花絮，按照每节课的特点来设置相应的花絮；二是教师讲述，对教学内容进行简要讲述；三是教师示范，通过示范引导学生领悟教学内容中的重点和难点，便于学生模仿和练习；四是讨论课，设置讨论环节，引导学生在慕课平台上进行探究；五是欣赏课，设置欣赏环节，引导学生积极主动地参与慕课的学习；六是作业评价课，针对每节课的教学情况，设置相应的作业，并针对学生的作业完成情况予以评价。

2. 组织方式

慕课“快速上手钢琴即兴伴奏”采用了教师引导、小组讨论、练习反馈的方式来组织。首先，教师根据所选内容进行引导学习，指出本节课的学习内容；其次，在学习的过程中积极展开小组讨论，让学生的个性得到有效展现；再次，根据学习的结果设置作业，引导学生进行练习和反馈。

四、高中音乐慕课实施成效与反思

（一）成效

1. 激发学生的学习兴趣

慕课运用于高中音乐个性化学习的过程中，让一些内容变得更加具体，使得音乐在线教育变得更加灵动有趣，提升了学生的学习兴趣。

2. 提升了在线教育效率

慕课的运用在一定程度上直击音乐教学的痛点，将先进的教育教学资源融入高中音乐教育，并得到全面而有效的融合，让高中音乐教学在资源共享、有效辅助的情况下实现高中音乐教育效率的提升。

3. 拓宽了高中艺术音乐教育路径

慕课将高中音乐教育线上线下教学全面融合，促进了高中音乐教育资源的共享，有效拓宽了高中音乐教育的路径。

4. 彰显了学校特色文化

慕课“快速上手钢琴即兴伴奏”在传承学校特色文化的基础上，将科学技术、现代教育技术应用于高中音乐教学之中，使学校特色文化在慕课中得到更为丰富、透彻的诠释和表达，从而进一步彰显了学校的特色文化。

（二）反思

1. 发挥慕课辅助功能

在高中音乐个性化学习课堂上，慕课能够起到一定的辅助作用。教师在进行课堂教学时，应注意控制慕课视频的长度，给学生留出足够的练习时间。教师在设计慕课视频时，应注意将重点知识制作成为慕课，提高学生对于重点知识的认识，凸显课堂学习的重点。

2. 保证慕课视频的完整性

完整的教学视频是学习理解相关知识的基础。在利用慕课开展教学时，应注意保证视频的完整性。许多慕课视频是一个个片段，教师在选择慕课视频时，应注意将完整的教学步骤展示给学生，加深学生对于学科知识的理解。

3. 注意设计教学问题

利用慕课开展高中音乐个性化学习教学时，教师应注意设置具有启发性的问题，让学生在观看慕课时能够带着问题去思考，保证学生跟随慕课进行探究。

4. 注意融入学校特色文化

慕课背景下的高中音乐个性化学习是学校特色文化理念的有效彰显。因此，在慕课规划与实施过程中应该着重将学校特色文化理念融入其中，这样能够促使学生在学校特色文化理念的熏陶下获得全面发展。

（三）推动教师专业发展

1. 提升专业理念

慕课的开发与制作提高了教师对网络资源整合利用的能力，使教师在专业知识、教学技能、职业态度等方面不断提升与完善。

2. 促进教学创新

慕课这一创新的课堂形式有效改进了以往课程中教师讲、学生听的单边教学方式，进一步提高了教师在教育教学中的探索能力和实践能力。这一尝试让教师对高中音乐教学创新充满信心，并能够积极主动地投入其中。

参考文献

[1]余紫宁.翻转课堂在初中音乐教学中的应用研究[D].郑州：郑州大学，2019.

[2]李瑞歌，张会娜，安万凯，路玲，张梦娇，曹占奇.慕课在音乐教育中的应用与发展[J].文教资料，2017(29)：106－107.

作者简介

姚勇磊

毕业于上海师范大学音乐教育学专业，上海市音乐家协会钢琴专业委员，星海音乐学院钢琴考级评委，在校主要从事中学音乐艺术教学工作，是慕课“快速上手钢琴即兴伴奏”的主要开发者，教学深受学生好评。在核心期刊《中小学音乐教育》(2017 年第 12 期)发表论文《培养学生思维能力的探索——以电脑音乐制作教学为例》，在《中小学音乐教育》(2018 年第 4 期)发表论文《尊重 引导 有效生成》，在《现代论文》(2018 年第 9 期)发表论文《当 Rap 在合唱中响起》。论文《从音乐课堂谈信息技术与初中艺术教学的整合》在 2018 年上海市中学艺术学科课程与教学研究成果征集评选论文成果比赛中获得三等奖。论文《为艺术课堂带去“洪荒之力”》在 2019 年第二届上海市教育信息化论文大赛中获得二等奖。

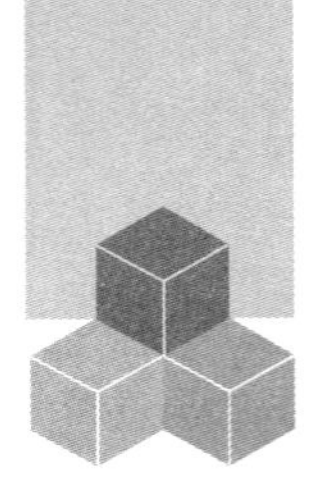

结合地域文化助力特色学校创建

——以慕课“古风新韵：罗店民俗版画”为例

上海师范大学附属罗店中学　金云华

自20世纪40年代建校起，上海师范大学附属罗店中学校长就提出了“以美育人”的办学思想。经过半个多世纪的发展，上海师范大学附属罗店中学逐渐形成了美育特色，明确学校办学思想为“艺术见长，尚美成人”，将育人目标定位为培育“全人+审美力”的时代新人，并配套建立了学校特色“尚美课程”体系。通过学科尚美课程群、艺术尚美课程群、活动尚美课程群为学生提供了形式多样、内容丰富的美育课程资源。本文以慕课“古风新韵：罗店民俗版画”为例，详细介绍了课程开发的完整过程，包括课程内容来源、教材教法分析、教学目标设置、课程活动设计、课程评价方法、课程资源设计，并对课程特点和课程成果作了简要介绍，为艺术类特色课程的开发和特色学校的创建提供了很好的借鉴。

一、学校美育特色与罗店版画课程

（一）学校美育特色的缘起

罗店（镇）地处上海市宝山区西北部农村地区，上海师范大学附属罗店中学（以下简称罗店中学）作为一所农村学校，在20世纪40年代，校长沈同文就提出“以美育人”的办学思想，吸引了叶圣陶、陈伯吹、陈鹤琴等一批知名人士到校讲学，把音乐、版画、壁报、戏剧作为开展美育的重要内容和载体，初显艺术特色。

自1942年建校伊始，罗店中学就明确了发展方向，确定了走特色办学之路。几十年来，在“艺术见长，尚美成人”办学思想的指引下，罗店中学确立了“创建上海市高质量、现代化的美育特色普通高中，为上海乃至国家基础教育中的美育建构探索道路”的办学目标，发展以交响乐、美术、书法、戏曲、民俗文化为主要载体的艺术教育，同时拓展学科美育和活动美育，促进美感课堂建设，完善美育校园文化建设。2022 年 6 月，上海市教委将罗店中学拟命名为第六批上海市特色普通高中。

（二）学校美育特色的内涵定位

在“艺术见长，尚美成人”办学思想的指引下，罗店中学致力于将美的元素融入德智体美劳培育的全过程，去成就人、成全人。2004 年至今，罗店中学连续十多年被授予上海市艺术教育特色学校称号。

罗店中学的育人目标是培育“全人+审美力”的时代新人。“全人”是朱光潜先生提出的“知情意行和谐统一，德智体美劳全面发展的人”，“审美力”就是感知、发现、创造美的能力。学校育人目标的具体内容，参见图 9－1。

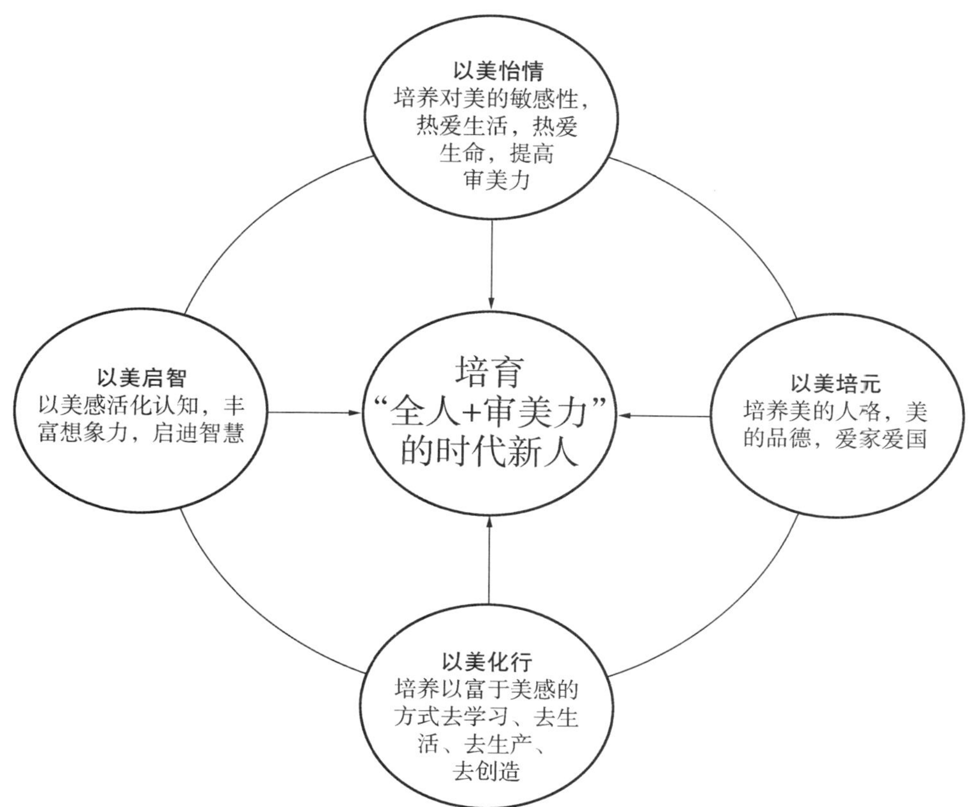

图 9－1　我校育人目标的具体内容

（三）学校美育特色课程体系

罗店中学在提升学生核心素养思想的引领下，坚持“艺术见长，尚美成人”的办学思想，以培育“全人+审美力”的时代新人为目标，整合现有的课程，构建了“尚美课程”体系。该课程体系分为艺术尚美课程群、学科尚美课程群和活动尚美课程群三大类。课程之间相融互补，具有选择多、活动性强、渗透深的特点。罗店中学“尚美课程”体系的架构见图 9－2。

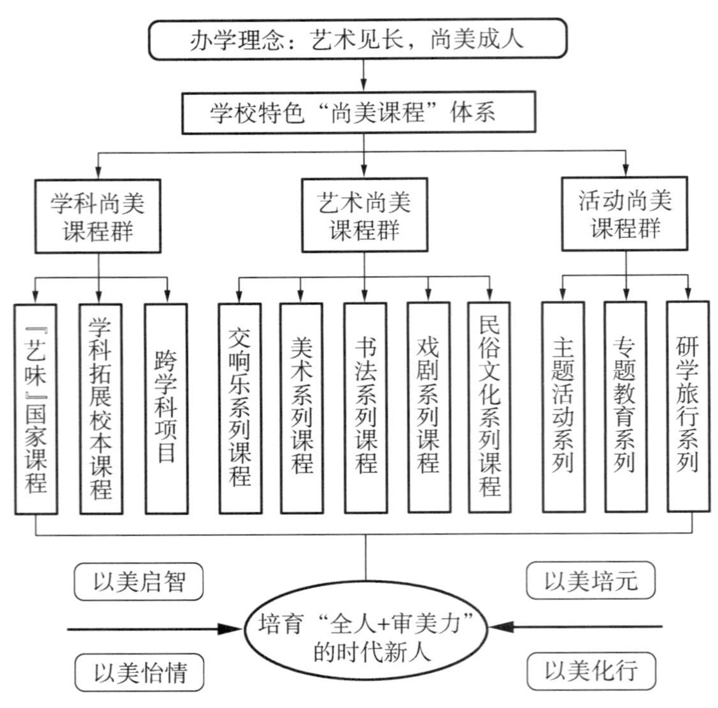

图 9－2 罗店中学“尚美课程”体系

艺术教育是对学生进行审美教育的主要途径。我校的美育特色定位是多元艺术特色，即为学生提供交响乐、美术、书法、戏剧、民俗文化相关课程的多种选择，课程群具体构成见表 9－1，让学生根据自己的兴趣爱好，掌握一门艺术特长。本文将以慕课“古风新韵：罗店民俗版画”为例，展示学生如何通过“上海市高中名校慕课”平台，以线上线下相结合的方法学习罗店版画。

表 9－1　我校多元艺术课程的构成

内容分类	课程类型		
	基础型课程	拓展型课程	研究型课程
交响乐类	•吹奏乐欣赏指南(每周小型艺术展演,每月一次校音乐会,每年文化艺术节)	•基础乐理 •视唱练耳 •管乐合奏基础	•各乐器专业课程 •乐团合奏排练课程
美术类	•素描进阶训练 •速写进阶训练 •美术类中考通关系列——色彩静物	•漫画进阶 •涂色技巧 •刮蜡画技巧	•古风新韵:罗店民俗版画
书法类	•基础书法欣赏	•历代书法赏析	•书法创作
戏剧类	•走进创造性心理戏剧	•心理疗愈戏剧工作坊	•戏剧论坛
民俗文化类	•罗店彩灯	•走近罗店彩灯	•罗店彩灯设计与创新

（四）“古风新韵：罗店民俗版画”课程简介

罗店版画是罗店人民热爱生活、记录生活的艺术表现，集绘画、雕刻和印刷为一体，根据水墨渗透原理显示笔触墨韵，以创作体现自身特点的艺术作品，反映了罗店人民真诚朴实的生活观，追求幸福美好生活的祈望和满足认知及审美的欲望，是广大罗店民众生活的写照。罗店版画创作素材大多来源于罗店本土民间风俗、民间器物、民间画、剪纸、刺绣等，在造型上吸取了它们的特点，因此造型夸张、变形，具有装饰性，体现民间特色。2021 年罗店版画被列入第八批上海市宝山区非物质文化遗产代表性项目名录。

罗店版画在传统木版画中尝试各种材料、技法，在传统版画拓印基础上进一步发展。这种对罗店传统版画的不断研究和转化，使它与现代艺术得以巧妙融合，逐渐形成了罗店版画的独特风貌，展现了罗店民俗版画艺术的无限魅力（见图 9－3、图 9－4）。

基于罗店版画本身的缘起和艺术特色，罗店版画的教学注重“传统与创新兼顾，艺术与实践并重”的特色，注重学生的创新意识与实践能力的培养，主张艺术来源于生活，鼓励学生在生活中学习、在实践中锻炼、在创作中成长。

图 9－3　沈金华版画作品《逗》

图 9－4　金云华版画作品《农家的记忆》

罗店中学的罗店版画课程通过引导学生围绕版画进行感知、欣赏、创意、设计、绘画、展示，激发学生的学习兴趣，提高学生的审美能力，通过版画艺术的课程化，让学生了解罗店版画的艺术形式、深层的思想内涵、版画作品的制作过程等。2019 年 5 月，罗店中学慕课“古风新韵：罗店民俗版画”在“上海市高中名校慕课”平台开课，吸引了众多中学生前往学习。

二、课程建设

慕课“古风新韵：罗店民俗版画”源自人教社 2019 版《普通高中教科书·美术·必修·美术鉴赏》第二单元第 10 课《传承与创新——中国近代美术》，同时参考《罗店民俗版画教程》（上海交通大学出版社，2020 年出版）建设而成。

（一）课程教学规划

1. 确定单元基本性质

（1） 单元类型：美术语言

（2） 所属模块：造型表现

（3） 所属主题：绘画

2. 梳理课标中学科核心素养与课程目标相关要求

《普通高中美术课程标准(2017 年版 2020 年修订)》与罗店版画学习相关的核心素养和课程目标可简单归纳为以下几点。

(1) 图像识读与审美判断:学生对艺术语言、艺术形象、思想情感的感受和认知。

(2) 美术表现与创意实践:学生在艺术实践中想象力、表现力、创造力的体现。

(3) 文化理解:通过对非遗文化艺术的学习,弘扬中华优秀传统文化,增强文化自觉,坚定文化自信,传承中华文化基因。

3. 研读"教学基本要求"

《上海市高中艺术学科教学基本要求》在拓展型课程部分要求采用各种手法设计制作生动的版画作品,具有对版画艺术的欣赏能力。本课程教学内容主要是引导学生使用版画的形式创作以"民俗"为主题的版画作品。

4. 确立课程主旨

本课程以罗店版画为主线,从初步认识版画到找到自己喜欢的罗店民俗题材,再到尝试版画,让学生由浅入深地对版画有所了解,并尝试制作。

5. 规划单元课时

3 课时。

(二)教材教法分析

1. 梳理教材内容

教材有关版画的内容大致可以归纳为:版画不同于其他绘画,是将手工与绘画相融的一种艺术表现形式。版画一般先通过绘、刻、撕剥、拼贴等多种方法制版,然后用手工或者版画机拓印出来,具有强烈、明快、单纯、朴素的艺术效果,在很大程度上突破了传统绘画的局限。通过对罗店民俗版画的学习,进一步培养学生对中国传统文化的热爱。

2. 教学内容分析

慕课"古风新韵:罗店民俗版画"的教学内容可以从以下几个方面分析,见表 9-2。

表 9-2　慕课“古风新韵：罗店民俗版画”教学内容分析

主要方面	具体分析
知识与技能	• 学科知识：了解版画的分类及特点。 • 学科技能：学习罗店民俗版画的制作步骤，包括制版、刻版、印刷，等等。
人文内涵	• 体会不同艺术作品中点、线、面的表现和美感。 • 学会用艺术的眼光去观察罗店民俗中常见的事物，发现它们的美。 • 培养学生对传统艺术的热爱，以及对传承传统文化的社会责任感。
审美导向	• 体验艺术活动的乐趣，养成主动探究与创造的良好品质。

3. 确定教学方法

（1）学生自主探究，基本了解版画的艺术表现形式，并初步掌握版画的制版、刻版、印刷的方法，制作有罗店民俗特色的版画作品。

（2）通过教师的讲解，帮助学生巩固美术课上学过的有关版画的基本知识和技法，启发和引导学生认识和掌握版画的造型规律，熟悉版画的几种常用技法，开拓思维，制作出水平较高的罗店民俗版画作品。

（3）师生互动，包括描述版画作品的内容，使用美术语言对作品进行分析，探究作品主题、内容与表现形式之间的关系，引导学生学会欣赏美术作品。

（三）确立教学目标

1. 学情分析

经过调查发现，大部分学生之前的学习较少涉及命题创作，创作行为缺少目的性，不能主动追求作品高阶的内涵，如思想情感。

受限于以前初中的硬件和师资，许多学生较少接触版画，学生对版画的材质属性、基本方法了解较少，对材料的特性和基本造型规律缺乏深入认识。

本课程既能让学生了解罗店民俗版画承载的内涵，又能通过让学生学习滚印方法在作品中表达情感创意，享受版画独特的艺术魅力。

2. 明确重难点

本课程的重点是依据《普通高中艺术课程标准（2017 年版 2020 年修订）》及《上海市

高中艺术学科基本要求(试验本)》,学生应掌握欣赏和评价美术作品的方法,能用美术语汇表达和交流自己的审美感受。本课程让学生通过“认识版画”感受版画的魅力,通过“制作底版”了解版画的创作形式,能运用剪、贴、刻等技法进行构思和创作。通过“版画拓印之美”培养学生运用滚筒控制油墨和拓印版画的能力及对作品评价赏析的能力。

本课程的难点主要有:

(1) 版画技法的合理运用。版画的技法不难理解,但对造型能力的要求较高,在具体活动中学生容易信心不足,影响学生的发挥和效率。

(2) 主题的创意表现。对于学生来说,虽然民俗是不陌生的,但在生活中缺乏对民俗有意识的关注和分析,所以在创作之初学生可能由于找不到构思切入点而无法发挥版画材料的特性。

3. 针对重难点设计教学策略

(1) 落实重点的方法。教师在材料处理和创作技法上设置一些探究活动,起到满足学生好奇心及帮助其尽快熟悉作品创作形式的作用。课堂主要根据版画创作的步骤设置教学环节,帮助学生了解版画创作过程与基本方法。通过学习,要求学生能够总结归纳版画的造型特征,学习版画从构思到拓印一系列过程的操作方法。

(2) 解决难点的方法。教师在示范中通过民俗内涵的关联来指导学生创作,激发学生的创意,有重点地呈现“因材施技”,充分发挥材料的特性来完成构思。引导学生认识到民俗审美趣味的重要性:一方面认识民俗承载的丰富内涵;另一方面在理解的基础上运用滚印技巧,表现出自己对版画材料的感受、享受版画创作的独特艺术魅力。

4. 撰写课程教学目标

通过上述学情分析、明确重难点、针对重难点设计教学策略,确定教学目标。

(1) 通过欣赏、讨论、比较、归纳等方式认识版画在题材和技法上的分类,通过赏析、体验、观摩示范等方式学会用简单的剪、贴、刻和拓印的方法来制作版画作品。

(2) 了解、感受罗店民俗版画的形式与艺术魅力,培养学生对传统艺术的热爱及传承传统文化的社会责任感。

(四) 活动设计

慕课“古风新韵:罗店民俗版画”的活动设计见表 9 - 3。

表 9-3 慕课“古风新韵：罗店民俗版画”活动设计

活动名称	教师活动	学生活动	活动目标
活动 1 走近版画	•展示版画图片和文字素材，引出版画概念。	•通过欣赏图片，了解版画的特点。	•认识版画并了解版画的特点。同时通过展示有问题的作业，引导学生养成发现问题并自己解决的好习惯，也为作业完成打下基础。
活动 2 制作底板	•通过呈现范图、视频讲解以及比较的方式说明叠加凸版画和镂空凸版画的特点。	•通过实物欣赏，了解版画中凸版画的制作过程。 •讨论并回答叠加、镂空两种方法的区别，并参考教师的示范尝试制作底板。	•通过图片欣赏，直观地认识到凸版画的特点，对之后学生完成作业能够起到参考作用。
活动 3 领略版画 拓印之美	•以表现版画特点的视频引入，激发学生对版画的关注和兴趣，从作品中感受版画在美术领域的重要地位。 •利用版画机拓印完成版画。	•通过观看视频、图片，欣赏版画作品，并讨论、交流，增进对拓印版画的了解。	•引导学生通过观察版画作品，总结版画的特征。 •引导学生通过欣赏版画作品，并与同学交流得出版画的分类和特点。

（五）课程评价设计

慕课“古风新韵：罗店民俗版画”的评价方案见表 9-4。

表 9-4 慕课“古风新韵：罗店民俗版画”的评价方案

活动名称	评价要素	评价形式
活动 1 走近版画	•学生在观察图片、交流讨论的过程中，主要从兴趣、习惯的维度出发，侧重评价学生能否积极参与讨论。 •学生在创作的过程中能否有意识地、怀着兴趣对操作进行选择和改变。	•评价主体：教师、学生自己 •评价途径：行为观察、提问、作品分析 •评价的反馈形式：口头鼓励、等第、书面评语

（续表）

活动名称	评价要素	评价形式
活动 2 制作底板	• 学生在观察图片的时候是否仔细，是否能够运用上节课所学的知识，并进行深化。 • 学生在讨论和创作的过程中是否有兴趣，以及能否积极发言，有创新改变的勇气。	• 评价主体：教师、学生自己 • 评价途径：行为观察、提问、作品分析 • 评价的反馈形式：口头鼓励、等第、书面评语
活动 3 领略版画拓印之美	• 学生能否在讨论中分析版画（凸版画）的基本特点。 • 学生在尝试的过程中，能否发现叠加的方法更适合哪种画面的表现。	• 评价主体：教师、学生自己 • 评价途径：行为观察、提问、作品分析 • 评价的反馈形式：口头鼓励、等第、书面评语

（六）课程资源设计

慕课“古风新韵：罗店民俗版画”所需教学资源见表 9－5。

表 9－5　慕课“古风新韵：罗店民俗版画”教学资源设计

资源类型	资源内容	资源使用
素材资源	• 实物的照片 • 相关艺术作品图片 • 教师自己制作范图及成品示范	• 引导学生观察、充分认识事物的外形特点，帮助学生理解物象的形态特征。
技术资源	• PPT 课件 • 相关制作过程的视频 • 绘画工具，如版画刻刀等	• 信息技术资源便于学生在学习活动中观察事物的全貌和细节，帮助学生更直观地感受形状的意义和作用。 • 利用视频等信息技术手段让更多的学生接触版画，同时解决技法学习辐射面有限的问题，扩大罗店版画的影响力。 • 不同的绘画工具帮助学生体验使用不同绘画工具所表现出的不同效果。
环境资源	• 美术教室	• 有利于学生在课堂上感受版画的艺术氛围，便于学生进行版画制作，施展才华。

三、课程特点

（一）传承非遗文化

非物质文化遗产又称无形文化遗产，有别于物质文化遗产，其最大的特点就是“活态流变”，强调的是以人为核心的技艺、经验、精神。非物质文化遗产是以人为本的活态文化遗产，它依托于人而存在，以声音、形象和技艺为表现形式，并多以身口相传作为文化链而得以延续。罗店版画作为宝山区非物质文化遗产，注重中华优秀传统文化艺术传承，展示罗店农村地域特征，关注罗店地方文化，融入罗店民间艺术，具有独特的教育意义。慕课“古风新韵：罗店民俗版画”既关注版画知识与技能的学习，又让学生在版画学习的过程中获得情感体验和审美的提升。

图 9－5 “古风新韵：罗店民俗版画”慕课界面

（二）线上线下结合化解版画学习难题

在“上海市高中名校慕课”平台上通过本课程的学习，引导学生了解非遗文化罗店版画，提升罗店版画学习的有效性。学生通过慕课对罗店版画这个艺术门类作品的赏析，理解罗店版画的非遗文化内涵；通过慕课学习版画及其制作的整个流程和方法；通过慕课欣赏世界各国美术馆中的版画藏品；通过慕课视频直观感受非遗文化罗店版画背后的罗店民俗民风，进一步激发对中国传统文化的探究兴趣。学生还可以在慕课平台讨论区留言跟老师互动交流，加深学生对非遗文化罗店版画的认识，增强版画技法的掌握和艺术表现能力。

慕课“古风新韵：罗店民俗版画”充分利用“上海市高中名校慕课”平台，通过线上线下相结合的教学方法，使学生知道罗店版画主要采用木版水印的方法。木版水印是一种纯手工印刷工艺，有“勾”（分版）、“刻”（制版）、“印”（印刷）等基本工艺程序和刻、剔、掸等特殊技巧（见图 9－6、9－7）。它以笔、刀、刷子、耙子为基础工具，国画颜料、水等为材料，以追求复原传统书画的艺术形态和神采为目的。教师将制作过程录制成视频，在视频上呈现教学的重点和难点，可以有效降低学生学习的难度。

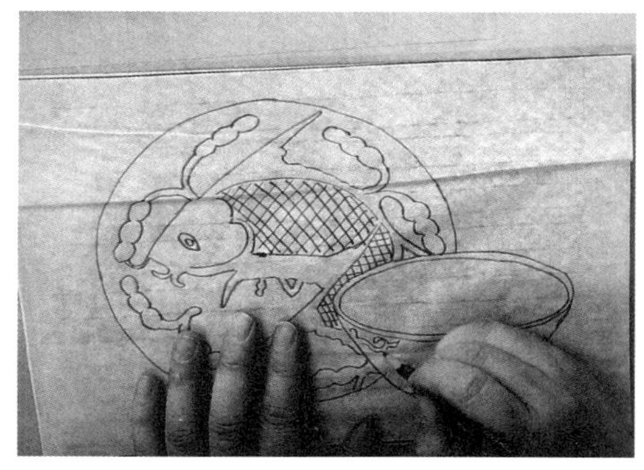

图 9－6　描印

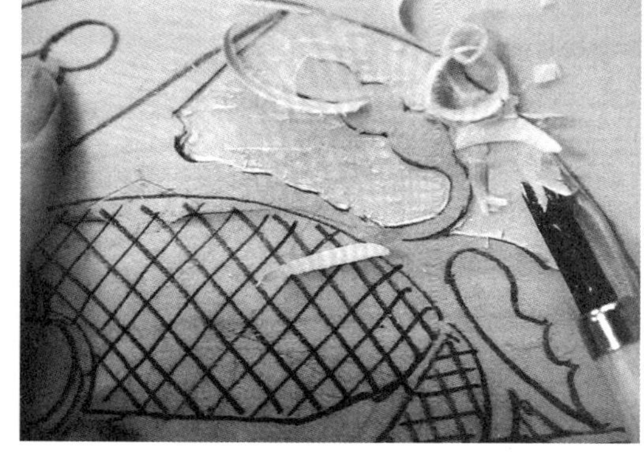

图 9－7　刻制

四、课程成果

（一）强化了学校的美育特色

罗店中学以“美的唤醒”为主题，打造了一个“人人可艺术，处处皆美育”的艺美校园。慕课“古风新韵：罗店民俗版画”传承中华优秀传统文化，展现中国元素和文化自信，凸显立德树人目标。由于学校美育课程的影响力，学校先后被评为上海市艺术教育特色学校、中华美育学会美育研究会团体会员单位、宝山区“非遗”进校园罗店版画传习点。

（二）丰富了宝山区的教师培训内容

我校是宝山区美术、音乐两门学科的教师培训基地，多年来完成了大量宝山区的艺术教师培训任务。自慕课“古风新韵：罗店民俗版画”开课以来，每年都有教师前来学习非遗文化罗店版画。

（三）承担了罗店教育集团下其他学校的艺术教育工作

罗店中学承担了罗店教育集团内小学和初中共9所学校的艺术培训工作，集团内师生通过“上海市高中名校慕课”平台，以线上线下相结合的方式学习罗店版画，大大提高了整个区域的艺术教育质量和水平，也提高了集团内学生的整体艺术素养。

作者简介

金云华

高级教师，上海市美术家协会会员、宝山区首席教师。2021年完成上海市教委项目“罗店中学‘古风新韵’罗店民俗版画创新实验室”，出版《美术类专业中高考通关系列——色彩静物》（上海书店出版社，2004），与他人合作出版《漫画进阶教程》（同济大学出版社，2019）、《罗店民俗版画教程》（上海交通大学出版社，2020）等多部著作。美术作品多次入选全国各地美展，多幅作品被刘海粟美术馆、上海图书馆、中共四大纪念馆、虹桥当代艺术馆收藏。

上海市控江中学“玩学合一”理念下“艺+”文创系列课程的设计与实践

上海市控江中学　王独伊

2016 年，上海市控江中学建成了上海第一个高中文创教育实验室。自 2018 年起学校开发“艺+”文创系列课程，致力于打造“文创科创相结合，美育劳育相呼应”的跨学科课程。“艺+”文创系列课程采取线上线下相结合的方式，线上侧重知识、经验的学习与分享，线下侧重知识的应用与实践，通过认知、行走、实践、展示，让学生经历文创产品创意落地的完整过程。本文以“城市更新与可持续发展——高中文创跨学科慕课实践”为例，展示了“艺+”文创系列课程的教学阶段设计与教学实施过程。从中可以看到文创课程如何从一个理念落地为实践，如何从学校周边环境中提取课程资源，如何在文创课程中融合语文、历史、生物学、艺术等学科内容，如何合理安排线上课程和线下活动以达成课程目标，从而培养学生的创新意识和学科核心素养。

一、课程缘起

（一）学校办学理念

秉承“玩学合一”的教学理念，聚焦自主学习，重视对学生人格的培养，让学生在“玩”中激发学习兴趣，提升自主学习动力，是上海市控江中学（以下简称控江中学）打造跨学科课程的文化背景与重要基础。学校设立的社团课程与项目课程将创意活动和学术研究相结合，赋予了文创教育充足的课时。通过课程精细化，让“学”更显特色；通过线上、线下以及系列慕课的打造，让“学”更加立体化；通过教学评价的全过程化，让“玩”

“学”更具动力。

（二）课程背景

党的十八大以来，以习近平同志为核心的党中央高度重视学校美育工作，作出一系列重大决策部署。习近平总书记在全国教育大会上强调，要全面加强和改进学校美育，坚持以美育人、以文化人，提高学生审美和人文素养。为了落实要求，全面推进学生综合素养培育，控江中学于2016年打造了上海第一个高中文创教育实验室，即控江中学文创中心。控江中学文创中心拥有300平方米的场地，配备了多种文创实验设备，包括AR科技平台、3D打印机、激光雕刻机、智能缝纫机等。自2018年开设“艺+”文创系列课程以来，已经累计完成教学600余课时，参与的学生达到3000人次，内容涉及文创创意手作、AR技术应用、传统再造等课程，在高中文创课程开发与建设方面积累了宝贵的经验。

在“玩学合一”教学理念的引领下，控江中学以学生立场和深度学习为出发点，围绕学会学习、实践创新、责任担当三大重点强化素养培育。以“艺术”学科作为黏合剂与桥梁，开展跨学科实践，策划了“艺+”文创系列课程，结合线上线下教学，通过共享共建的方式打造慕课教学资源。经过不断迭代，总结提炼了深度学习的教学操作要点，强调通过项目化学习模式，由教变导，引导学生主动学习，丰富学生学习体验，促进学生有效沟通，鼓励学生实践创新、解决实际问题，通过构建真实场景，激发学生的责任担当意识。

控江中学“艺+”文创系列课程通过明确教学目标、制订教学策略、重新定位课程类型、丰富教学评价，融合艺术核心素养与深度学习能力框架，首度尝试重构艺术教学。针对学生认知能力领域、人际交往领域、能力领域，通过学科融合、创意实践、设计思维三条途径，明晰文创课程教学方式，联合实现学生发展核心素养和学科核心素养的培养目标。

（三）课程模式

“艺+”文创系列课程作为控江中学的文创选修课，每周4课时（选修课2课时，配套社团2课时），已经连续开展了9个学期。通过协同跨学科资源，紧跟时代发展热点，构建真实场景，给予学生真实的体验和全方位的指导。课程依托线上线下相结合的慕课资源库，采用项目化学习模式，涉及艺术、历史、环境、语文等多个学科，有策划、有体验、有思考、有实践、有成果，致力于打造“文创科创相结合，美育劳育相呼应”的跨学科课程。让学生走出校园，把文创成果在多场域中展示，充分提升课程的影响力。

在课程中，控江文创中心试图将线上课程作为知识、经验的储备库（见图 10－1），学生可以根据核心问题随时调用并获取所需的知识，在线上进行提问或者知识、经验的分享；线下课程则偏重思考与实践，通过跨学科知识的储备与理解，在项目化学习的模式下，通过解决实际问题形成可视化成果。这种“线上+线下”的教学方式，重构了传统的依据学科体系的教学方式，从项目或者问题出发，让学生自主搭建知识体系，找到解决之道。

图 10－1　控江中学部分线上课程

二、课程设计

（一）确定总体思路

“艺+”文创系列课程从深度学习的能力框架出发，为了兼顾学生认知、人际交往、个人能力的综合发展，围绕深度学习重新进行了教学模式的设计。项目化教学模式实际上是一种以解决问题为导向、理论与实践有机结合、“做中学”的教学模式。

“艺+”文创系列课程的目标是培养具有设计思维、能够跨学科构建知识体系的学生，期望学生能够综合运用多学科知识解决复杂问题，又能够通过团队分工合作相互启发、协作，使创意从理念设计最终实践落地。在教学实践过程中，坚持以学生为主体，引导学生从问题出发，根据核心问题主动构建任务清单，从而主动学习如何构建核心知识。学生以小组为单位，组员之间扬长避短，通过相互交流与启发，最终完成文创成果并进行展示评价。在整个过程中，学生需要主动找到问题解决的方法，因此必须充分利用所掌握的知识，积极进行探索，自主地进行知识的整合与建构。在项目研究过程中，学生能够更深刻地理解文创所需的文化符号提取、未来技术应用、团队组织与协调。

（二）明确课程目标

1. 促进自主学习

为了促进学生自主学习，课程充分应用项目化学习模式，推动学生更好地掌握学科核心知识，培养学生的设计思维与批判性思维，学会根据项目任务进行主动思考与跨学科知识构建，包括在设计过程中，引入地理、生物学、信息技术、通用技术等多门学科，要求学生在设计作品时考虑概念的表达与交互方式，引导学生思考如何让知识服务于核心问题、如何通过不同学科之间的知识构建为解决问题搭建桥梁、如何在海量信息中辨别信号与噪声、如何让学习内容与实际相联系等。

2. 提升人文底蕴

通过课堂学习与实地考察，促使学生理解核心驱动问题的意义，了解历史传承的意义与方式。人文底蕴的基础主要包括：生活理解、人文意识和文化素养。人文底蕴的内涵包括对仁慈和正义的尊重以及对美的渴望，在教学实践中是对历史的切身认知与思考。人文底蕴的核心是正确的价值观，需要学生判断从什么维度和角度来正确地看待历史和文化，在实践中必须与社会主义核心价值观相结合。

3. 加强社会参与

通过认知、行走、实践，让学生参与整个过程，对城市更新与可持续发展的联系进行深入思考，在教学中提升学生的责任意识。例如：通过废弃物资再生设计的活动，激发学生形成反思日常生活的习惯，倡导人与自然和谐共存和绿色可持续的生活理念。引导学生思考如何通过项目形成对“美”的主动追求、如何运用知识与技术服务社会发展、如何理解文化对未来社会的影响等。

（三）丰富课程评价

在“艺+”文创系列课程中，针对深度学习能力框架中认知能力、人际交往能力、学习能力的培养，聚焦“教”与“学”的实效，同时为了促进教学效果，推进项目实施，制订了一系列有效的教学评价策略。

在认知能力方面，注重对学生学科核心知识的理解、复杂问题的处理能力、动手实践能力的评价。在评价策略中，多采用短期评估的方式，如文创成果展览、编制文创作品成果集，通过这些评价策略来展示学生的知识、能力水平以及他们的进步。在评估学生对概念的理解时，通常会采取总结性评价，如评估学生的课题研究论文等。而形成性的评价会在学生项目实践的过程中被采用，如核心问题分析、小组协作评估等。

在人际交往能力方面，注重对学生沟通与合作能力的考察，这种能力无论对于学生现在的学习还是未来的职业发展都非常重要。课程主要使用的评价方法包括评估学生在文创路演、文创项目演讲中的表现。同时，各组之间的互评也是重要的评价组成部分。在演讲过程中，其他团队的学生可以向演讲的学生提出问题或提供反馈。在这个过程中，学生要学会正确处理他人的反馈和观点，而对于听众而言，如何吸收其他团队的优点，如何提出恰当、有建设性的问题，也是一种独特的学习体验。

在学习能力培养方面，注重对学生持续学习、主动学习能力以及内驱力的评价。评价策略主要根据项目的推进，从时间维度划分，包括：在信息收集过程中，学生如何高效获取有效的知识；在项目完成后，学生如何评价项目的效果与作用，反思项目过程中的不足；在项目完成一段时间后，评估项目的持续性以及自身对于该领域的持续学习。

三、课程实践

（一）课程实施环节

“艺+”文创系列课程经过了一系列的探索与实践，早期是应用“上海市高中名校慕课”平台打造文创翻转课堂，形成了“创・艺 DIY”系列文创慕课（见图 10 - 2），将艺术经典与文创再造相结合，主要分为四个教学阶段展开。

阶段一：激活——通过慕课平台激发学生“向美而行”的兴趣。完成“创・艺 DIY”慕课系列课程的拍摄，通过与经典艺术的结合形成独具特色的一节“微课”。每节慕课

10－2 “创•艺 DIY”课程预览

时间控制在 10 分钟内，投放官方媒体平台，通过校内社团与活动等方式进行广泛传播，“激活”学生对于文创与艺术经典的兴趣。

阶段二：欣赏——“创意+学科”的跨学科课程设计。通过跨学科课程设计，以“艺术”为粘合剂，通过生物学、历史、地理等不同学科的知识点引入，给传统课程注入活力，让学生自主构建知识关联。

阶段三：实践——一堂不是手工课的创意 DIY。让学生将慕课中自己感兴趣的部分，结合课程的内容，用手作的方式表现出来。让学生在感受文化内涵、了解知识背景的情况下，自己动手完成一件 DIY 作品。整个过程相当于从内涵思考到创意设计、再到成品制作的创意产品工业制作过程的简化版，从而带给学生一堂不同于手工课的 DIY 课程。

阶段四：激励——一场属于学生的创意展览，一场重在快乐与分享的义卖市集。在完成作品后，要形成对学生行为的激励，同时扩大教学的影响力，达到传播扩散再次激发学生的目的，从而形成一个良性的闭环。通过结合义卖、路演等方式，让学生了解创意的价值，进一步激励学生用设计思维去解决实际问题，勇于并乐于实践。

控江中学文创中心经过 5 年来不断地迭代，教学思路愈发清晰，线上教学资源愈发丰富，已经积累了一系列文创跨学科课程的成功实践，有“艺+科技”的“历史保护建筑与数字化文创”，“艺+历史”的“海派文化与 AR 文创实践”，“艺+文化”的“定海社区文创”，等等。

以下将以“城市更新与可持续发展——高中文创跨学科慕课实践”为例来展示深度学习理念下“艺+”文创课程的教学设计与实践。

（二）教学阶段设计

“城市更新与可持续发展——高中文创跨学科慕课实践”是围绕城市更新这一实际问题展开的。2021 年 11 月，住房和城乡建设部提出开展第一批城市更新试点工作的通知，城市更新已成为“十四五”政策新风口。而早在 2021 年 8 月 25 日，上海就出台了《上海市城市更新条例》。“城市更新”的理念由来已久，进入 21 世纪该理念日趋成熟，更加重视人、社区与城市的持续发展，以可持续发展的理念作为自身的思想根基。在城市更新过程中，环境修复、资源再利用、文化传承都表现出可持续发展理念。将艺术教育与城市更新可持续发展的理念相结合，既是跨学科课程的一种尝试，也能够提高学生综合素养，帮助学生形成可持续发展的理念，对社会整体发展起到积极的推动作用。

作为上海最早的工业区以及近代中国最大工业基地之一的杨树浦工业区，杨浦滨江是上海工业发展的一个缩影，也是上海城市更新的成绩与写照。在此背景下，本课程充分运用跨学科知识，聚焦对于城市更新内涵的思考，引导学生走入杨浦滨江地区，感受可持续发展理念，运用再生设计理念对废弃物进行艺术化改造，使之成为凸显理念的展示品与艺术品，成就高中生用艺术践行社会责任的情怀。

本教学单元共有 13 讲，26 课时，分三个阶段展开（见图 10－3）。

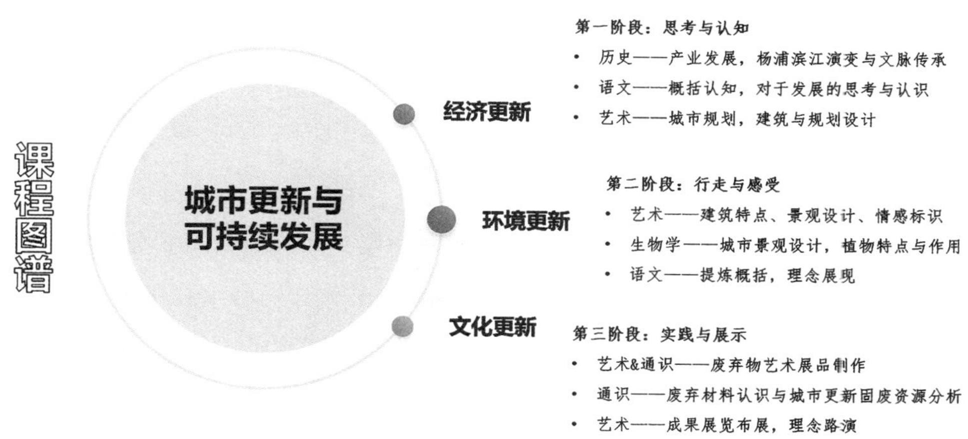

图 10－3 “城市更新与可持续发展——高中文创跨学科慕课实践”课程图谱

1. 思考与认知阶段

引导学生围绕城市更新中关于经济更新的内容进行思考，就产业格局、城市规划、景观再造等方面进行讨论，完成团队破冰与分组。通过线上线下课程平台，让学生理解城市更新中可持续发展理念的重要性，引导学生列举城市更新中资源再利用的模式，导入子主题“废弃物再造设计”，结合废弃物物理属性的观察，分析常规废弃物的厚薄、材质与其再生制作方法的关联，针对一种材料拍摄1—2个微视频，建设云端“废弃物艺术塑性入门”线上资源库，使学生用自己所学反哺、推进课程。

2. 行走与感受阶段

引导学生围绕城市更新中关于环境更新的内容开展活动。以小组为单位，行走杨浦滨江。根据线上课程资源，聚焦杨浦滨江一些重要景观与场所，如白七咖啡馆、杨树浦发电厂、沿途景观植物等，进行调研与资料收集。根据教师发放的引导表，学生自主结合线上配套视频、学习资料以及线下讲座进行深度学习，初步理解设计思维与常规调研方法。

3. 实践与展示阶段

引导学生围绕城市更新中关于文化更新的内容开展活动。集团校初中生体验跨班级、跨学段的异质小组合作方式(学会更多沟通方式与小组分工方式)通过“艺术+文化”的方式，进行城市更新废弃物艺术再造方向的实践。在设计落地的过程中，每组根据需要结合地理、生物学、信息技术、通用技术等多门学科的相关概念与内容，充分考虑文化与历史的传承，实现作品的内涵表达与情景交互。最后学生以小组为单位完成项目结题PPT，一方面分享小组项目成果；另一方面全面总结项目实施过程中的问题与难点，其他学生做出评价并提出改进建议。

（三）教学实施过程

1. 思考与认知阶段

(1) 理念导入与团队破冰。由教师导入城市更新的时代背景与主要做法，以杨浦滨江为具体实例，就经济更新、环境更新、文化更新做具体分析，再结合控江中学文创中心“艺+”文创系列课程案例，如定海街道旧改过程中的“废弃物再造乐队”(见图10－4)，让学生有更深刻的体会与认知。通过以“锡纸再造”为主题的破冰，使来自不同学段、不同班级的学生能快速熟悉彼此并增加学生之间的凝聚力。

(2) 线下开展“社会创新与调研方法”专题讲座。特别邀请了合作多年的定海街道

图 10－4　课程回顾与项目介绍

第四睦邻点的社工，分享在睦邻中心孵化的定海社区营造的案例。通过国内外经典案例的介绍，帮助学生快速了解可持续发展理念、经济更新在城市更新中的重要作用，同时了解基础的调研方法。

（3）线下开展“人民城市人民建——杨浦滨江掠影与皂梦空间的前世今生”专题讲座（见图 10－5）。邀请专注杨浦滨江课程开发的相关团队，通过杨浦滨江从“工业锈带”转型“生活秀带”历史更迭的介绍，了解工业遗迹转型的路径，以及生态滨江、生活滨江、科技滨江的战略定位。

图 10－5　线下专题讲座 PPT 页面

（4）与学生共建云端“废弃物再造设计”线上资源库（见图 10－6）。融合物理、化学等多个学科，在保证安全的前提下，通过对于废弃物物理、化学属性的认知，产生对废弃物规模以及加工塑形的方式的认识。请学生以小组为单位拍摄 1—2 个微视频，共建云端课程资源，引导学生将通用技术中学到的加工方式与艺术中学到的再生设计结合起来，并应用到后续小组合作的废弃物艺术改造实践中去。

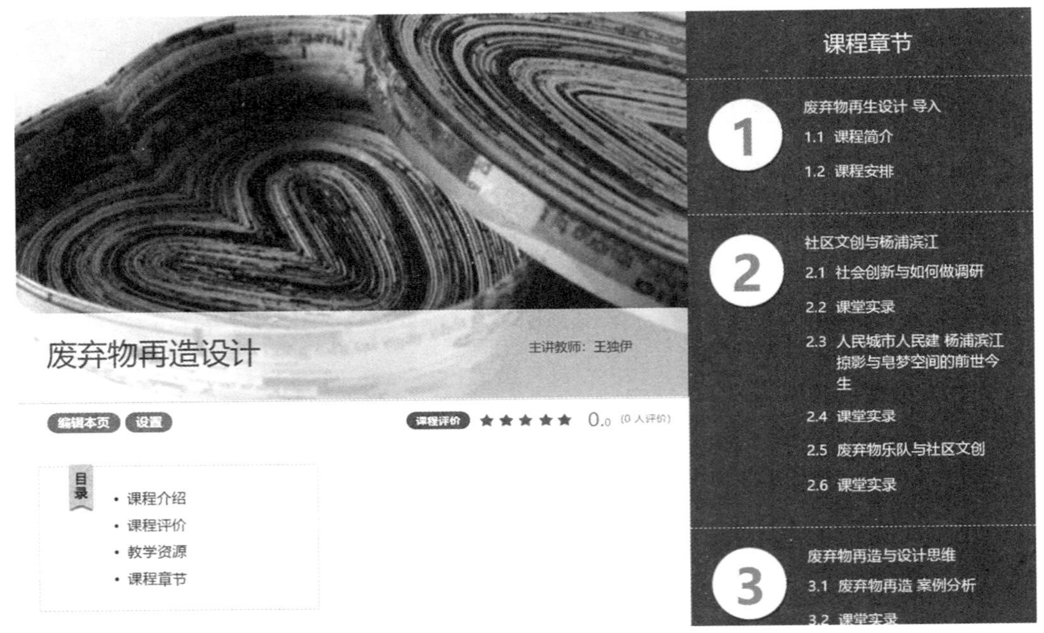

图 10－6　线上资源库之“废弃物再造设计”

2. 行走与感受阶段

（1）杨浦滨江实地考察。通过实地考察，与学生共同见证百年工业与历史变迁的“皂梦空间”（见图 10－7）。在出发前，教师分发资料收集表，明确实地考察的主要目的与任务，包括历史文化传承与景观关联度、城市更新中环境更新的几个方面与效果等，引导学生关注杨浦滨江转型的一两个关键案例，如落成两年的“皂梦空间”与白七咖啡馆的前身为上海制皂厂，是杨浦滨江新开发段中老工业遗迹转型成功的经典案例。通过实地考察与现场指导，将城市更新中可持续发展的理念进行延伸，例如让学生观察城市更新中建筑固废如何收集与再利用及现有实例中一次性咖啡杯的回收问题。

（2）具体实例探访。在学生实地考察中观察到的关键案例中，由教师与学生共同挑

图 10-7 “皂梦空间”实地考察

选一部分进行集中探访。让学生运用 AEIOU* 观察法与访谈法进行数据收集与用户画像,从活动、环境、消费者互动、物品、用户群体五个维度进行观察和记录。每组选择两三位消费者进行半开放式访谈,了解消费者进店诉求、是否了解历史与产品设计的关联、是否关注废弃物回收等问题(见图 10-8、图 10-9)。教师可以在线上对有需要的小组进行指导,并提供参考建议。

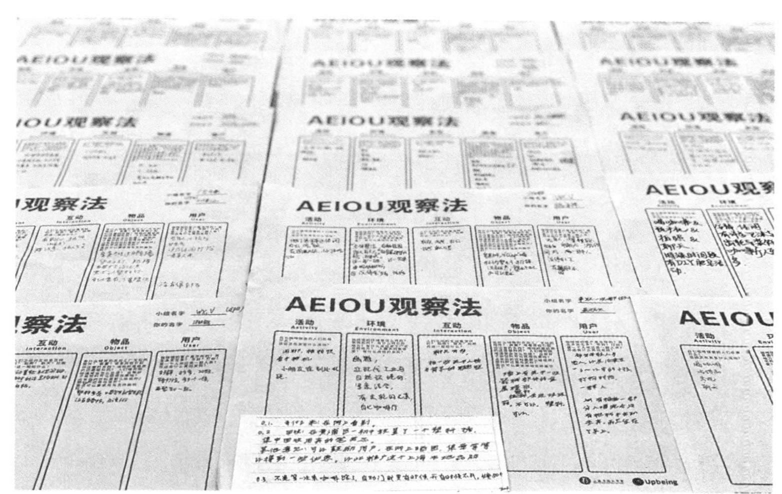

图 10-8 运用 AEIOU 观察法收集的信息

* AEIOU 是一种对活动(Activity)、环境(Environment)、互动(Interaction)、物品(Object)、用户(Users)进行分类的组织框架,用于引导研究人员观察、记录、编辑由此得出的信息。

图 10－9　白七咖啡馆访谈结果

（3）线上微课《设计思维》观摩学习。通过分析经典设计案例中如何运用设计思维推进设计并实现迭代，帮助学生了解设计思维的全流程，激发学生将设计思维的方法与步骤运用于后续自己的设计中。

3. 实践与展示阶段

（1）线下跨学科课程讲座的组织与录制。充分用好线下微讲座资源，组织学生参与“Bioart 生物艺术”“废弃物再生设计品牌赏析”“大地艺术”专题微讲座，通过不同表达形式来诠释多元艺术表达、实用艺术设计的魅力。生物艺术在最近二十年来蓬勃发展，常用的形式为媒体艺术或者装置艺术。通过一些国内外案例解释人与人、人与其他物种之间的平等对话；通过功能再生、精神再生、艺术再生等形式，将可持续设计的概念引入废弃物再造中。通过环保包装品牌的品牌创立与营销定位，从废弃物再生设计审美心理的角度，分析了如何用再生设计的手法，延续对废弃物的情感，改变废弃物的功能固着以及废弃物的设计审美；以学生在美术课里较少接触的大地艺术为例，介绍世界级大地艺术家克里斯托·弗拉基米罗夫·贾瓦契夫（Christo Vladimirov Javacheff），展现把艺术与大自然有机结合所创造出的一种富有艺术整体性情景的视觉化艺术形式。录制的讲座可用于云端课程建设，辐射更多的年级和学校。

（2）线上跨学科系列课程的建设。将生物学、通用技术、地理等微课资源上传云端，如微课《你不知道的微生物》《技术与设计》《自然带与植被》，各组根据设计意向与需求选择性观看，鼓励学生使用多种学科知识、通过知识迁移来解决设计问题、实现设计作品的表达与交互。

(3) 废弃物再造设计的推进与落地。各组在了解杨浦滨江具体案例的废弃物回收情况后，围绕城市更新中文化更新的内容，结合目标群体或新客群，推进废弃物再生项目的设计，作品内容不限，可以是艺术装置、快闪、可穿戴服饰、日用品，等等。本学期共有 9 项有关塑料再生的创意落地，包括白七咖啡馆一次性咖啡杯氛围灯设计、废弃塑料古风首饰与云肩设计、热带沙漠气候自然带仙人掌丛林大型装置设计、老年人用药安全设计，等等。要求学生完成项目过程引导表（见图 10－10）与期末路演 PPT（见图 10－11），全面总结项目实施过程中的问题与难点。学生还需要在活动过程中拍摄从小组头脑风暴到创意落地（见图 10－12）的全过程，并上传云端，完成相关课程资源库的建设，以学生视角记录设计过程与其中点滴，更能激发同龄人的共鸣与参与热情。

图 10－10　完成项目过程引导表

图 10－11　项目路演

图 10－12　创意落地

（4）成果展示与交流。学生在中期汇报的框架上进一步深化，以小组为单位分享项目成果，从设计理念、制作过程、视觉效果与意识表达三个方面，分享创意落地的过程，回顾碰到的困难与解决方法，并对成果进行讲解与自评。

四、成效与反思

（一）成效

（1）将"玩学合一"的教育理念落到实处，形成了基于真实场景的跨学科项目化文创课程的实践路径。通过紧抓城市更新的内涵，制订了一整套以艺术学科为基础的跨学科课程教学方案，以项目化学习为主要模式，以杨浦滨江为真实场景，在教师的引导下，让学生自主自发地进行跨学科学习，亲历知识发生的过程，将玩与学结合，促使学生学会跨学科地学习和解决问题，总结和反思经验与方法，培育了学生的创新意识，提升了学生的学科核心素养。

（2）在课程实践中，共有10项有关可持续发展艺术实践的创意落地。学生的作品在控江中学文创中心作公开项目路演，邀请上海市杨浦区绿化和市容管理局与街道团委青少年事务中心相关工作人员作为观摩嘉宾，为学生提出改进建议，并在2022年1月5日至1月20日在杨浦公园党群服务中心进行了为期15天的公众展示（见图10－13），微信公众号"上海杨浦""杨浦绿化市容"对此进行了报道，累积近万点击量，获得了社会的广泛关注与赞誉。

图10－13　学生文创作品在杨浦公园展示

(3) 基于该课程的实践经验整理而成的相关经验总结《玩转数制文创,续写城市历史文脉》发表于中国优秀科普期刊《中学科技》杂志(2022 年 3 月下),内容就是将该课程的一个项目引入必修课的一次尝试。

(二)反思

(1) 线上线下课程如何配合还需要进一步探索。跨学科课程涉及知识点多,部分内容专业性强,对于指导教师的知识积累是一种挑战,线上课程平台有反复使用、随时调用的优势,帮助学生满足个性化自主学习,减轻教师负担,有利于跨学科课程建设。但是在实际操作中,要注意与线下课程之间形成互补与分工,减少内容重合,避免核心内容缺失,进一步丰富表达形式,更好地激发学生的兴趣。

(2) 跨学科学习的方式与路径有待研究。跨学科的方式与路径有待进一步摸索,应尽可能地避免学科拼盘、学科割裂的问题。要活用项目化学习模式,引导学生跨学科地进行知识构建,而不是把学科"拼盘"送到学生面前,忽视学生自主学习的主观能动性。在课程学习与指导中也要重视关键问题的设置与引入,在设计落地过程中鼓励学生综合运用知识解决系统问题。

(3) 学生对于文化内涵的理解与把握有待提高。在实践中,学生能够自主学习获取资料,但是对资料的历史背景、文化内涵以及问题提炼的能力仍然较弱。对于如何将社会主义核心价值观、理论结合实际地应用到分析与感知中去还需要进一步提升。此外,"城市更新与可持续发展——高中文创跨学科慕课实践"课程需要学生深层次地去思考、理解城市更新的背景,结合项目化学习中的实践感悟,对文化内涵产生更好的理解与认识。关于如何切实地实现这一目标,还有许多问题值得研究。

参考文献

[1] 阳建强. 中国城市更新的现况、特征及趋向[J]. 城市规划,2000,24(4):53-55,63.

[2] 穆欣. 高校艺术教育可持续发展模式分析[J]. 教育现代化,2018,5(2):287-288.

[3] 李华治. 世界级滨水区工业遗产更新策划思考——以杨树浦电厂为例[J]. 城乡规划,2020,(6):28-36.

作者简介

王独伊

东华大学艺术设计学硕士，上海市青联委员，在控江中学从事文创、艺术教育领域的工作。曾带领头脑 OM 社团在 2015—2017 年连续三年获得全国头脑奥林匹克高中表演组第一的成绩，2015 年 5 月赴美参加国际决赛；作为控江联盟文创课程的主要开发者，每年都会开发新的文创选修课程，并辐射联盟校；撰写并发表相关案例《探索艺术教育与劳动教育结合的新途径》（《上海教育》，2021 年第 22、23 期）、《创意与可持续发展“文创+社区”新范式——控江中学文创中心定海社区文创项目化实践》（《上海教育》，2019 年第 36 期），出版了创意手作图书《这不是一本手工书：梦的颜色》（上海交通大学出版社，2016），2022 年 2 月起在中国优秀科普期刊《中学科技》开设个人专栏“跨学科美育”。曾获 2018 年、2021 年杨浦区科研成果奖，2021 年杨浦区园丁奖。

课程开发

指向工程素养培育的高中慕课开发与实施

——以慕课“工程与创意”为例

上海理工大学附属中学　顾凌燕

根据《普通高中课程方案(2017 年版 2020 年修订)》的要求,结合学校工程素养培育特色,慕课“工程与创意”作为培养学生创意思维和实践能力的校本课程应运而生。该课程通过“上海市高中名校慕课”平台,采用线上线下相融合的方式开展教学,课程设计以 CDIO 工程教育理念为依据,兼顾学生素养培育与学校特色发展需求,呈现出充分动手实践、纵向循序渐进、横向拓宽视野的课程特色。

一、课程开发背景

高中阶段是学生个性形成、自主发展的关键时期,高中阶段的教育对提高国民素质和培养创新人才具有特殊意义。普通高中教育不仅连接义务教育和高等教育,还贯通教育世界、职业世界和社会生活,在人才培养中起着承上启下的作用。因此,在高中阶段培养学生的创新素养,增强创新意识,就显得格外重要。长期以来,在应试教育的驱动下,高中各学科课程逐渐走向分科和专业化,学生不能有效整合学科间的知识,不能综合运用所学的知识解决问题等问题日益显现。

随着课程改革的深化,高中阶段课程结构也作出了一些调整,以跨学科研究为主的研究性学习经历纳入学分要求,成为学生高中阶段必要的学习板块。根据《普通高中课程方案(2017 年版 2022 年修订)》的要求,在选修课程序列中,学校要开发一系列的校本课程,指导学生开展研究性学习,从而达成“保障学生的主体地位,充分发挥学生的主体作用”，锻炼、提高学生的实践能力、创新能力，发展其综合素质的要求。

今天，信息技术在教育领域的应用和渗透越来越广泛。以线上线下融合的方式开展教学是值得探索与实践的教育新领域。

二、课程整体设计

（一）课程设计思路

基于国外工程素养的相关界定，对接人文底蕴、科学精神、学会学习、健康生活、责任担当、实践创新六大核心素养的表述，我校形成了“尚理”文化追求，确定了工程素养培育特色。借鉴工程素养相关概念，并结合我校现有的课程特色，我校的工程素养可分为四个方面，分别是实践创新、系统思维、交流合作及责任伦理。工程素养的基本内涵见图 11－1。慕课“工程与创意”设计时从工程素养的基本内涵出发，提取创新、思维、实践作关键词，把握课程普适性、推广性的需求特点，兼顾线上学习的组织形式，最终形成一门指向促进学生发展创意思维和实践能力的素养课程。

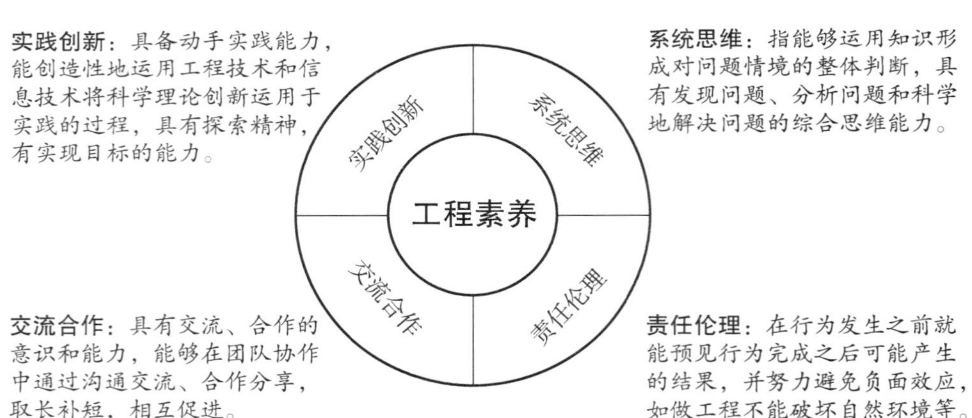

图 11－1　上海理工大学附属中学工程素养的基本内涵

慕课“工程与创意”依据 CDIO* 工程教育理念，适配高中学段特点，围绕现代社会工程涉及的建筑、工具、结构搭建等问题展开联想，通过创意设计小任务的方式，为学生提供线上观摩、线下实操的创意制作体验。课程的项目循序渐进，难度逐级提升，在实践挑战过程中引导学生创造性地解决问题，如注重通过动手实践将知识与技能应用于问题解决，并在反思过程中不断总结、提炼、内化。鼓励学生秉持工匠精神，精益求精、追求卓越，具备较强的问题意识和创新精神；同时具备主动探究、动手实践的能力，培养学生严谨的作风。

（二） 课程目标

开发校本课程“工程与创意”时，一方面要站在学生的角度设计课程内容，达成学生层面的素养培育；另一方面也要考虑学校的特色发展需求，将学校特色发展的目标有机渗透到课程目标中。

在学生素养培育层面，课程目标定位于以下几个方面：①精选学习内容，拓宽学生视野，改变他们对创新的片面认识，养成创意思考的习惯；②通过多层次的思维训练，提升思维流畅度；③理解改变视角，创意就在身边，真正学会观察；④锻炼设计能力，敢于表达自己的想法；⑤增强动手实践能力，将创意变成现实；⑥培养学生独立思考与解决问题的能力，培育学生自主学习的能力，提高学习过程中的自我约束力。

从学校层面需求出发，根据慕课的实际特点确定相应的课程目标：①丰富课程结构，突出慕课的线上特色，充实校本课程品类，促进形成重基础、多样化、有层次、综合性的课程；②创设有利于引导学生主动学习的课程实施环境，提高学生自主学习、合作交流以及分析和解决问题的能力。

（三） 课程特色

慕课“工程与创意”共 8 个项目，横有拓展，纵有递进，以循序渐进的方式展开。

1. 充分动手实践

“工程与创意”是一个难度适中、侧重动手的工程类跨学科选修课程，面向高一、高二年级学生开发，需要学生有一定的工程学习经历，对动手制作工程结构有兴趣和特

* CDIO 代表构思（Conceive）、设计（Design）、实现（Implement）和运作（Operate）。它以产品研发到产品运行的生命周期为载体，让学生以主动的、实践的、课程之间有机联系的方式学习工程。

长。课程不同于传统的线下课程，不需要长时间对一个课题或项目进行深度研究，线上开展课程可以提供学生在课余时间随时随地参与实践的机会。每一个项目都是独立的挑战活动，要求学生不仅要有想法和设计，更要把想到的东西做出来，努力完成挑战任务。因此，学生在完成整个课程 8 个项目的学习后，动手能力会获得显著提升，这也是该课程最核心的培养目标之一。

2. 纵向循序递进

慕课“工程与创意”分设 3 个单元。“巧块无极限”“创意多米诺”“搭积木”3 课构成第一单元，指向创意体验和思维拓展，注重活跃学生思路，提升思考的灵活性。“小球高度”“游泳小将”“比萨斜塔”3 课为第二单元的内容，在学生形成较好思维习惯的基础上，进一步提出动手制作的要求，指向创意实践和制作体验，注重手脑并用，关注思考与执行的协调性、一致性。“纸张叠高”“纸桥承重”两课为第三单元的内容。第三单元进一步提高了方案设计和制作工艺的难度，看似简单的材料需要更精细的设计才能达成好的成效，鼓励学生勇于突破，精益求精，注重学生深度思考与创新能力的提升。此外，在每一节课内也是循序渐进，如学生针对一个项目往往会提出若干个解决方案，由易到难，由简到繁，方案变复杂了，设计更为巧妙了，对应制作工艺要求也变高，自然就实现递进。

3. 横向拓宽视野

慕课“工程与创意”不是简单的传统手工制作课，在结构制作板块，教学内容中有机渗透了其他学科的知识、建筑设计的原理，还介绍了一些工程结构的原理（如榫卯结构）。这样有助于提升学生对学习的认识，知道学习的内容与生活实践是紧密关联的，也能让学生共同感受劳动人民的智慧，提升学生的家国情怀，促进学生对祖国传统建筑文化的认同感和自豪感。

三、课程实践案例

“小球高度”是第二单元的第一课，建立在有不少创意思维拓展练习和体验的基础上，开始引入实践动手的结构制作环节。第二单元注重学科知识和技能的迁移，要在具体的任务中运用力学原理、材料性能等知识，因此这节课的教学目标设定为：①能够将力学原理、材料的性能等知识和原理综合应用于实际问题的解决中；②培养利用现实材料创造性解决问题的意识，面对问题不畏困难，不怕失败的精神。

以下为本节课教学过程简述。

引入。利用学生熟悉的东方明珠作引入。东方明珠的“珠”和“球”概念相似，小球高度的任务自然延伸进了课堂，且东方明珠本身就是建筑结构的杰出典范，美观实用，其“特别高”的特点也与课堂挑战任务十分契合。

布置任务。本节课“工程师”要建造一个能使小球位置越高越好的结构（见图11-2）。开放的任务目标给予学生充足的空间去想象，也是发挥学生创造性的关键点。任务中涉及物理学中力学的应用，特别是对重心的把握，学生将有特别切身的体会。（其实，这节课没法在课堂上深究材料，有兴趣的学生可以课余进一步深入研究。）在任务清单中，学生可选择不同的小球进行挑战，如乒乓球、弹力球、高尔夫球。它们各具特色，对应的积分系数也不同。这个过程考验了学生对问题的深入分析和解读，最终比拼的是分数，而究竟是靠搭高挑战用乒乓球得分，还是求稳承载用高尔夫球得分，取决于决策和最后搭建的结果。

图 11-2　第一课“小球高度”任务说明

材料选择。材料选择是这节课的亮点，不限定材料增加了课程的开放性（见图11-3）。由于是线上课，所以事先会将材料清单发给学生，学生可自备材料。而那些自备材料中，学生又可以在课堂上根据实际需求自主选择。因此在材料的选择上充分体现了开放性，同时兼顾了公平性。那么，学生究竟选什么呢？纸杯、塑料杯还是A4纸，抑或意大利面？这就考验学生的生活经验了。当然，选好材料还要看动手能力，而制作结构的过程又有材料组合的创造性、材料个体的独特使用方式等，这些都值得教师去关注。在有限的经费条件下创造无限的可能，正是工程师的价值体现。

图 11-3　第一课"小球高度"材料选择说明

搭建结构。搭建结构是动脑又动手的过程。好的想法需要有效的执行才会收到好的结果。活动设计给予学生充足的时间进行线下的实践和制作，包括测量得分，线上视频又给出了不同的逐层递进的实践和制作方案，为学生打开思路提供有效的借鉴。

活动评价。最后的评价环节，学生可以根据规则自主测量和评分(见图11-4)，突破了传统课堂的教学限制，也提高了学生的自主学习能力。此外，评价环节中那些参与课上挑战的学生进一步分享自己的结构设计思路和执行过程中的得失，教师点评他们的表现、讲解了任务挑战中涉及的相关知识，总结有代表性的项目实践经验，这些都为学生反思与借鉴提供了良好的资源。

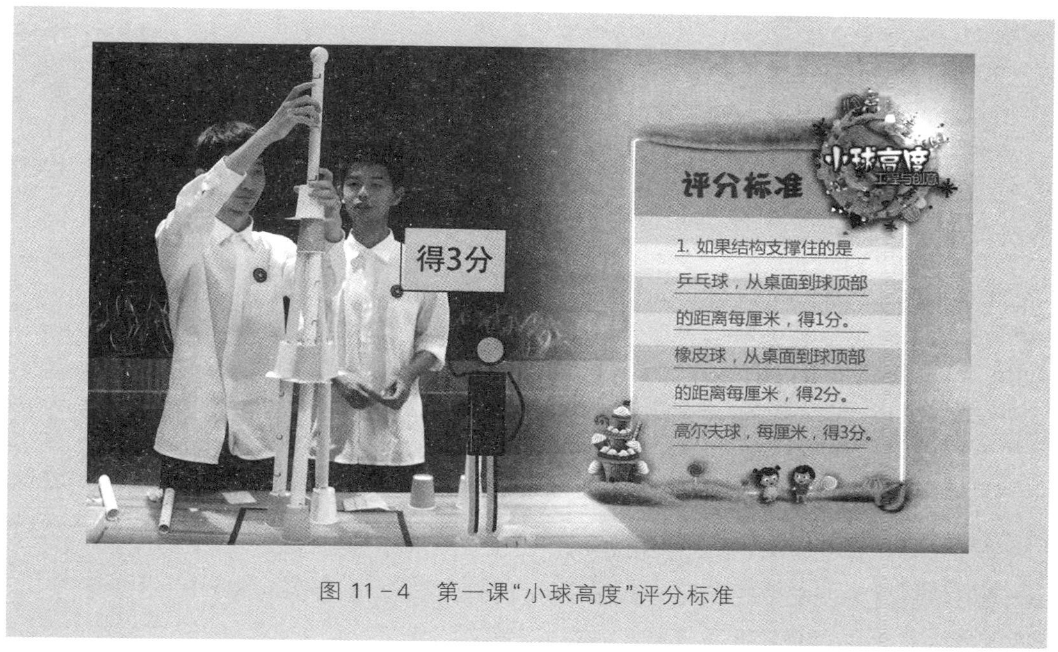

图 11-4 第一课“小球高度”评分标准

四、成效与反思

慕课“工程与创意”培养的工程素养，最终目的是培养学生的核心素养。慕课“工程与创意”偏重提升学生动手实践能力、问题解决能力及创意物化能力。课程以问题为导向，充分融合不同学科，从人文情怀到科学知识的运用都在课程中得到有机结合，课程教学取得了良好的成效。

第一，从学习动机看，每年开学选课时都会有不少学生选择本课程，说明大多数学生对这门课程是感兴趣的。线上课堂的语言表达活泼有趣，也始终吸引着学生持续地参与课程学习。

第二，从学习过程看，学生的课堂学习集中在线上，课后几乎没有作业，但总有学生愿意用课余时间延伸阅读建筑结构相关资料，动手做些小结构，这说明学生上课有获得感，有自主发展的需求，较能体现课程促进学生主动学习的初衷。

第三，从对知识、技能的掌握程度看，随着课程的推进，学生制作作品的速度、效果都在不断提升。课堂学习的简单技巧较易在后续操作中应用，但比较复杂或者需要训练一定时间才能掌握的动手技能，后续有效应用就比较少，存在思路、方案都可行而实物做不出的情况。这说明高中生在技术层面的精进仍有不足，需要更多练习。

第四，从学生对学习过程和学习内容的感受看，学生总体反映这是一门比较新颖、参与度较高的课程，也乐于亲身挑战。但课程采用的是线上教学，有些细节看得不够清晰、准确，线上课堂也不像传统课堂那样能够实现师生即时交互沟通，所以在一些具体的制作环节上还存在学生要点领会不够透彻的问题。

总体上看，慕课“工程与创意”乘着教育改革和学校特色发展的东风开发形成，需求指向明确，基本符合高中生工程素养培育的宗旨。针对实施过程中反映出的操作细节要点拍摄不够突出等课程不够完善的问题，未来还将继续深入探索和改进，特别是在新技术不断赋能教育的大环境下，要不断创新、实践，给予学生更好的课程体验。

慕课“工程与创意”重在锻炼学生知识与技能的实际运用能力，培养学生面对问题时能静下心来思考、努力解决问题的态度，以及面对未知有勇气大胆尝试新事物、新组合，创造性地解决问题的能力。线上学习是未来学习的发展趋势，希望学生在该课程中有所收获，养成良好的思维品质和行为习惯，受益终身。

参考文献

[1] 程丹丹，葛新斌.关于高中教育定位问题的若干省思[J].清华大学教育研究，2019，40(3)：97－103.

作者简介

顾凌燕

杨浦区骨干教师、杨浦区创新实验室中心组成员，专注跨学科教学工作，积极探索跨学科教学之路，推广创新教育理念。近年来基于学校特色，开发并执教“工程与创意”“指尖大工程”“工程模型的创意设计与研究”等校本选修课程，积极构建适用于高中生的工程创新课程体系。指导头脑 OM 社团连续六次获全国冠军并多次出访美国参加国际决赛，头脑 OM 社团获评上海市学生科技创新社团；牵头创建区级 OMaker-Lab 工程创新实验室，获“小平科技创新实验室”认证。教学方面曾获上海市中青年教师教学评选一等奖、杨浦区百花杯教学比赛一等奖、杨浦区聚焦核心素养创新品牌课程一等奖等诸多荣誉。

基于校本课程的慕课“轨道交通与高铁调度”设计与开发

上海市徐汇中学　姚智伟

上海市徐汇中学是以科创为特色的上海市特色普通高中，学校和同济大学交通运输工程学院合作共建了高铁调度实验室，依托该实验室开设特色校本课程“高速铁路的调度与模拟驾驶”。在分析慕课与传统线下课程在教学设计、教学内容组织、教学内容呈现等方面差异的基础上，通过调整知识讲授和动手实践的比例、迭代课程中的知识与内容、精修课件、规范表述等，将传统的特色校本课程改造、移植成为慕课“轨道交通与高铁调度”，并在“上海市高中名校慕课”平台上线。

一、学校特色与课程规划

上海市徐汇中学(以下简称徐汇中学)创办于1850年，学校创办之初就引进西方自然科学，历史上曾六次更新科学实验室，有“崇尚科学、文理兼通、中西贯通、多彩发展”的办学传统。2015年，学校被评为徐汇区科技特色高中，为此特别制订了《徐汇中学创建上海市科技特色高中项目实施方案》。同年，学校以工程素养为特色成功申报上海市特色高中创建项目校，并于2020年4月正式挂牌“上海市特色普通高中”。

学校建设了“2＋X”课程群，分别为生物工程类课程群、交通工程类课程群和其他工程课程群，涉及10个工程领域共计28门课程。其中生物工程类课程群有11门课程，交通工程类课程群有4门课程，其他工程课程群(含“双新”种子课程)有13门课程。在整体提升全体学生科创素养的同时，学校还充分关注学生的个性化差异和多元化选择，特将"2＋X"课程群设置为A、B、C三个梯度层次：A层为全校普及型必修课程，B层为兴趣拓展特长提高型课程，C层为课题研究创新课程。分类分层设计课程，在确保惠及全体学生的同时，给予有兴趣的学生更广阔的发展空间，从而满足不同层面学生的需求。通过知识普及、活动体验、技能强化、创新探究，由低向高分层实施课程，从兴趣培养到高阶思维训练，逐层递进地培养学生的科创素养。

二、校本课程开发与实施

学校的高铁调度实验室是和同济大学合作共建的创新人才培养基地，其中同济大学交通运输工程学院的洪玲教授团队提供了大量的技术支持和课程指导。2016年5月实验室通过验收，同年9月正式启用授课，它是学校交通工程类实验室中第一个建成并使用的。该实验室是上海市所有中学中第一个轨道交通类实验室，有些方面比同济大学的教学实验室更先进，二期配套了高铁模拟驾驶实验室，现也已建成使用。

该实验室硬件主要由沪杭高铁沙盘系统、电子屏、教师机和学生机组成。课程资源包含校本教材、学生学习手册、教学单元设计、教学评价手册及5年的教学相关数据。

学校实验室的课程开发着眼于满足社会发展对专业人才的需求，激发学生对轨道交通领域的兴趣，符合教育改革的目标，从知识培养转向素质教育，与开拓创新精神的培养相结合，提升学生工程素养，克服应试教育的短板，激发中学生的科学创新思维，培养动手能力、实践能力和创新思维，提升学生规则意识、沟通与协作能力。

由于实验室课程源自大学本科专业课程，向中学生授课时要做大量的调整。首先是要删减课程内容，放慢教学节奏，从而提高教学目标的达成度。原始课程内容比较专业，授课对象是同济大学综合能力素质较为突出的大学生，而高中生未经高考的选拔与大学专业培养，能力素质、学习意愿等均无法和大学生相比，所以课程的目标应有所差异。不论是以掌握知识还是以培养兴趣，不同的课程目标直接影响课程内容和教学方式的处理方式。这门课程在同济大学的定位是培养从事相关工作的专业技术人才，因此掌握专业知识和核心技能是课程的培养目标。大学生能力足，主动学习的意愿强烈，因此课程知识容量大、教学形式略显枯燥，对教学目标的达成影响较小。而笔者所在学校是将该课程作为拓展课面向全体高一学生，教学目标主要是以体验和激发兴趣为主，如果发现对轨道交通特别感兴趣的学生，可以考虑将其推荐至同济大学参与大学生课题或提供其他深度学习的机会。此外，依托实验室的场景，可有效提升高中生的基本素质和工程素养，如培养动手能力、沟通能力及创新能力，强化合作意识、规范意识，提升思维品质等。

课程实施初期，笔者做出了如下调整：理论课减少专业知识的讲授，增强趣味性和感观震撼性，增加互动，让学生辨别、思考、讨论、交流，提高参与的积极性；对于能够提高学生思维能力、创新能力、设计规划能力的核心知识，在充分刺激、激发兴趣的基础上，让学生思考、讨论并形成意见，而后由教师介绍现实的处理办法。

经过4轮教学实践，笔者进行了总结与反思。针对学生在教学实践操作环节出现的各种问题，要进一步调整授课方式。如针对列车驾驶和车站管理中必要的动作要领，要把动作拆分，讲透彻，同时课堂上增加检验环节，确保学生能正确、快速地操作到位；对于沟通协作环节，要让学生事先充分讨论如何沟通、如何配合，整理形成一套简洁准确的流程，确保每个学生都能运用好后再进行团队协作操练。

2018年5月18日，该课程进行了市级推荐的公开课展示，对授课中的学生团队真实操作情况作了展示和分析，获得了市级专家的高度肯定。

三、从校本课程到慕课

慕课与传统线下课程有非常大的区别。慕课的优点和缺点见表12-1。

表12-1 慕课优缺点分析表

慕课的优点	慕课的缺点
课程受众广，开放程度高，规模大。	单门课程难以分层分类开展差异化教学。
课程通过互联网传播，推广边际成本低。	师生课堂互动性不强，教学气氛不浓。
学生学习时间空间自由度高，可反复观看。	学生动手实践环节较难实施。
课程完成后可颁发学习证书。	课程完成度主要依赖学生的自律性。

慕课的设计开发与实施也和传统线下课程差异较大。

（1）课程教学设计方面。慕课在设计时，大多数依据学科知识体系来构建。这种以教为主的课程体系，结构十分严谨。同时，慕课往往选自精品传统课程，一般先由教学团队进行课程统整，再由优秀的主讲教师完成课程录制。慕课一旦录制完毕，后期不太可能会进行大幅调整或改动。而传统线下课程在设计时需要考虑教学环境、教学资源、学生学情等多种因素，即使有统一的教学大纲，但具体实施还是会受到上述诸多因素的影响。成熟的传统线下课程往往是授课教师经过多轮教学实践后逐渐迭代改进而来。传统线下课程的生命力源于学生的学——自下而上动态生成课程。随着教学条件与教学环境的变化、教学对象学情的差异，授课教师需要动态、灵活调整课程内容与教学实施方法。

（2）教学内容组织层面。组织慕课内容时，制作团队往往需要整合大量已有的优质教学资源和素材，用于打造高质量慕课。如果现有资源无法满足教学需要，慕课制作团队甚至可以进行全新的实践和创作，制作出独一无二的新教学资源。尤其是在实验演示方面，制作团队可以自由实现个性化演示，做各种原创性的实验。而组织传统线下课程内容时，往往缺乏统一而全面的教学资源，教师需要自行收集相关资源。这就导致课程之间差异大，即使同一课程，由于是不同授课教师，上课内容也会存在非常大的差异。

（3）教学内容呈现层面。慕课的教学呈现基本都是通过网络，呈现方式主要是视频、音频、图像画面和电子文档等。这些多媒体资源可反复观看学习，具有高度的可重复性。传统线下课程虽然也可以使用各种多媒体资源，但更多的是依靠授课教师当场生成。基于教师的临场发挥和学生当场反馈表现，每一堂课都会不一样。比如教师准备一节高质量的公开课时，往往会经历多次试讲，每次试讲课都不会相同，这正说明传统课程教学内容呈现的重复性较低。

基于慕课和传统线下课程的上述差异，笔者将特色校本课程改造、移植为慕课时，进行了以下调整：

（1）调整知识讲授和动手实践的比例。现有的校本课程经历了从大学传统课程到中学传统课程的第一次移植改造，专业知识内容大幅减少，教学时大量时间花在学生动手实践技能的指导上。现将线下课程移植到慕课，实践内容基本都被删除，那么就需要增加新的知识内容讲授，如中外铁路发展等。

（2）与时俱进，迭代课程中的知识与内容。随着我国高铁建设的快速发展，相应在慕课里增加了“复兴号”与“和谐号”的相关知识。为了更好地配合学生的生活体验，还增加了上海城市轨道交通的相关知识。为提高学生的安全责任意识，增加了“7·23”甬温线特别重大铁路交通事故的警示宣传等。

(3) 精修课件,规范表述。由于慕课学习资源一旦上线,修改较为困难且将会被重复播放,所以相应课件中的专业性知识内容一定要严格把关,尽量避免科学性错误或表述含糊、有歧义等问题。笔者对大量教学内容重新进行了核查,对个别用词作了修改,同时还对课件进行了美化修饰。笔者对"轨道交通与高铁调度"的知识内容进行了重新编排和整理(见表 12-2),分成 6 个教学视频,每个视频时长大约 10 分钟。

表 12-2 慕课"轨道交通与高铁调度"教学视频内容编排

序号	标题	主要内容
1	轨交系统概况	轨交系统概念、主要分类(铁路、高铁、城轨、磁悬浮)与各自特点。
2	轨交系统结构	轨交系统主要包括车站、线路、道岔、供电、车辆等硬件系统以及和通信、控制等软件系统。
3	铁路信号系统	包括铁路信号显示设备、联锁设备、闭塞设备等,确保列车行车作业的安全与效率。
4	列车运行组织	主要讲行车规划运行图的功能、分类、组织调度范例、演变历程等。
5	国外铁路发展	分四个时期展开,重点是日、欧高铁技术的特点和发展历程。
6	中国铁路发展	主要是中国高铁的发展历程,以及"和谐号"与"复兴号"的技术创新。

前 4 个教学视频是从宏观到微观的结构尺度,层层深入,介绍了轨道交通系统的诸多层次结构,直到列车组织调度层面。后两个教学视频是从国外到国内的空间尺度,先介绍国外高铁的特点与发展历程,再讲述中国高铁的创新与发展历程。这样铺垫能极大地激起学生的民族自豪感,无形中渗透了爱国主义教育。此外,在拓展资源中提供了两个科普视频,进一步拓展学生的视野。

完成以上有关课程移植的准备工作,课程录制与视频后期制作便是水到渠成。2019 年 6 月 20 日,"轨道交通与高铁调度"作为上海市徐汇中学的第一门市级慕课在"上海市高中名校慕课"平台正式上线。截至 2022 年春季学期,本慕课已进行 6 次上线开课。学员对课程的综合评价分高达 4.8 分(满分 5 分)。同时,本慕课已被"学习强国"平台收录并公开展示。

第一期慕课开课完成后,笔者进行了总结和反思。就如何增强和学生的互动性、如何规范学生课程完成后的学习证书确认和发放等问题有了一些粗浅的想法。

第一,在课程视频中增加互动环节。如多预设问题,设置打点提问,可以有效提高学生视频学习时的专注度。同时,在视频中给学生留下了思考题可以作为课后作业。

第二，在课程信息的证书要求栏明确课程证书获取条件，如“完成全部课程视频学习，参加至少一次课后讨论，回答不少于 6 个问题”。此外，课程上线期间，教师可在课程讨论区和学生互动；课程结束后，教师逐一核查学生课程完成情况和课后讨论情况，并及时向学生发放课程证书。

四、收获与体会

慕课的开设对教师的教学能力提出了更全面的要求，笔者在这个过程中也获得了锻炼，掌握了更多的教学技能。

首先是加深了相关专业知识的学习和认识。作为物理专业出身的教师，笔者对轨道交通专业知识的了解并不深入。为了更好地将这些内容移植到慕课，笔者陆续学习了不少相关慕课，如“上海市高中名校慕课”平台的“城市轨道交通概论”，“学习强国”平台上的“高速铁路规划与选线”“高速铁路信号系统”“高速铁路工程”“高速铁路概论”“高速铁路牵引供电系统”，等等。

其次是强化了课件制作技能，拓展了更多视频编辑技能。为了更好地录制和制作慕课，笔者学会了录屏、语音录制、后期视频编辑（加片头片尾、加字幕、加 BGM 等），掌握多款视频录制和编辑软件。借助新学的技能，还指导了多位教师完成其他慕课的制作，这些慕课目前均已在“上海市高中名校慕课”平台上线开课。

关于慕课开发，笔者也有不少感想和体会。

第一，慕课需要体现严谨的专业性和学术规范性。在课程录制之前，一定要确保课程内容没有知识性错误，没有表述上的含糊、歧义。此外，还要注意引用素材的版权问题，引用的视频、音频片段以及图片等，尽可能使用经过授权的资源，以免造成侵权。

第二，慕课的制作需要学校的全面支持和专业团队的分工合作。如果学校对特色课程的规划布局有整体性的统筹，那么该学校的课程群中就会体现出很多统一元素，如片头、片尾字幕和 Logo 等。在团队分工方面，课程教师主要负责课程资源的整合与编排，而课程录制与后期视频制作，建议交由专业技术人员完成。最终由课程教师及相关专家对慕课进行审核和定稿。术业有专攻，一个好的团队中，只有每个人都能把自己的特长发挥出来，才能呈现更精彩的慕课。

参考文献

[1] 高建军,姚智伟.创设高铁调度模拟课程 提升学生工程素养[J].现代教学,2018(7):19-21.

[2] 徐新玉,朱小芹.关于高职院校轨道交通专业实践性教学改革的探索[J].大学教育,2015(2):129-131.

[3] 竺志超,杨金林,祝洲杰,等.基于"零距离"模式的非工程类专业工程素质认知教学[J].实验技术与管理,2011(7):18-20,27.

作者简介

姚智伟

上海交通大学硕士,一级教师,现任上海市徐汇中学高铁调度实验室负责人。开发与实施校本课程"高铁调度与模拟驾驶",开发的市级慕课"轨道交通与高铁调度"2019年在"上海市高中名校慕课"平台完成开课认证。拥有微软办公软件(Microsoft Office Specialist, MOS)国际认证大师级证书,制作的微课获2020年上海市中小学信息化教学应用交流展示活动基础教育组二等奖。

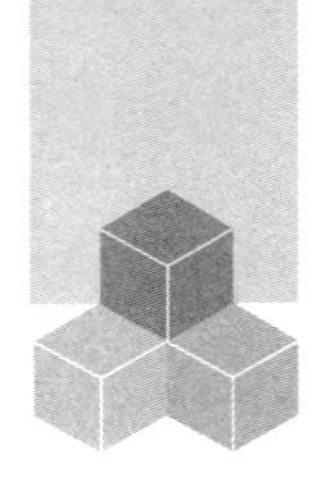

技术进化规律下有关“智能控制与设计”慕课建设的思考

华东师范大学第一附属中学　阮武林

在国家“创新、协调、绿色、开放、共享”的发展理念下，“智能控制”成为保障国家高质量发展、可持续发展的重要技术。以技术进化规律的理念为引领，从提高学生对技术作用与价值的认识、反映多学科融合的育人价值导向、体现技术学科核心素养的角度建设“智能控制与设计”相关慕课，解决了技术学科教学未能体现技术发展与实践的历史脉络、学生难以从理性的角度运用技术进行创造性活动进而内化为技术素养的问题，增加了学生的学习兴趣，激发了学生的探究热情，促进了技术学科的发展。

一、课程建设背景

“控制”“采集”“加工”一起构成人类改造世界的三大主要活动。控制的作用在于改变事物之间的相互作用和时空过程，是对关系和过程的调节。[1]控制存在于社会生产生活的各个方面，是当今世界科学技术发展的标志性技术之一，为人类的生产与生活带来极大的便利。在过去的10年间，我国基础教育阶段高中学生“控制及其设计”方面的学习主要通过通用技术科目的“电子控制技术”模块与单片机自动控制技术相关内容来实现，少数通过课外机器人竞赛来实现。总体来说，无论是电子控制技术、单片机自动控制技术，还是机器人竞赛，学生对“控制及其设计”的作用与意义认识不深，应用电子控制技术和单片机自动控制技术（以下简称“智能控制”）解决实际问题的能力不够，这与我国传统基础教育中劳动技术教育（高中称为通用技术）薄弱有一定关系。近年来，随着国家提出“创新、协调、绿色、开放、共享”的新发展理念，“智能控制”作为保障国家高质量发展、可持续发展的重要技术之一，自然而然成为培养学生技术素养的重要内容，这从《普通高中通用技术课程标准(2017 年版 2020 年修订)》中“技术与设计 2”“电子控制技术”“机器人设计与制作”“智能家居系统设计与应用”等模块中大量设置“控制及其设计”学习内容便可见一斑。因此，基于普通高中通用技术课程标准，以“控制及其设计”学习为主线，选取简易机器人作为载体开发有关“智能控制与设计”的慕课，对发展高中学生核心技术素养有重要意义。

二、课程建设理念

以阿利特舒列尔为首的专家在对数百万件的专利进行总结后提出的解决创新创造问题的 TRIZ 理论*认为，技术系统具有进化的趋势，技术系统的功能、性能参数会随着时间变化呈现进化规律[2]。这种规律体现了辩证唯物主义世界观。辩证唯物主义认为世界在本质上是物质的，物质世界是按照它本身所固有的规律运动、变化和发展的，意识是客观物质世界在人脑的反映。技术的进化规律本质上是人类基于客观世界创造人工世界的规律，体现了科学与技术辩证发展的历史进程。

从技术进化规律来看，智能控制的发展呈现了“手动控制—机械控制—电子控制—单片机控制—人工智能控制”的进化脉络。课程是学科育人的关键，须遵循知识逻辑和历史实践相统一的基本原则。然而，这一原则在当前通用技术学科中体现得并不充分，如包括“控制及其设计”在内的一些教学内容中没有呈现出技术实践的历史脉络，学生无法了解技术的历史进程与发展方向，难以理性地进行创造性的技术活动，进而内化为技术素养。了解技术进化规律是形成技术进化意识的主要途径。“控制及其设计”单元是学生在“结构及其设计”“流程及其设计”和“系统及其设计”单元学习之后的进一步深化。依据技术进化规律构建有关“智能控制与设计”的慕课，尝试探究侧重技术价值认同的目标设计和基于技术进化规律的专题内容组织策略，创设连续性问题情境引导的专题结构，增强知识逻辑和技术历史实践的统一，促进通用技术学科发展。

---

* TRIZ 理论：苏联发明家阿利特舒列尔(G. S. Altshuller)创立的一种理论，提供了解决发明问题的一种方法，包括矛盾、资源、理想度、进化模式和创新原理等核心概念。

三、课程目标

针对当前科技发展数据化和智能化的特点，不同于常规通用技术教学，本慕课侧重智能控制的过程与方法以及制作智能控制作品的能力，尝试从作用与价值、学科融合、技术方法三个角度，结合慕课网络教学的特点设定“智能控制与设计”的教学目标。

（一）提高学生对“智能控制与设计”作用与价值的认识

学校中的技术学习多以项目为载体，然而无论是教师还是学生，往往误以为制作一件智能控制作品就是主要的学习任务，造成这一现象的根源与传统教学过多局限于单一作品的制作，而忽视项目载体本身深层育人价值有关。事实上，作品只是学习的载体，承载着相关知识、思想方法和价值观，尤其是“立德树人”的价值观。根据慕课网络教学的特点，从国家科技发展、社会工业生产、生活体验提升等典型案例层层展开课程介绍，可以帮助学生理解智能控制的作用与价值。

（1）从国家科技发展的角度，联系“两弹一星”与“北斗卫星”等案例，通过感悟智能控制在我国社会主义现代化建设成果中起到的作用，增强学生对“智能控制与设计”的学习兴趣，点燃学生科技兴国的热情。

（2）从社会工业生产的角度，联系各种自动控制产品的案例，感悟智能控制对于提高生产力、打造现代智能社会空间的意义，探索与畅想智能控制的发展方向，带动学生萌发职业规划意识。

（3）从生活体验提升的角度，联系智能作业机器人和家用冰箱温度控制等案例，启发学生思考通过智能控制提高人们生活便捷性的可能性，激发学生对“科技让生活更美好”产生共鸣。

（二）反映多学科融合的育人价值导向

智能控制是在物、环境、人三者配合的基础上，通过对若干环节的控制实现系统目标的过程。从技术手段来看，智能控制涉及机械技术、电子技术和信息技术；从技术原理来看，控制系统的目标往往是具体且可量化的，与物理学科联系紧密；从控制方法来看，主要通过控制电信号强弱、电信号变化频率等改变执行器工作状态达到控制目标的实现。本慕课以“自动送餐小车的路径循迹”为载体，拓宽传统教学育人价值，实现多学科融合目标。

（三）体现课程标准“控制及其设计”核心素养

自“双新”课程建设以来，培养学生关键能力成为学科核心素养的重要内容。关键能力影响着学生活动开展的效率，对技术学科来说，关键能力主要是基于技术问题解决的技术设计和技术操作能力。从慕课网络化特点出发，本慕课融入智能控制设计与物化能力的培养，尝试通过智能送餐车的设计和制作，让学生经历发现问题、明确设计要求、完成设计方案、设计物化和设计调试一系列过程，在掌握各过程具体实践方法的同时提高关键能力，提升核心技术素养。

四、课程内容组织策略

（一）在“手动控制”学习中了解执行器的工作方式

“控制”往往是通过改变被控对象或执行器的状态，获得满足人们需要的功能，例如通过电机运动带动机械结构工作。尽管日常生活中经常接触各种现代科技产品，但大部分学生并不了解产品内部器件的工作方式。因而在学习的初级阶段，可让学生通过“手动控制”的方式，了解被控对象的工作特性，增强对被控对象外形、结构、参数等的感性认识。被控对象是控制系统的重要组成部分，因而被控对象的工作方式是首先应该学习的内容，然后再学习机械控制、电子控制与智能控制，这样更符合认知规律。

（二）在“机械控制”学习中积累系统控制的过程和方法

“机械控制”被广泛应用于工业生产，常用于改变被控对象的某个物理量，例如“水位”“油位”“偏转角”等。“机械控制”大都是闭环控制，通过限位开关等控制执行器工作范围，从而控制被控对象的某个物理量。但由于条件限制，大部分学生缺乏对“机械控制”的直观体验，难以感悟“机械控制”的过程和方式。本慕课通过多媒体视频展示典型案例，例如通过拆卸乒乓球发球机，学生可以发现装置内的一个弹簧片被作为限位开关，以控制减速电机转动的角度。在有条件的情况下，也可以3D打印机为载体开展探究活动，让学生观察3D打印机的结构，了解3D打印机能够准确移动位置的原理（以普通碰撞开关作为限位开关)。学生通过对“机械控制”类产品工作过程的观察与探索，积累对控制系统工作的过程和方法的认知，为后续学习打下基础。

(三) 在“电子控制”学习中理解电信号的获取和控制过程

相比机械控制，电子控制更为隐蔽。电子控制是通过电信号的转换、放大和整形等过程实现的。电信号不可见的特性增加了学生学习的难度。从技术进化规律的角度来看，电子控制采用了比手动控制和机械控制更新的控制方式。从学生认知规律来看，需要通过适当的办法将不可见的电信号的变化过程“显性化”。例如，通过万用表测量传感器分压电路，获取各点电压信号随物理量的变化情况，观察万用表指针的变化，增强学生对电信号的感性认识，并结合欧姆定律分析现象背后的原理，提高学生的电路分析能力。也可以用万用表测量一些关键电位点，获取电路中电信号变化情况。例如，测量芯片输入引脚和输出引脚电压的变化，理解传感器对数字芯片输入引脚的影响和输出引脚对执行器驱动电路的影响，再通过对这些电压变化建立相互联系，形成完整的逻辑链，培养学生的技术思维。

开环控制和闭环控制是通用技术“技术与设计 2”模块中的内容。与开环控制相比，闭环控制多了反馈和比较环节，同样具有“内隐形”，教学中可以通过相对直观的形式进行“揭秘”。例如，将电子闭环控制和机械闭环控制联系起来进行类比，归纳闭环控制的特点，理解反馈概念。相对而言，机械闭环控制具有直观性，学生更容易理解，如乒乓球发球装置，通过建立“角度预设值”和“开关检测负反馈”的概念，将它们迁移到电压比较器电路中，以理解“电压信号预设值”和“传感器检测负反馈”的过程。

(四) 在“自动控制”学习中夯实对开环控制和闭环控制的理解

单片机是一种微型计算机，包括中央处理器、输入与输出接口、存储器等硬件，从导弹、火箭、工业流水线的控制，到冰箱、空调的温度控制，都需要用到单片机来进行自动控制。相比电子控制，单片机自动控制更加“智能”，更容易引起学生的兴趣。“自动控制”教学时应该基于电子控制，在开环控制和闭环控制系统上开展重点教学。例如结合开环控制方式，利用单片机的记忆功能，在单片机红绿灯项目中，预设红绿灯不同时间，控制交通灯的工作时序；结合闭环控制方式，利用单片机计算功能，在 AGV 循线车项目中，建立模型，设定预设值，用光电红外传感器检测导引线数值，反馈给单片机和阈值比较计算差值，再根据差值不同控制执行器（电机）的运行速度和运行时间。

通过“手动控制”“机械控制”“电子控制”“自动控制”四个阶段的学习，学生能很好地理解控制的原理，进而初步理解“智能控制与设计”的过程与作用。

另一方面，随着5G技术的发展和人们对美好生活的向往，人工智能技术正逐步成为社会前进的驱动力。人工智能本质上也是一种智能控制技术，是现有控制技术的进化，它离不开机械控制、电子控制和自动控制。目前，人工智能正以各种形式融入基础教育，将人工智能技术和以上4种控制方式相结合开展教学，能促进学生真正掌握课程标准中关于“控制及其设计”的教学内容，切实提升学生技术素养。

五、课程学习方式

本轮“双新”课程倡导核心素养理念引领下的多样化学习方式，注重创设与学生已有经验相联系的多样化学习情境。以智能车作为项目载体实施教学，可以体现技术类学科的实践性特点，培养学生的动手实践能力。但实践表明，该项目的实际教学效果并不尽如人意。首先，由于传统项目教学大多忽视设计环节，甚至部分学生误以为动手制作智能车就是全部的学习内容。其次，在教学时虽然可以创设真实的情境，但作用十分有限。即便用情境引领整个单元教学，学生也很难发现情境和问题解决之间的内在联系。同时，真实问题情境具有复杂性和劣构性，这是培养学生创新设计的一个难点，这就需要教学“化繁为简”，将复杂问题情境转化为一系列结构化的故事性、现实性、挑战性和逻辑性相结合的问题情境。[3]

拉尔夫·泰勒（R. W. Tyler）在《课程与教学的基本原理》一书中提出以“连续性”标准组织课程学习经验。连续性是一种基于学生认知规律循序渐进的内容组织策略，而技术作品的功能、结构、控制有其内在的逻辑，这是因为技术的目的来源于人的需求，而人的需求和真实情境密切相关。以连续性情境策略引领项目教学要突出情境变化和技术系统（功能、结构、控制）的升级。例如在智能循线小车项目教学中，以小车运货路径情境、暂停发货情境、路人避障情境、语音提示情境和效率情境等形成连续性教学情境，引导学生从认知开环控制过渡到闭环控制，再过渡到闭环控制的稳定性、精确性和快速性三个层面，层层递进，让学生体会真实问题解决过程中系统功能控制和系统效率控制的方法，真正感悟“控制及其设计”的价值和思想方法。

六、课程实施效果

（一）学生反响

慕课“Just do, Arduino 智能巡线小车”，共 8 讲，时长约 120 分钟，于 2016 年 12 月上线“上海市高中名校慕课”平台。图 13－1 和图 13－2 是学生在慕课平台上留言。

图 13－1　学生在慕课平台上的留言 1

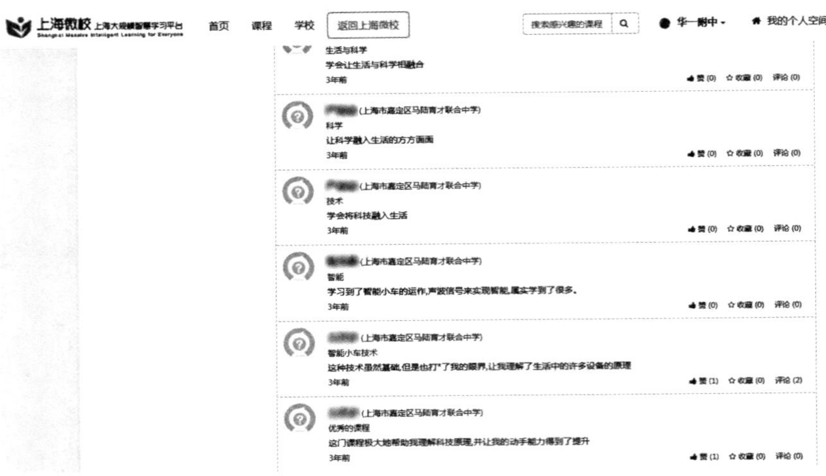

图 13－2　学生在慕课平台上的留言 2

学生的学习感受可归纳为：①慕课让自己学习到很多知识与技能，②知道科技与生活是紧密联系的，③学到了详尽的智能车理论知识，④打开了眼界。

（二）慕课的资源辐射效应

目前，上海市部分学校将本慕课作为校内科技活动的学习资源。另外，经上海市教委的牵线，本慕课无偿捐赠给云南省，作为边远地区学生网络课程学习的资源。

参考文献

[1] 陈昌曙.技术哲学引论[M].北京：科学出版社，2012：67.

[2] 赵新军，孔祥伟.TRIZ创新方法及其应用案例分析[M].北京：化学工业出版社，2020：88－90.

[3] 刘徽.教会学生解决问题——读《学会解决问题：支持问题解决的学习环境设计手册》[J].现代教学，2017(9)：77－79.

作者简介

阮武林

高级教师。从事高中通用技术学科课程与教学研究工作，学校“工程与创新设计微创实验室”负责人，开设选修课“机器人智能控制”。2020年参与录制上海市“空中课堂”中“单片机自动控制基础”单元，编写出版《DIY Arduino智能车》(上海科学普及出版社，2020)，机器人课程科研成果获上海市教学优秀成果二等奖，指导学生入围“第七届中国国际‘互联网+’创新创业大赛”全国总决赛，获上海市青少年创客新星大赛、上海市青少年科技创新大赛一、二等奖。

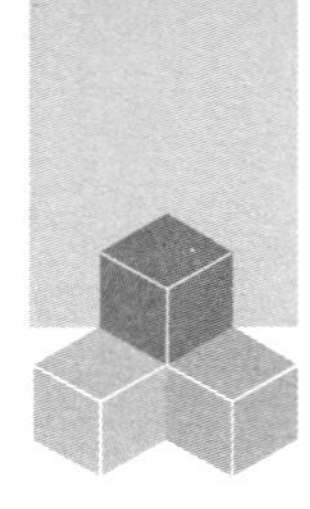

慕课形式的数学拓展课程的设计与开发

——以慕课“TI 图形计算器作图”为例

华东师范大学第一附属中学　谢健美

在教育数字化转型和课程改革深化的背景下，以注重对学生数学素养、数学能力的培养，引导学生学会从数学的角度去观察、分析实际生活的理念为引领，遵循“确定主题—搭建框架—重视引入—设计教学形式—核查效果”的思路开发数学慕课内容，解决了传统课堂学生学习兴趣不高、学习目的不明确、学习主动性不足等问题，达到了激活学生数学思维，提升教师科研和技术能力的效果。

一、课程开发的意义

随着课程改革的深化，教育界逐步意识到数学教育不能仅仅培养学生的知识和技能，更要培养数学素养和数学能力。数学教育的本质是让学生理解数学与自然及人类社会的密切联系，学会用数学的思维方式去观察、分析现实生活中遇到的问题，进而将数学应用到实际生活。

在教育数字化转型和课程改革深化的背景下，加上新冠疫情时期线上教学的广泛应用，慕课以其灵活新颖的教学形式和教学设计受到学生欢迎。“上海高中名校慕课”平台以拓宽学生视野、培养学生兴趣、丰富学生体验为主旨。循着这个主旨设计开发的数学拓展课程慕课“TI 图形计算器作图”，通过利用图形计算器的创新实践，让学生在拓宽数学知识面的同时学会从现实出发研究问题。生活中很多事物都有着优美的曲线，诸多结构、线条中蕴含着数学的奥秘，比如上海的东方明珠电视塔。将现实生活和数学学习联系在一起，将设计、操作和审美结合起来，用数学绘制美好生活，体验“技术有用”与“数学可玩”，提升学生的数学应用能力。

二、课程设计与制作

（一） 从学生实际的角度确定课程主题

作为一种创新的教学形式，慕课不再拘泥于传统课堂教学，以兴趣为导向，有利于教学资源整合，提升网络信息的使用效率，使教师在教学设计上有更大的施展空间。结合教学优势、以培养学生的实际应用能力为目标的慕课“TI 图形计算器作图”可摆脱教条化、统一化、静态化、孤立化和脱离学生生活实际等传统教学的弊端，不局限于书本上的知识体系，加强了函数、三角、解析几何等内容的纵深发展，通过引入参数方程、空间解析几何等扩展知识，利于学生掌握数形结合、转化与化归的思想方法，培养了学生横向类比、总结归纳的能力。学生在掌握理论知识的基础上，熟练运用图形计算器绘图，并将眼光从书本发散到生活的各个方面，体会用数学展现生活的成就感。本慕课实践了杜威提出的“教育即生活”的思想，引导学生用数学的眼光认识自己所处的环境，在用数学、做数学中提高创新意识和实践能力。

（二） 从解决问题的角度搭建课程框架

本慕课中用到的数学知识从函数、曲线方程、参数方程、极坐标方程，到立体几何、空间解析几何，学生会感觉枯燥难懂吗？TI 图形计算器的操作从作图入门、图像分析、轨迹跟踪，到使图形移动、旋转的游标技术等，操作量很大，如何将它们合理串联、有机结合在一起？为了解决上述问题，本慕课以绘制学生熟悉的图案为主线，以数学知识和 TI 技术为平台，设计课程框架（见表 14－1）。立足学生心理，精心挑选学生感兴趣的图像，如麦当劳商标和米老鼠形象，简单可爱；投篮入筐的动态图像，贴近学生生活；上海东方明珠电视塔外形，学生自豪感油然而生。引导学生先学会用数学知识绘制静止或移动、平面或立体的日常生活中常见的图像，再利用适当的数学模型来激发学生的学习能力，最后鼓励学生发挥想象力，用数学模型自主设计各种图标，实现理论、操作与艺术的和谐统一。

表 14－1 慕课“TI 图形计算器作图”课程框架设计

内容安排	教学设计	知识点	对应生活中的图像
基础篇：平面图形	画麦当劳商标 学基本操作	• 正比例函数、一次函数、二次函数、常值函数等	麦当劳商标
	画麦当劳商标 学函数变化	• 函数交点、零点、定义域等	
	画米老鼠 学曲线方程	• 圆、椭圆等圆锥曲线	米老鼠形象
探索篇：平面动图	画金箍棒 学游标操作	• 正弦函数、二次函数等 • 图形移动、旋转	金箍棒旋转
	画投篮入筐 学轨迹方程	• 参数方程、轨迹方程	投篮入筐动态图像
	画风扇 学极坐标方程	• 极坐标方程	旋转的风扇
拓展篇：立体图形	画东方明珠 学空间解析几何	• 立体几何、空间解析几何	东方明珠电视塔
成果篇：立体动图	画浦江美景 学立体几何	• 立体几何、空间解析几何	浦江波浪，货船航行

（三） 从发挥慕课优势的角度设计教学内容

1. 精心设计优质高效的课堂引入环节

慕课的优势是综合利用图像、声音和视频资源，尤其是开场的引入环节，能迅速吸引学生的注意力，调动学生的积极性。以第四节“游标操作让图形动起来”为例，为了使最简单的正比例函数变得形象化，本慕课利用孙悟空的金箍棒来演示，吸引学生的注意力。首先选取动画片《大闹天宫》片段中的 4 个画面（见图 14－1），并用软件加上特效，使之产生动画效果；在第二幅图片中用图像软件去掉原图中的金箍棒，替换为 TI 作图输入一次函数画出的金箍棒，利用游标操作让金箍棒由小变大并旋转，以此引出游标制作动态图像的教学，学生学习的积极性因此变得很高。

图 14－1　金箍棒图像

2. 交替使用现代和传统的教学形式

慕课不能一味追求感官刺激，缺少推算过程的数学慕课就缺失了灵魂。因此，除了用 PPT、计算机等现代化的教学工具，本慕课坚持数学演算，以培养学生良好的学习习惯。利用手机支架调整角度后拍摄手写演算过程视频，采用现场拍摄 TI 图形计算器操作讲解的示范，具体作品完成则采用录屏拍摄，以达到较好的效果。

3. 邀请学生出镜讲解，营造互动氛围

慕课通常缺乏师生互动，学习氛围不浓。为了解决这一问题，本慕课录制了学生交流实践过程中产生想法、创意和体会的视频（见图 14－2），让学生有亲切感，了解学长的思考并从中获得启发，同时也能受到榜样的激励作用。

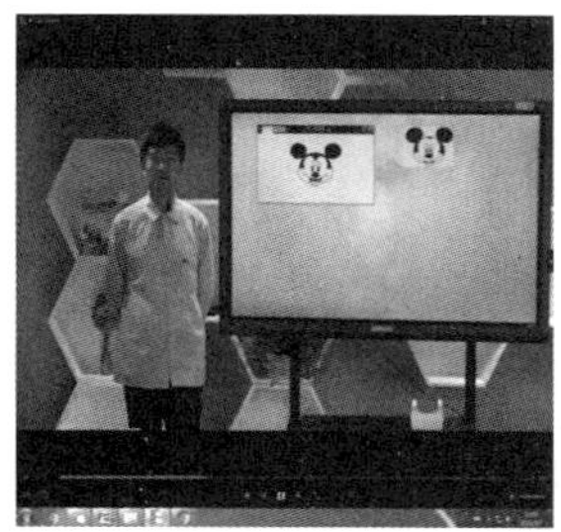

图 14－2　学生出镜讲解组图

4. 设置问题，实时检查学生学习情况

在慕课中检查学生的学习效果是比较难解决的问题。本慕课通过适时设置问题，引导学生展开思考；或通过设置提问(题目)打点(学生回答前教学暂停)，题型分为选择题、填空题和解答题，及时检查学生的学习情况。

此外，本慕课补充一些有针对性的拓展资料供学生课后自学，鼓励学生提问，教师及时在网上答疑解惑。

三、有关课程开发的反思

随着信息技术的高速发展，网络教学逐渐成为一种趋势。本慕课的制作是一次尝试，技术上从零开始，教学设计也是自主创新，虽然辛苦，但是收获良多，不仅提高了视频制作能力，还掌握了多种信息技术手段，各方面能力都得到了提升。比如利用投篮入筐动态图像来讲解轨迹方程，首先请体育教师作为模特拍摄投篮动作，为了更形象地表现出篮球的抛物线轨迹，利用视频回放的电影特效，达到令人满意的教学效果。

开发慕课可有效提升教师的科研和信息技术运用能力，学习慕课可有效增加学生的学习兴趣。实践证明，作为数学拓展课程的慕课“TI 图形计算器作图”能启迪学生的思维，帮助学生领悟数学的真谛，收获学习的快乐。

作者简介

谢健美

数学高级教师。开设“TI 图形计算器作图”选修课，致力于培养学生学数学、用数学。在上海市“TI 图形计算器教学应用研究”评选活动中，多次指导学生获得奖项，被评为优秀指导教师；主持完成区级课题“整合高中数学教材与 TI 技术应用 提升学生解决问题思维能力的研究与实践”；论文《直觉先行 思辨求真——高中拓展课教学案例〈图标例的函数〉》获"基于能力培养的高中特色课程建设与校本实施区域推进研究"教育案例评比一等奖；项目“用 TI 技术模拟制作动态模型”获第 34 届上海市青少年科技创新大赛科教创新成果一等奖。

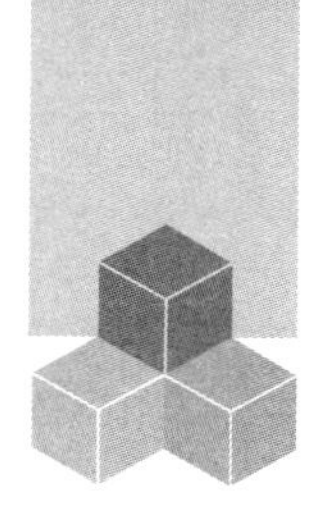

数据视角下校本课程开发路径与实践探索

——以“理财”课程开发为例

上海市第四中学 周旭华

随着互联网和数据技术的发展，教学内容的精确定制和课程的敏捷开发已成为可能。本文尝试以校本课程“理财”的开发为例，探讨数据视角下校本课程的开发路径，以期实现课程核心素养的准确把握，快速回应学生需求。经过实践和研究，上海市第四中学形成了“利用数据技术快速抓取学生的需求，确定课程核心内容，广泛组织课程素材”这一校本课程开发路径。这一路径使校本课程的柔性开发成为可能，也为在“班级授课制”背景下实现课程的个性化定制提供了借鉴和参考。

一、背景与问题提出

随着信息技术的发展和普及，数据获取、处理、开发变得越来越便捷和强大。信息革命从1.0时期的互联网化逐步进入2.0时期的数据深度挖掘。1.0时期主要是资源的网络化呈现，而现在要做的是数据深入挖掘，实现海量资源与具体需求的精确匹配。实际上在越来越多的领域，基于数据挖掘的精确定制和敏捷开发已经成为重要的发展方向。在教育领域，同样也需要做好教育资源与学习者具体需求的精确匹配。

随着一大批类似“上海市高中名校慕课”这样的优秀平台上线，目前在一定程度上已经初步实现了优质教育资源的互联网化。学生能够更容易地接触到海量的优质资源，为实现资源精确匹配提供了必要条件。

以菁优网*为例，对相关选项进行了限制，依然能检索到1000道试题资源（见图15－1）。

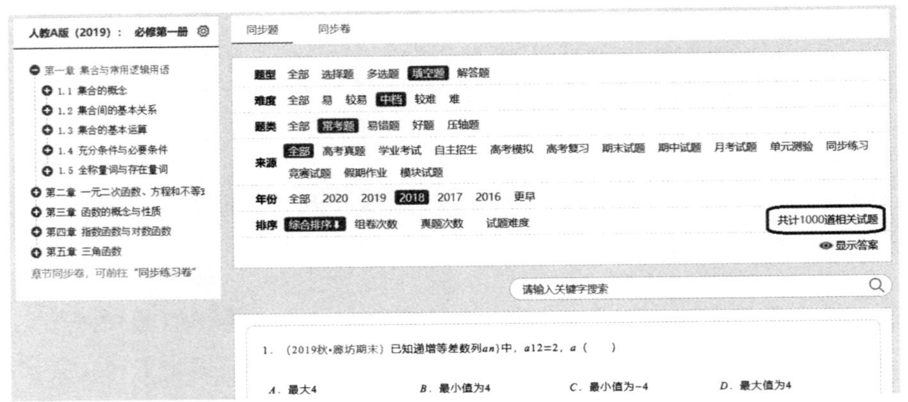

图15－1 菁优网试题索引举例

从数量上来看，学习资源的准备无疑是比较充分的，但巨大的资源量也对学习提出了新的挑战：学生很难从海量资源中找到适合自己的，即学生面临着“海量资源触及的可能性与适切资源定位的可行性”这样一对“广大与精微”的矛盾。

学校课程作为学校为学生所安排的一切情境的总和，很重要的一个功能就是组织教学资源，满足学生的学习需求。当前的学校课程大多从面上回应学生的学习需求，较少针对具体学生**个性化的学习需求。这主要表现在课程设计大多采用自上而下的模式，内容的组织也多采用事先设定的形式。这样的课程虽然能够比较好地体现社会和学校对学生的总体要求，把握课程的主导价值，但由于课程的刚性较强，在具体教学中很难对学生的个性化需求做出迅速而准确的回应，造成充足的教学资源与学生具体需求脱节，也未能从课程开发的角度体现数据时代中学习资源与学生具体需求的有效联结，前述“广大与精微”的矛盾没有得到很好地解决。

那么，在学校现有的教学条件下，该如何把握课程的主导价值实现课程的柔性开发，以及海量资源与具体需求的精确联结，从而体现对学生个性化需求的及时回应，是一个关系到提升教与学效益的问题。

---

* http://www.jyeoo.com/

** 这里的具体学生指的是微观的学生，即某个人、某个具体班级、年级，或者某个学校的学生，而不是泛化的某年龄段的学生。

二、课程理念与工具选择

（一）课程设计理念

笔者认为，在高中进行理财教育有助于青少年及时建立科学的理财观念、培养对财富规划与支配的能力、形成正确的人生观和价值观。所以，从课程设计的角度，必须确定一些核心内容来体现上述价值。

此外，社会经济高速发展，学生的具体情况也在不断发生变化。所以，课程内容及形式应当根据学生情况的变化及时做出调整。同时，理财作为一门综合性很强的应用课程，必然会与许多基础学科发生联系与作用。而学生基础学科的学习呈现阶段性特点，这就要求理财课程也必须快速顺应学生的年段特点，与基础学科的教学发生有机联结并相互促进。

基于上述认识，笔者设定了以下课程设计理念。

第一，借助数据分析工具发现学生的认知特点，并根据课程的基本价值观确立核心内容。

第二，广泛组织课程内容，并进行实现数据化整理，建立课程内容数据库。

第三，建立数据化的学生特征抓取工具，并以此统一课程内容的定位逻辑，从而实现内容的快速组织和课程的敏捷开发。

（二）学生特征抓取工具的选择

笔者曾开发了一款学生认知结构日常诊断工具*，并对其进行了计算机化**。使用该工具，可以在不增加学生负担的情况下，快速实现对学生认知结构的诊断，从而快速发现学生内在真实的学习需求。

在确定我校校本课程的核心内容时，就已经使用了这款学生认知结构诊断工具。该工具能快速抓取学生当前认知结构的特点，为基于学生学习需求组织教学内容及实现课程的敏捷开发提供了有力的支撑。

---

* 详见笔者相关科研成果“建立认知诊断与促进工具，实现中学生学业水平个性化提升的实践研究”。该成果获得了上海市教学成果奖二等奖，证书编号：J－2－2017156。

** “基于Q矩阵的学业水平诊断系统 V1.0”获得了国家版权局颁发的著作权证书，证书编号：02023262。

三、课程核心内容的确定和教学的组织

（一）课程核心内容的确定

为了确定课程的核心内容，事前开展了两次预研课程。“课程一”* 主要从理财角度出发，从事先设定的要点出发组织内容；“课程二”主要从基础课程数学出发，结合年段教学，有意识地渗透理财观点，培养学生的理财能力。通过两次课程实践，借助工具抓取了学生有关理财的多项认知结构数据，再通过聚类分析及独立样本 T 检验，确定课程的核心内容**。实践证明，参加预研课程的学生相比未参加的学生，在理财水平上有显著提升。

总结两次预研课程的内容和结果，将“理财”课程核心内容确定为机会成本（分类讨论）、边际和边际效应（线性规划）、时间价值、复利（“等比数列”）、风险（概率统计）几个方面。

课程核心内容确定之后，我校教师团队共同开发了慕课“理财”（见图 15－1）。

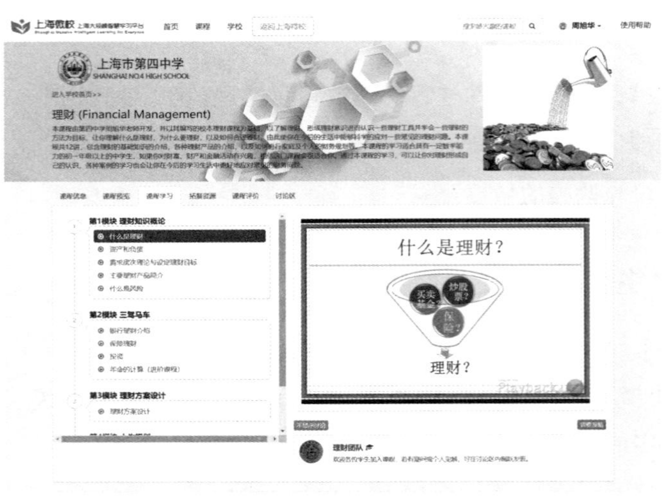

图 15－2　慕课“理财”界面

* 该课程获得了教育部基础教育课程研究华东师范大学中心教育部人文社会科学重点研究基地华东师范大学课程与教学研究所、联合国教科文组织联系学报网络国际中心联合举办的第一届“真爱梦想杯”全国校本课程设计大赛特等奖。

** 这两次预研的具体设置和效果，详见笔者教科研成果《结合数学教学的高一年级理财课程模式探索》。该成果获得上海市徐汇区第 11 届教科研成果二等奖。

而后慕课“理财”在“上海市高中名校慕课”平台上线。慕课的成功上线运行使教学不再局限于线下课堂，极大地增加了理财课程教学的灵活性，课程的柔性开发也成为可能。

如果课程开发停留在这个节点，那么课程依然没有突破信息1.0的“互联网化”阶段。要真正实现课程的柔性开发和敏捷开发，必须结合快速抓取学生学习需求的工具。

（二）根据年段特点组织教学内容

案例：保险方案与“等差等比数列”

保险的重要性决定了在理财类课程中应当突出保险理财的地位。在高中阶段对学生进行保险理财的教育，能够帮助学生正确认识保险的功能，提高保险理财意识，并体验保险策略选择过程，对他们当前以及长远的发展有着积极意义。所以，保险知识的相关教学是笔者编制“理财”课程的核心内容之一，在核心课程和慕课中都作为重点加以突出。

保险内容如果深入险种的具体分析，则离不开复杂的计算，对应高中数学教学主要就是数列的相关知识。在预研课程时，笔者发现，在高一年级第一学期学生并不具备对保险策略进行深入分析的能力，但本校“理财”相关核心课程又设置在高一年级。所以在核心课程的设计以及慕课录制中，并没有将险种分析作为必修内容。但若学生达到相应的数学水平，那么发挥数学与理财互相促进的作用，则具有显著的现实意义。其中的关键正是如何确定学生是否具备进行相关学习的数学水平。

以下是我校的一个具体操作。

当数学教学进入数列章节，学生学习了“等差数列”相关内容后，从日常测试中可以发现学生从群体上已经具备了自主研究年金问题的能力*。于是，笔者迅速从教学资源中调取了事先准备好的资源包，呼应数学教学中的“等比数列”求和的内容。

需要说明的是，此时学生还没有开始“等比数列”的学习。若单看数学学习进度，是无法得出学生具备年金相关研究能力的。但应用了诊断学生数学

* “等比数列”是年金问题的数学基础。

认知水平的工具，可及时发现学生已经具备从“等差数列”类比得出“等比数列”简单性质的能力。

于是，笔者以理财型保险结合等比数列求和为主线，收集了《风险的认识》《保险理财》《年金计算》等微课，并引导学生参考课本“等比数列”相关知识开展学习。通过“学生小组先学，教师课堂后教”的形式，实现了课堂的翻转，成功地将理财和数学的相关内容关联起来，迅速回应了学生的学习需求。

从教学实践的效果来看，学生在为期一周的学习时间里，围绕保险最终价值的计算，自发完成了“等差数列”“等比数列”基本知识的学习。而这些知识点如果放在数学课中教学，至少需要占据两周的教学时间。

所以，当学生进入某一学段，通过“理财”课程灵活组织素材，快速开发出适切的教学活动，能够有效实现理财与基础学科的互相促进*。

（三） 根据学生认知需求组织教学内容

案例：平均数的认识

平均数是人们最常接触到的一类统计量。正确认识平均数的作用和局限性，对认识世界，特别是进行理财活动是非常有意义的。同时，平均数的教学贯穿于初等数学教学中，从初中接触的算数平均数到高中接触的几何平均数，甚至基本不等式等，都是平均数的相关内容。

由于之前的认识局限，笔者认为学生从小学就开始接触平均数，这方面知识与应用不会存在大的问题。因此，在最初编制核心课程时并没有专门设置平均数方面的内容。但在一次对任教班级进行认知结构诊断时发现，学生对平均数的概念掌握程度并不好。学生对平均数的认识比较粗浅，不了解平均数的实际价值，更不了解其局限性。大多数学生除了知道算术平均数的计算公式外，对平均数没有更多的认识（具体见表 15 - 1 中的“上课前”部分）。

* 这里体现了理财与数学学科的互相促进。由于笔者是数学教师，后续的基础学科依然以数学为例。

表 15－1　上课前后两次诊断相关数据节选表*

项目	基本不等式	不等式	均值认识	分析	归纳	分类讨论	运算
上课前	－0.06508	－0.22708	－0.16223	－0.12329	－0.21641	－0.15522	－0.01672
上课后	0.171357	－0.08228	0.084968	0.07329	0.103715	0	－0.17496

（续表）

项目	空间想象	阅读	逻辑	理解	掌握	运用
上课前	－0.14043	－0.22412	－0.00573	－0.14776	0.0479	－0.13404
上课后	－0.11372	0.016287	－0.07606	－0.11169	－0.04742	－0.10745

于是笔者以平均数为线索，从资源中组织了以下教学内容。

首先，以“平均分”与“平均收入”分别代表有上限情况与无上限情况，进行比较，使学生认识到：在有限制数据的情况下算术平均数能够较好地反映数据的集中情况，但在无上限的情况下，算术平均数受到极值的影响较大，从而失去理想的解释性。

其次，通过计算“平均收益率”，让学生发现算数平均数无法有效描述平均收益。比如，先赚 10%，再亏 10%；或者先亏 10%，再赚 10%。利用算术平均数计算，平均收益率都应该是 0，但实际情况是两次最终都是亏损的。于是，为了有效描述平均收益这个概念，顺势引入了几何平均数这个概念。

最后，知道两种平均数后，利用基本不等式很好地将两者联系起来。利用基本不等式这一数学模型，结合各种指数编制的一般方法，就能够很好地解释“赚指数不赚钱”这一看似反常，但在各个市场上反复出现的情况。

经过上述处理，笔者针对特定的班级，快速开发了一节量身定制的教学课程。课程快速适应了学生的学习需求，做到了内容的快速组织和课程的敏捷开发。实践表明，教学取得了良好的成效。学生在教师引导下对平均数进行

* 表 15－1 是对相关班级两次考试的认知诊断中有关数据的截取。两次考试考核的内容不完全重叠，笔者对其进行了节选，将相应部分对齐，并去掉了与本文无关的条目。其中，正数表示超过平均水平，负数表示不到平均水平。绝对值越大，说明偏离平均水平越多。

了再认识，自主发现了新的平均数类型，对平均数、基本不等式深入探索的兴趣被激发了出来。从后续对学生的认知诊断结果来看，该班不但在基本不等式、均值认识方面有了明显的提高，在其他隐形的能力和水平方面也有一定的进步(具体见表 15－1 的“上课后”的部分)。

四、总结与校本课程模型设想

我校校本课程“理财”的开发过程从宏观来看，可以发现所有环节主要都是通过评价来串联。而评价的基础，就是对学生认知数据的抓取、处理和分析。课程开发路线见图 15－3。

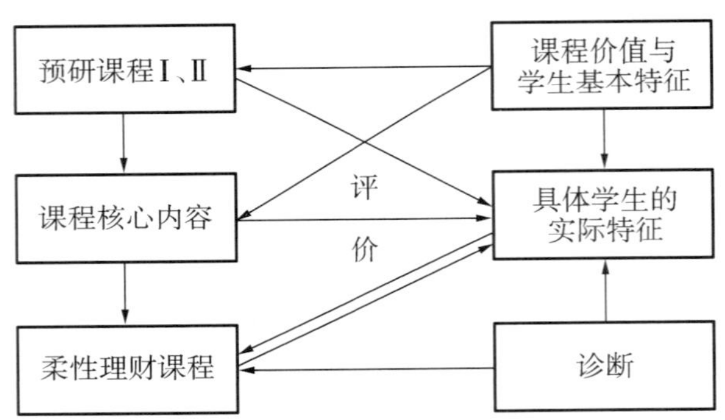

图 15－3 课程开发路线

从前述案例也可以看出，通过确立课程核心内容、广泛组织课程素材，并利用数据技术快速抓取学生的学习需求，的确可以在一定程度上实现柔性开发校本课程，并在“班级授课制”下做到对学生个性化学习需求的快速回应。尽管如此，上述过程中仍存在很大的局限性。

首先，学科局限性大。由于笔者从事数学教学，所以在“理财”课程与基础课程的相互促进中，用到的基本上都是数学内容。事实上，理财是一项综合性的应用，与高中学段的物理、化学、历史、地理、思想政治、艺术等学科都有广泛的联系(见图 15－4)。而本次研究尚未涉及其他学科。

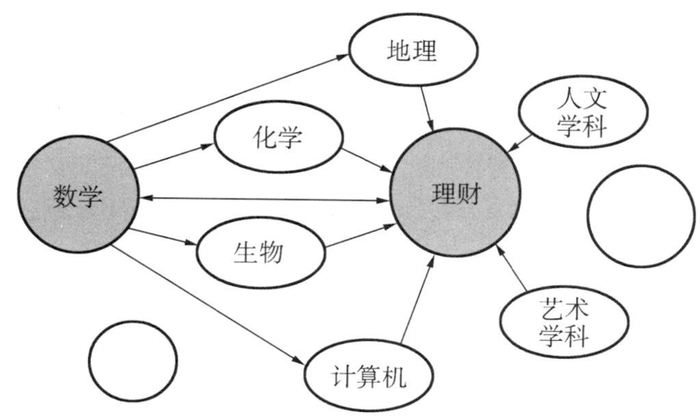

图 15-4 多学科统合模型*

其次，在学生的学习需求方面，由于技术能力的不足，本次课程研究实践仅做到了针对班级的快速回应，尚未实现精确到个人的课程定制。实际上，本研究所使用的诊断工具可以在日常教学过程中对学生进行精确到个人的跟踪诊断，但限于计算机技术以及素材的不足，课程的开展还没有能够精确到个人。鉴于本研究存在的不足，后期课程开发会重点关注以下几个方面。

第一，尝试在更多科目中实现对学生的跟踪诊断，更全面地实现对学生学习需求的准确定位。

第二，在更多科目上开发出与理财相适应的课程资源，更全面地对学生的学习需求作出回应。

第三，建立自动化匹配的计算机平台，实现精确到人的准确匹配。

如此，结合平台、资源、诊断的综合体才是柔性课程应有的全貌。

参考文献

[1] 高欣秀.兰州市高中生理财教育调查研究[J].黑龙江教育学院学报，2010(8)：120-122.

[2] 赵连苗.在综合实践教学中学生理财观念的培养[J].教育教学论坛，2011(19)：255.

[3] 杜威.我们怎样思维[M].姜文闵，译.北京：人民教育出版社，1991.

* 本研究呈现的模型以数学、理财为双基点，从而实现多学科的统合。事实上，相关课程并不是必须围绕这两个基点展开，其他开发者完全可以根据自己的学科背景和实际情况建立相应的整合模型。

[4] 丁树良，王文义，罗芬.认知诊断中Q矩阵和Q矩阵理论[J].江西师范大学学报(自然科学版)，2012(5)：441－445.

[5] Liu Jingchen, Xu Gongjun, Ying Zhiliang. Data-Driven Learning of Q-Matrix[J]. Applied Psychological Measurement. 2012，36(7)：548－564.

[6] 罗照盛，李喻骏，喻晓锋，等.一种基于Q矩阵理论朴素的认知诊断方法[J].心理学报，2015(2)：264－272.

作者简介

周旭华

徐汇区中青年骨干教师，上海师范大学教育硕士，拥有数学、经济学双学士学位，现任上海市第四中学数学教师、备课组长，徐汇区数学学科及拓展探究课程中心组成员。擅长校本课程设计与开发以及教育测量研究，所开发的校本课程“理财”获得全国校本课程大赛特等奖；研究成果“建立认知诊断与促进工具，实现中学生学业水平个性化提升的实践研究”获得上海市市级教学成果二等奖；参与的“基于Q矩阵的学业水平诊断系统 V1.0”项目获得国家著作权证书。

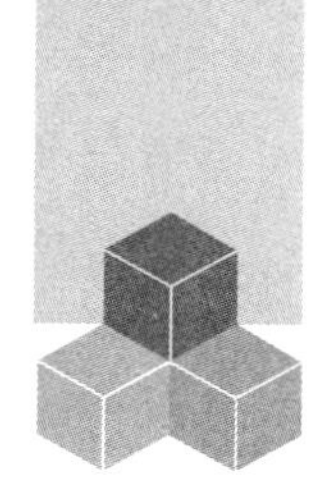

情境学习视角下慕课“设计思维基础”的设计与开发

上海市澄衷高级中学　陈世杰

上海市澄衷高级中学是一所以培育现代商业素养为特色的普通高中。为响应“上海市高中名校慕课”平台课程开发的号召，满足学校特色课程开发的需求，学校开发“设计思维基础”这门慕课供广大学生学习。该课程基于情境认知理论，通过图像、视频、动画等信息技术手段，构建真实的学习情境，让学生得以在真实情境中经历遭遇问题、寻找方案、解决问题的过程，提升学生运用设计思维思考问题并解决问题的能力。

一、课程开发背景

2016 年 2 月 17 日，“上海市高中名校慕课”平台上线试运行，上海市初高中学生均可登录平台浏览课程信息并选择感兴趣的慕课学习。慕课平台以推进资源共享辐射，促进高中特色发展为宗旨，为上海市的中学提供特色发展的新路径。

澄衷高级中学由北外滩最早的开发者之一叶澄衷先生于 1900 年创办，创办之初即设置商科课程，教授学生经商之道，且原校址地处北外滩金融中心。结合自身的历史和地理位置，我校决定创建上海市现代商业素养特色高中。基于学校的特色，近年来我校已积极开发了包括本课程在内的多门与商业相关的慕课，例如“生活中的经济学”“金融信用与生活”等，并上传“上海市高中名校慕课”平台上供各校学生自主学习。

笔者（课程的开发者）对信息技术以及线上教学的相关技术较为熟悉，又对新鲜事物抱有较大的兴趣，对经济学和金融学也有一定的了解，开设了与现代商业素养相关的校本拓展课程“博弈论”，指导学生撰写并发表商业相关的小论文，积极参与学校的特色建设。这是有利于开发慕课的先天条件。为了响应学校开设慕课、持续进行特色课程开发的要求，加上拥有相关的教学资源等，我校决定开发慕课“设计思维基础”供广大学生学习。

二、课程设计思路

（一）情境认知理论

1989 年，布朗、科林斯与杜吉穗在《教育研究者》杂志上发表了奠定情境认知理论基础的论文《情境认知与学习文化》，此文成为情境认知理论研究领域的第一篇著作，也为情境认知理论的发展与完善开辟了道路。安德森和西蒙认为，在情境认知理论中，知识不是孤立存在的，也不能与情境分割开来。著名学者高文认为，有意义、高效率的学习处于与它相关的情境之中，而不是孤立存在的。哈德利同样指出，没有无情境的认知，也没有无认知的情境。

情境认知理论强调学习的设计要以学习者为主体，内容与活动的安排要与人类社会的具体实践相联通，最好在真实的情境中，通过类似人类真实实践的方式来组织教学，这样更能培养学习者发现问题、分析问题和解决问题的能力，这是一种能提供有意义学习并促进知识向真实生活情境转化的重要学习理论。

（二）基于情境认知理论的慕课设计

慕课作为线上学习的一种形式，允许学生在家中进行学习，但这对学生学习的主动性与自制力有一定的要求。在无人监督、网络诱惑、缺乏互动的环境下，慕课的学习普遍存在学习者参与程度低、课程完成率低、整体学习效果不理想等问题。虽然慕课平台系统不同程度地支持师生互动、学生互评等在线交流方式，但这种通过键盘与屏幕进行的线上交流终究无法代替传统线下教学时师生之间、生生之间的面对面交流。学生很难获取传统线下课堂学习过程中的代入感，在只能观看和听讲的过程中往往会消磨学习积极性，导致无法坚持完成课程学习，学习效率自然较为低下。

为了提高学生的积极性与参与程度，提升慕课的趣味性以取得更好的学习效果，本慕课试图基于情境学习视角进行开发与设计。

在传统课堂中，教师设计情境往往依托实验器材、媒体技术、实体演示等，受到技术、环境、时间等多方面的限制，且课堂的情境只是再现，并非真实情境。慕课的开发基于信息技术，利用信息技术能够设计更加真实、灵活、生动的情境。因此，本课程在开发和设计时使用了大量的真实数据、真实报道、真实照片、真实视频以及动画，融入了大量的真实情境，并针对情境提出真实问题，旨在引导学生在真实情境中学习知识、应用知识和解决问题，以取得良好的学习效果。

本课程的主要内容是设计思维。设计思维作为解决问题的一种方法论，本就针对真实情境。因此，将情境认知理论融入本课程的设计与开发中更能帮助学生提升在面对真实问题时运用设计思维的能力。

三、课程目标及课程内容

（一）课程目标

本课程根据我校的现代商业素养特色创建，培养学生的思维能力与创造力，提升学生的创新意识以及相关的现代商业素养，培养学生运用设计思维思考问题并解决问题的能力，为学生将来从事设计及商业相关工作打下基础。本课程分两个阶段实施，逐步落实上述教育目标。

1. 基础阶段课程目标

（1）了解设计思维的基本概念和基础知识。

（2）理解设计思维的基本原则。

（3）体会以设计思维分析和解决问题的过程。

2. 应用阶段课程目标

（1）了解几种典型的以设计思维解决问题的途径。

（2）尝试用所学知识分析和解决生活中的真实问题，体会设计思维的思维方式。

（二）课程内容

设计思维是一种以人为本的解决复杂问题的创新方法，被普遍认为具有综合能力的性质，能够理解问题产生的背景，催生洞察力及解决方法，通过理性的分析找出最合适的解决方案。在当代设计和工程技术中，以及商业活动和管理学等方面，设计思维已成为一个流行词语。本课程内容主要涉及设计思维基础的学习，让学生从设计师处理问题的角度，了解设计师为解决问题所用的构思方法和过程，从而更好地连接和激发他们创新的构思过程，最终达到更高的创新水平，在当今全球经济环境的激烈竞争下建立个人优势。

本课程具有面向全部学生、符合学生兴趣以及贴近社会热点等特点，学习过程共历时两个阶段、8个课时，不同学校、不同年级乃至不同学段的学生均可利用课余时间进行学习，具体安排见表16-1。

表16-1 课程内容安排

序号	主题	所属阶段	课时数
1	走进设计思维的世界	基础阶段	1
2	寻找需求，满足需求	基础阶段	1
3	可行性、需求以及商业价值的平衡	基础阶段	1
4	站在他人的角度体会需求	基础阶段	1
5	模型的力量	应用阶段	1
6	预设顾客的消费体验	应用阶段	1
7	用竞赛调动集体的智慧	应用阶段	1
8	用巧妙的设计宣传思想	应用阶段	1

四、课程案例解析

本文以第三课“可行性、需求以及商业价值的平衡”为例，介绍本课程基于情境认知理论的开发与设计。

在学习本节课之前，学生已经学习了设计思维的基本概念和基础知识，对设计思维有一定了解，也已经知道设计思维的核心是从设计产品的角度找到满足顾客需求的解决方案。因此，本节课的开头便提出了这样的一个问题：只要能满足人们的需求，就一定是一款成功的产品吗？通过这个问题引出本节课的主题——可行性、需求以及商业价值的平衡，即设计产品时，仅考虑顾客

的需求是不够的,还需要将可行性以及商业价值纳入考虑范围之内,维持三者之间的平衡。

本节课选取了某电子游戏公司的真实案例作为学习情境,许多学生在日常生活中或多或少玩过电子游戏,这样的情境贴合学生的生活经验与兴趣,能较好地激发学生深入情境学习的意愿和兴趣。

首先,通过视频、图片、数据以及新闻片段引入情境,突出情境的真实性和危机感,将问题呈现在学生面前:多年来,追求更精美的图形和更高性能的游戏主机一直推动着游戏业的发展。在2006年,有两大巨头公司投入了大量资金准备在游戏业大展宏图,纷纷推出了性能在当时可以算是顶级的游戏主机——PS3和Xbox360。学生可能也接触过或了解过这两款游戏机,因此,这个案例能有效引起学生的兴趣。在两大行业龙头的攻势下,该公司一度节节败退,失去了大量的市场份额。公司的硬件工程师陷入了死循环之中,他们认为,如果要抢回更多的市场份额,就势必要生产出性能更佳的游戏主机。

由于已经在引入情境阶段展示了当时的真实情况,为了继续进行情境创设,本课程使用了动画来描述该公司与其他公司的竞争以及设计师们面对的困境,将遭遇的危机生动形象地展现在学生面前。此时,学生已经逐渐进入情境并代入设计师身份中,设身处地思考着应该如何解决面临的问题。

然而,一方面受限于技术条件,且不说能否设计出这样的主机,即使能,更高的性能也意味着急剧上升的成本,人们不太可能仅仅为了玩游戏而为昂贵的游戏主机买单。从另一方面看,该公司作为一家游戏公司,跟其他两家科技巨头相比,在硬件的开发上既缺乏相应的高端人才和技术,也缺乏庞大的研发资金。

此处用真实数据展现成本与性能间的关系以及研发条件,打破学生的幻想,让学生明白,单纯追求高性能是不现实且缺乏创意的行为,逐步引导学生深入情境之中直面问题,逼迫学生从其他角度寻找解决问题的方法,激发学生的创造力。同时,为了让学生在经历情境之后能在情境中学习知识、应用知识,教师还在讨论区设置了相应的问题,鼓励学生将自己找到的解决方案发送在讨论区，与其他一同上课的学生开展探讨，教师则随时在线上答疑，让学生充分地在情境中思考、表达以及合作。

学生充分思考与讨论后给出游戏公司的应对方案：工程师猜测，玩家们可能厌倦了游戏主机单纯在性能上的升级，迫不及待地想要尝试一些新鲜事物，采用手势控制这种新技术很有可能打破一味追求高性能来占领市场的这一恶性循环。而且通过手势控制的设计，可以创造出一种身临其境的体验。这一点无论性能多高的主机都做不到，这一方案很好地满足了玩家们对真实体验的需求。另外，如果采用手势控制，相应的主机设计可以减少对图形分辨率的关注，也不必追求顶级的主机性能，这就降低了主机的成本，从而带来更廉价的游戏平台。

果然，这款主机一经发售就大受欢迎。由于成本的下降，产品定价上更加亲民，连续几天多家商店都供不应求，该公司凭借这款新产品迅速占领了市场。不仅如此，销量的提高也弥补了定价上的优惠，为公司带来了更高的利润。

这款主机就是大名鼎鼎的 Wii。正是这款游戏主机彻底奠定了该公司在游戏业的霸主地位，也为游戏业带来了巨大的革命，那就是体感游戏革命。体感游戏的概念使游戏业突破了游戏方式数十年一成不变的瓶颈，也模糊了玩家与非玩家的界限，作为一种被非玩家认同的流行文化，极大地扩展了用户群体。如今，体感已经成为所有主流机种必备的游戏外设功能之一。

Wii 空前成功，在游戏业界风光一时无二。通过展示真实的数据和报道，让学生体会工程师的成就感。案例介绍结束后，教师展示真实的数据以及相关的报道，让学生了解并学习运用设计思维解决问题的过程。再通过对该案例的分析，让学生能够体会到该公司的成功之处以及设计思维的原则：①体感游戏满足了玩家对于真实游戏体验的需求，对于当时的玩家来说十分新鲜；②这款主机的设计避开了硬件开发上的薄弱处，不需要太过复杂的工艺，让硬件开发人员能够完美地实现主机的功能，同时还能够降低成本，增加销售量。在这个案例中，这家电子游戏公司成功的关键在于将需求性、可行性以及商业价值这三个核心要素完美地统一在了一起。

五、实施成效与反思

（一）实施成效

本节课用学生比较感兴趣的电子游戏公司作为案例，以大部分学生都很熟悉的某一游戏公司为主角，通过在教师设置的情境中进行学习，学生代入设计师的身份经历了遇到问题、寻找方案、解决问题的过程，加深对设计思维原则的体会和理解。

本课程在设计之初得到了复旦大学管理学院孙金云教授的指导。孙金云教授认为本课程中融入了以大量知名企业或成功或失败的商业案例作为学习情境，生动形象地为学生展示了设计思维在商业中的应用，起到了良好的教学效果，给学生留下了深刻的印象。

在我校开设的近20门慕课中，本课程受到了许多学生的青睐，还吸引了不少其他学校的学生前来学习，参与学习的人数超百名。在课后评价中也得到了校内外学生的一致好评，有学生在讨论区发表如下留言：

> 通过学习这门课程，我对设计思维有了更多的了解，运用设计思维思考问题并使用设计方式解决问题的能力得以提升。以前只关注游戏产品本身，现在知道了它背后无奈的商业竞争，以及如何利用顾客需求战胜资金、人力等困境。

（二）反思

本节课在开发与设计时融入了大量的商业案例作为学习情境，同时配有图片、视频、数据等，让课堂内容更为直观、形象。从实施效果来看，课程总体较为成功，基本达到了预期的效果。

但是，受限于慕课的形式，师生之间难以针对情境进行互动。为解决这一问题，我校教师还将对慕课开发作出更多探索与实践，例如将慕课的线上自学同线下交流相结合，在学校内定期开展慕课的师生见面会，学生提出自己在学习时遇到的问题，教师答疑解惑；或是利用直播平台，将慕课视频与实时互动相结合，即学生在观看视频时，可以随时利用直播平台与教师进行互动，以优化学习效果。

参考文献

[1] 迈内尔，温伯格，科罗恩.设计思维改变世界[M].平嬿嫣，李悦，译.北京：机械工业出版社，2017.

[2] 布朗.IDEO，设计改变一切[M].侯婷，译.辽宁：万卷出版公司，2011.

[3] 从革命到 Wii——谈任天堂的“阴谋”[J].程序员：游戏创造，2006(6)：92.

[4] 李萍.大数据时代下慕课发展与思考[J].软件导刊，2019(11)：215－217，221.

[5] 朱雷.创设问题情境 促进学生深度学习[J].新课程，2022(17)：201.

[6] 夏小刚，张晶.数学问题情境化设计策略——基于学习意义的视角[J].湖北教育，2022(11)：27－29.

作者简介

陈世杰

华东师范大学学士，自参加工作即参与学校商业素养特色的建设工作，目前已开发包括“设计思维基础”在内的 2 门商业素养选修课程，连续 5 年参与相关课程的课程设计、教学工作，以及学生论文撰写的指导工作。

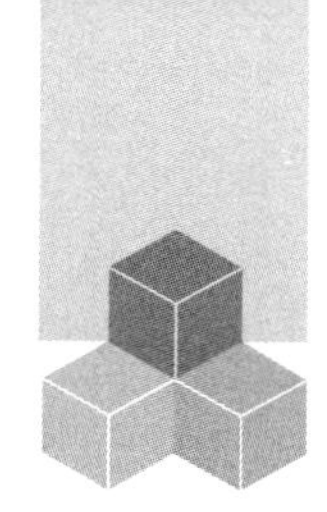

旨在培育生态文明素养的慕课开发与设计

——以慕课“外来生物入侵”为例

上海师范大学第二附属中学　尹　静

上海师范大学第二附属中学是一所生态科技教育特色学校。近年来，学校积极开发多样化的校本课程，以培育学生的生态文明素养。本文以慕课“外来生物入侵”的开发与设计为例，介绍了课程开发的背景、目标、设计理念、内容组织、开发过程、课程实施和亮点等，并对该慕课与线下主题活动相结合、服务学校特色普通高中建设的教学实践作了较为详细的阐述，展示了线上线下教学的融合实践。

近年来，学校致力于创建生态科技教育特色学校，倡导教师开发多样化的校本课程，培育学生的生态文明素养，在课程实施中转变教学方式，增强学生的自主学习能力。《高级中学课本·生命科学·高中第三册》(沪科版)第 10 章第 3 节《人类活动对生物多样性的影响》中《阅读与思考》栏目提到了生物入侵，简单介绍了生物入侵的概念、案例及其对生物多样性的危害，但内容不够丰富，不能满足大部分学生的求知欲；此外，生物入侵这样的生态环境问题在剖析时往往涉及较多案例和图片，适合使用多媒体手段展示，以激发学生的学习热情，同时，为进一步开展相关的探究活动作好铺垫。

慕课具有时间短、易传播、主题聚焦、形式多样等特点，是生物入侵教学内容开发与设计的良好工具。鉴于此，在基础型课程“高中生命科学”的基础上，笔者尝试以信息技术为手段，开发了慕课“外来生物入侵”。

一、课程目标

生态文明素养是人们在学习和生活中逐渐修习、积累而形成的关于生态知识、生态技能、生态意识和生态行为的综合素质。生态知识是生态文明素养最基础的层面，包括自然生态知识和人文生态知识，生态技能是学习者思考、识别和应对生态学问题所应具备的技巧和能力，生态意识是人们对生态环境及人与生态环境关系的感觉、思维，生态行为是以知识、技能、意识为指导表现出来的预防和解决生态学问题的实际行动。慕课"外来生物入侵"聚焦生态文明素养的培育，其具体的课程目标为：

(1) 知识：知道生物入侵相关的生态知识，如生物入侵的概念、策略和危害。

(2) 技能：开展生物入侵现状调查，针对外来入侵物种的危害及防治原理进行科学实验和研究分析，掌握基本的研究方法，建立科学的生态思维方式。

(3) 意识：增强抵制生物入侵的生态意识和责任感。

(4) 行为：具备自觉抵制生物入侵的行为意愿，并能在生活中落实"防止生物入侵，保护生物多样性"的生态行为，提升生态文明素养。

二、课程设计理念

1. 激发学生内驱力

教学设计注重情境创设、资源多样和活动有序等原则，从而优化了导入、讲授、活动、评价和小结等教学环节。如在课程伊始创设故事情境——澳大利亚差点被兔子亡国，引发学生思考生物入侵的概念；在课程教学的过程中，以丰富的图像、史料和案例等资源，增强课程的趣味性；在每个微视频的最后，以问题的形式启发学生深度思考；最后，以研究小课题的学习活动激励学生开展线下探究。

2. 整合团队资源

要吸引学生的持久注意力，慕课就要做到精致。而教师一个人的力量是有限的，因此需要团结整个备课组的力量，发挥各个教师的长处。有的教师善于制作演示文稿，有的教师擅长多媒体资源的搜索，有的教师文笔较好，可以写出生动绚丽的脚本，还有的教师视频剪辑能力较强，适合后期的编辑和修改完善……只有备课组成员精诚合作，才能做出精品课程。

3. 以内容为核心

不断精进教学内容，以文字、图片、声音和动画等方式呈现内容，通过生动形象的内容激发学生的学习欲望和探究热情。

4. 以线下活动为依托

主题活动是指围绕某一主题，充分整合并利用校内外资源，为实现既定的教学目标而开展的具有综合性的一系列活动的统称。在慕课“外来生物入侵”中，为了培育学生的生态文明素养，结合学校特色发展的需求，在线下指导学生进行项目化学习，开展了“防止生物入侵，保护生物多样性”的主题活动。学生以小组为单位合作学习，呈现多样化的学习成果，活动中还对学生进行多元化评价。

三、课程内容组织

慕课“外来生物入侵”的设计思路是努力为学生打造一个微课程学习系统，包括基于知识地图的学习导航系统，由视频、网站、书籍等组成的学习资源库，包含思考题和小课题研究在内的学习评价系统等。

慕课“外来生物入侵”的课程框架具体设计为：①在微课程预览中呈现课程结构图（见图 17－1），让学生对本课程的结构框架有一个宏观的认知，在后续学习某一节微视频时能将其放在整个课程的大框架内综合思考；②课程由 7 个微视频组成（《生物入侵——从两则故事开始》《为生物入侵者画像》《生物入侵的路径》《生物入侵攻略》《生物入侵引发的生物多样性之殇》《中国生物入侵现状》《对生物入侵者的防范》），同时在拓展资源栏目中为学生呈现相应的网址、参考书目和书目简介、参考文献的摘要，便于学生了解国内外的研究现状；③采用打点提问的方式引导学生自主学习和自我检测，以便学生按照自己的节奏开展学习；④在问题探讨部分，规定学生必须完成的问题讨论个数和回帖发言次数，鼓励学生展示、分享小课题方案，并以此作为对学生的评价依据，督促学生自主学习。

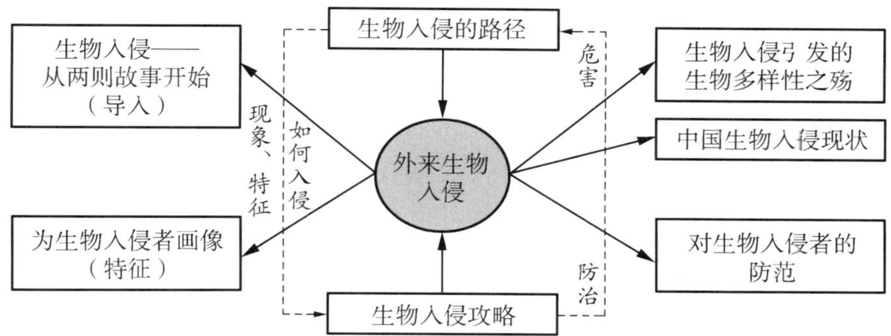

图 17－1　慕课“外来生物入侵”课程结构图

四、课程开发过程

本课程的制作遵循微课程开发与设计的一般流程，即选题—设计—素材采集—后期编辑—反思与修改—上传平台。在课程的设计阶段遵循内容为主的原则，备课组合作撰写教学设计、文字脚本、媒体策略，并为学生的自主学习编写学习任务单。经过后期不断地修改、完善，课程通过审核，并上传至“上海市高中名校慕课”平台。

五、课程实施

课程实施分为线上、线下两部分，线上教学活动学生进行自主学习、打点提问、提交作业、获得慕课证书、进行课程评价，并与教师在网上进行互动和跟帖。线下教学活动主要是基于该慕课，开展“防止生物入侵，保护生物多样性”的主题教育活动。活动采用以下教学流程（见图 17－2）。

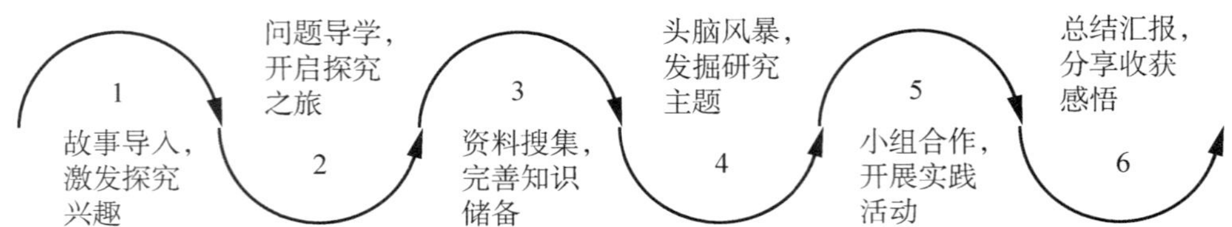

图 17－2 “防止生物入侵，保护生物多样性”主题活动教学流程

在课程实施的任何一个环节，学生遇到疑问或困难，均可以反复观看 7 个微视频，保证学生按照自己的节奏开展自主学习。表 17－1 为各教学环节主要教学活动和设计意图。

表 17－1　各教学环节的实施过程

教学环节	教学活动	设计意图
故事导入——激发探究兴趣	此环节采用翻转课堂式教学模式，课前学生先自主学习微课《生物入侵——从两则故事说起》，聆听澳大利亚差点因兔子亡国和船舶上的“偷渡客”斑马贻贝这两则故事。课上，教师提问：两则故事描述的生物现象有什么共同点？生命科学课本上哪个概念与此类事件吻合？学生交流后，得出课题——生物入侵。	用科学故事调动学生的探究热情，启发学生用生物学术语科学准确地描述生态现象。
问题导学——开启探究之旅	教师通过一系列问题引导学生思考，如：你还知道哪些外来生物入侵的案例？我们生活的周围（校园、社区）有没有外来生物入侵现象？是不是所有的外来种都是生物入侵种？这些外来种为什么能冲破天然阻隔，远渡重洋，在新的栖息地繁衍扩散？它们的入侵策略是什么？	用问题串诱导学生深入思考，促使学生在认知冲突中走向探究。
资料搜集——完善知识储备	学生就教师提出的问题和自己产生的问题上网查阅资料或阅读相关书籍，以演示文稿、图文解说、演讲等方式交流所得，取长补短，逐步建立自己的知识体系。	通过自主学习，同伴互助，引导学生建构自己的知识体系，为接下来确定研究主题和制订研究方案奠定理论基础。
头脑风暴——发掘研究主题	教师在课堂上运用头脑风暴法鼓励学生畅所欲言，表述在“外来生物入侵”主题下想要探究的具体问题，在教师的指导下梳理、整合、提炼主题，按兴趣自由组合成研究小组，并进行组内分工，合作完成活动方案的制订。	让学生在一定的时间内通过迅速联想，产生尽可能多的想法和假设，并借助同伴之间思维的碰撞和交锋，突破个人局限，获得丰富、立体的认知。此外，学生提出的问题，并非每一个都可以上升为综合实践活动的课题，教师应在学生讨论的过程中及时干预，引导学生学会质疑、批判、分析和归纳。

（续表）

教学环节	教学活动	设计意图
小组合作——开展实践活动	活动前，教师先交代注意事项，并帮助学生联系校内外资源。活动中，由各组长牵头，带领小组成员开展实践活动。各组充分调动各种资源（如家长、教师、社区居委会工作人员、专家等），按照各自的活动方案有目的、有步骤地开展问卷调查、群众访谈、实地考察、案例搜集等实践活动。	通过团队合作增强学生的团队合作意识和能力，在生态体验活动中，促使学生实现由实践到理论的突破。这既是学生合作解决真实问题的实践，也是知行统一的体验。
总结汇报——分享收获感悟	各组上台汇报活动开展的情况，同时分享研究成果，教师引导学生开展互评和反思。	交流汇报是学生相互学习、不断完善研究成果的重要环节，能锻炼学生的表达能力、信息技术运用能力等。

各小组还开展了内容丰富、类型多样的主题活动，表 17－2 为各小组开展的主题活动情况汇总。

表 17－2　各小组开展的主题活动情况汇总

活动主题	活动形式	活动成果
在校园实地考察入侵植物	实地考察校园内的入侵植物	采集入侵植物，制成标本后存放在学校的标本楼
“生物入侵知多少”问卷调查	调查学校师生及家庭成员	问卷及调查报告
上海地区常见外来入侵物种、入侵路径、入侵态势等方面的访谈调查	对农民、生态环境局工作人员、生物学教师等进行访谈	以演示文稿的形式汇报访谈结果
国内外生物入侵的案例分析	通过互联网、书籍、音像资源等途径搜集资料	以视频、演示文稿、文献综述、小报的形式汇报、交流搜集的资料
防治生物入侵的策略	通过互联网、书籍、音像资源等途径搜集资料	从普通民众、立法部门、检验检疫部门的角度阐述防治生物入侵各方应担负的责任，以角色扮演的形式在主题班会上展示研究成果

课程的有效实施离不开评价，本课程的评价主要采用发放评价表的形式，通过评价表指导学生回顾并反思主题活动过程，开展自评和互评（见表 17－3）。

表 17－3　主题活动学生评价表

评价项目	自评	组员 1	组员 2	……
参与研究方案制订				
团队合作精神				
参与活动的次数				
在活动中所起的作用				
参与研究报告撰写				

注：每一项满分为 10 分。

六、课程亮点

本课程的亮点主要体现在以下三个方面。

（1）概念与史料、案例、诗词、哲学等相结合，增强了课程的故事性、趣味性和科普价值。例如：在讲解生物入侵的路径中“无意引入”的内容时，引用了《十日谈》中有关瘟疫传播的例子；在讲解外来生物入侵带来的生物多样性之殇时，引用了滇池变迁的例子。

（2）图文并茂，讲解清晰生动，具有科学性和人文性，使学生在愉快学习的过程中受到良好的生态道德教育。例如：在讲解生物入侵的防范时，引用国家的法律规定和检验检疫部门的工作内容，让学生意识到携带外来入侵种入境是违法行为，应该引以为戒；在教学实践中，让学生以角色扮演的方式从普通民众、立法部门和检验检疫部门的角度阐述防治生物入侵各方应担负的责任，树立“防治生物入侵，责任共担”的生态理念。

（3）以问题和学习任务驱动，激发学生思考，指导学生实践。如提出问题让学生思考，引导学生设计学习任务单和小课题研究方案等，让学生在任务的驱动下，有目的地学习。

七、反思

自慕课“外来生物入侵”上线以来，伴随学校特色高中创建工作的开展，该课程已进行了几轮实践，学生在讨论区的回帖和发帖十分踊跃，课程教学效果良好。从学生提交的作业可以看到，课程目标得以落实，学生的生态文明素养，在情感、知识、意识和行动四个维度都表现出色；从线下活动的开展情况可以看到，学生能将线上理论学习所得应用于实践研究，生态宣传和生态保护的行动力的热情高涨。部分学生进行了相关的课题研究，如：辰山植物园及周边“加拿大一枝黄花”的入侵及应对措施、校园外来入侵生物的调查研究、探究“加拿大一枝黄花”的入侵策略等。可见，生态教育类慕课的开发与实施是培育学生生态文明素养的良好途径，对学校特色发展也起到极大的推动作用。

作者简介

尹　静

华东师范大学生物课程与教学论专业硕士，高级教师，任教高中生命科学学科。毕业以来在校从事生命科学教学、研究性学习指导、校本特色选修课等教学工作。开发的慕课“外来生物入侵”在“上海市高中名校慕课”平台上线。2017 年 12 月获得“上海市教学资源制作能手”称号，2018 年 12 月获评教育部 2018 年度“一师一优课、一课一名师”评选的“优课”。课题成果《旨在生态素养培育的主题教育活动设计研究》2020 年 6 月获金山区第八届学校教育科学研究成果评选一等奖。

高中生生涯发展课程的设计

——以慕课“生之涯 心之往——高中生生涯导航”为例

上海市敬业中学　姚项哲惠

生涯教育对于促进学生全面发展和终身发展有着重要意义。本文以慕课“生之涯 心之往——高中生生涯导航”为例，介绍了高中生生涯发展课程的设计与教学实践。慕课“生之涯 心之往——高中生生涯导航”以理论为依据，从学生需求出发，以现实情况为考量，将课程内容划分为生涯意识、生涯探索、生涯抉择、生涯行动 4 个板块，并形成了解生涯、认识自我、探索职业、规划未来 4 个模块，共 8 个活动。同时，通过文献研究、线下教学评估、学生需求调研等，并结合时代特点，有针对性地进行了教学设计，将线上与线下课程有机结合，形成了较为完整的生涯教育课程链，完善了学校生涯教育体系。

一、课程背景

随着社会发展对人才需求不断变化，高考制度和招生录取制度也在发生变化。改革的不断深入把课程学习与专业选择的权利更多地交给了学生，使其拥有了更多的升学选择，可以选择自己感兴趣的学科，发挥自己的特长。但是，这也让学生面临前所未有的挑战。如何全面认识自己，了解相关专业，学会合理决策，明晰发展路径成为新时代学生学习和探索的重要内容。学生对个性化、高质量的生涯辅导有了更多的需求。

依据著名学者舒伯的生涯发展理论，生涯发展分为成长（儿童期，0—14 岁）、探索（青春期，15—24 岁）、建立（成年前期，25—44 岁）、维持（中年期，45—65 岁）和衰退（老年期，65 岁以上）五个阶段。高中生的年龄大多在 16 岁到 18 岁之间，正处在探索期，这一阶段的主要任务有自我概念与职业概念的形成、自我检视、角色尝试、学校中的职业与生涯探索、课外活动与社会实践。因此，处于高中阶段的学生需要考虑自己的需求、兴趣、能力、价值与机会，并透过讨论、课程和实践等尝试作试探性的选择。

无论是现实情况的要求还是学生发展的需求，学校生涯教育的重要性日益凸显。目前，我校全面实施了高中生生涯规划项目，通过统筹资源、构建模式、完善课程和丰富资源，基本构建起了生涯教育课程体系；依照“生涯意识、生涯探索、生涯抉择、生涯行动”的整体规划和“认识自我、探索职业、规划未来”的合理安排，开展了学生生涯教育课程。经过生涯教育课程的实施，以及了解到的其他兄弟学校的相关情况，我们发现生涯教育存在不少现实困难。如，在有限的课时下，一些学校无法将生涯教育课程排入课表，即使能排入课表，在有限的条件下也无法将系统完整的内容呈现给学生，只能选择部分重点内容进行教授。

慕课很好地解决了以上相关问题。为了推广我校生涯教育阶段性成果，向更多高中生提供优质的生涯教育资源，慕课“生之涯 心之往——高中生生涯导航”应运而生。该课程不但进一步完善了我校生涯教育体系，成为我校生涯教育课程的重要组成部分，还惠及上海市其他学校的高中生，帮助他们初步了解了生涯规划和职业世界，增强了生涯意识，促进了对自我的认识，为他们未来的升学与职业发展提供了指导。

二、课程设计思路

基于对生涯规划理论的研究，对国内外生涯教育成功经验的学习，以及对学校和学生实际情况的分析，本课程按照学校生涯规划项目“认识自我、探索职业、规划未来”的思路进行设计。处于生涯探索阶段的高中生对自我探索的需求凸显，同时也需要广泛了解和接触不同专业、职业，并通过理论与实践，作出初步尝试与选择。当然，拥有生涯意识是一切的基础。因此，课程以培养学生生涯意识，进一步认识自我，了解职业世界，学会合理规划等为目标，促进学生在高中阶段重视生涯规划，掌握科学方法，设定合理目标，提升学习动力。课程按生涯意识、生涯探索、生涯抉择和生涯行动 4 个板块划分内容，由了解生涯、认识自我、探索职业和规划未来 4 个模块组成，对应“生之涯 心之往”“兴趣岛大冒险”等 8 个活动(见图 18－1)。

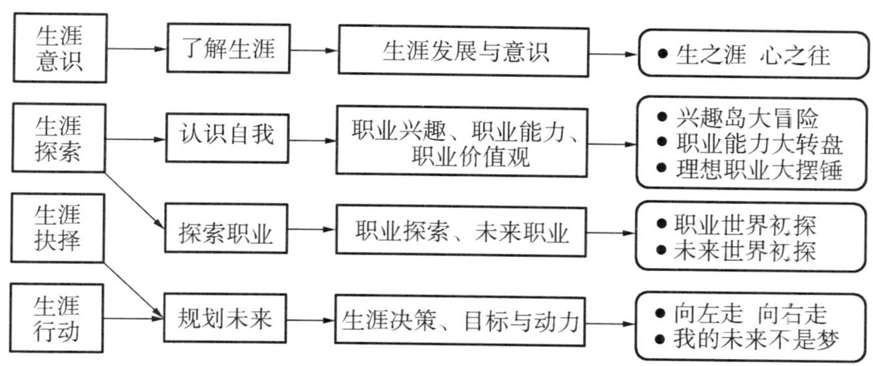

图 18－1 课程框架设计

本课程与线下生涯教育课程的主要区别在于，在有限的时间内呈现与生涯教育相关的精练的理论、生动的案例、可操作的方法和多元的资源等。例如，在“职业能力大转盘”活动中，为学生提供职业能力测试并要求其在课前完成。课堂上，教师将测试结果与课程讲授内容相结合，能有效促进学生的理解，课前完成测试又节省了课堂时间，教师有更多时间来突破重难点内容。再比如在“未来职业初探”活动中，教师选择了较多的案例与视频帮助学生理解，若是线下课，播放视频过多未必有良好的教学效果，但在线上，通过边播放边讲解的方式，将不同环节有效衔接在一起，帮助学生更好地理解和掌握未来职业世界的特点和自己需要具备的能力等。资源多元化的优势在本慕课中得到充分体现，并取得了良好的效果。

本课程还符合慕课易于使用、受众面广等特点。在设计时，充分考虑到不同层次学生的需求，课程主要呈现生涯教育的重点内容、基础的生涯知识、易于掌握的生涯规划方法等，以适合各个高中的学生。在课时有限的情况下，本课程为学生的学习提供了专业资源，通过组织学生进行学习和讨论，能有效推动学生形成一定的生涯规划意识，掌握一定的方法和工具。本课程还可以作为线下生涯教育课程的先导课，如先通过生涯慕课增强学生生涯意识，对自己的生涯发展有一个大概认识，再通过线下课程进行深入体验和探索。另外，慕课可以作为课堂外的一种补充，如探索职业模块需要通过实践体验的方式进行，但受新型冠状病毒感染疫情影响，很多活动无法举行。此时，慕课中有关职业探索的课程就可以帮助学生有一个初步的认识和了解。

三、课程目标

本课程的总目标为：通过聆听教师讲解、参与课程活动及讨论的方式，学生进一步认识自我、了解世界，掌握科学的方法，学会合理规划，为高中学习、生活及未来的工作、生活打下良好基础。具体包括：了解生涯发展各阶段任务，培养生涯规划意识；了解自己的职业性格、职业兴趣和职业能力；了解职业基本概念、发展变化趋势，掌握信息搜索方法；初步掌握生涯决策方法，设立合理目标，提升学习动力。

四、课程内容组织

根据课程总体思路与架构，课程分为了解生涯、认识自我、探索职业、规划未来 4 个模块，涵盖了生涯教育的主要内容和重点，旨在确保慕课的完整性和系统性，使之惠及更多的学生，满足不同层次学生的需求。其中，"了解生涯"模块作为整个课程的导入，可以让学生了解生涯规划的重要性和生涯发展不同阶段的任务，为后续的课程做好铺垫；"认识自我"模块中包含了职业兴趣、职业能力和职业价值观三大部分，通过教师讲解、学生体验等方式，帮助学生初步认识职业，并萌生探索欲望；"探索职业"模块侧重了解职业基本概念和掌握职业信息搜索方法，并了解不同职业所需的能力；最后的"规划未来"模块则是在前几个模块学习的基础上，对自己的生涯有一个初步决策的能力，并激发学习动力。具体课程内容见表 18－1。

表 18－1 课程内容

课程模块	活动主题	教学目标	教学内容
了解生涯	生之涯 心之往	了解生涯发展的不同阶段，提升生涯规划意识。	通过教师讲解，了解生涯发展各阶段的任务，提高学生生涯规划的意识；通过"生命线"活动，简单回顾与展望自己的生涯。

（续表）

课程模块	活动主题	教学目标	教学内容
认识自我	兴趣岛大冒险	了解霍兰德职业兴趣类型，初步探索自己的职业兴趣倾向。	通过案例分享，了解职业兴趣的重要性；通过“兴趣岛大冒险”活动，了解不同职业兴趣类型；通过教师讲解，了解霍兰德职业兴趣类型，初步探索自己的类型。
	职业能力大转盘	了解能力的基本概念，了解不同职业能力的基本特征与匹配职业，初步探索自己的优势能力。	通过案例分享，了解职业能力的重要性；通过职业能力测试，了解不同职业能力类型，初步探索自己的优势能力；通过课后采访活动，进一步探索并尝试完善自己的能力结构。
	理想职业大摆锤	了解不同类型的职业追求与价值观，初步探索与澄清自己的价值观。	通过“重要的五样”活动，初步探索与澄清自己的价值观；通过教师讲解，了解不同类型的职业追求和价值观。
探索职业	职业世界初探	了解职业的基本概念，了解行业、企业和职位的基本分类与特点，掌握职业探索的方法。	通过解读国家标准《国民经济行业分类》(GB/T 4754—2017)、不同行业及岗位年平均工资等信息，了解职业现实情况；通过教师讲解，理清行业、企业和职位的基本分类与特点；通过讲解与演示，了解并初步掌握职业信息搜索方法。
	未来世界初探	了解时代发展特点与职业变化趋势，了解大数据及智能时代的发展变化，了解未来职业世界必备的能力。	通过提问引发思考，了解时代变化；通过案例及视频，了解未来职业发展趋势；通过教师讲解，理解未来职业世界必备的能力，提升职业规划意识，做好职业准备。

（续表）

课程模块	活动主题	教学目标	教学内容
规划未来	向左走 向右走	了解自己的决策类型，了解并初步掌握“决策金字塔”。	通过情景选择题，了解自己的决策类型；通过教师讲解，初步掌握“决策金字塔”，并能结合自身实际情况进行选择。
	我的未来不是梦	明晰未来生活愿景，激发行动力；学习目标分解的方法，学会使用目标分层计划图。	通过“生涯畅游”活动，初步澄清未来生活愿景；通过案例分析，掌握合理设定目标和计划的方法，进一步提升学习动力和行动力。

为了进一步满足学生需求，并与线下生涯课程更好地整合，形成较为完整的生涯教育课程链，在设计具体教学内容前，教师评估了线下生涯课程的教学效果，并在区域内进行生涯调研，了解学生生涯教育中的现实情况与需求。例如，有的学生一进高中就参加了生涯指导讲座，并做了职业性格、职业兴趣测评等，但他们对生涯发展的相关概念还是比较模糊，生涯意识也有待增强。因此，本课程的第一课就是生涯意识导入课程，学生可以了解生涯发展的不同阶段，形成初步的概念，并提升生涯规划意识。此外，由于新型冠状病毒感染疫情等原因，线下的职业体验活动暂时无法开展，校外生涯指导师的专业分享也受到一定限制，但学生对相关内容的了解需求却不断增加，他们对职业世界也缺乏系统的认识。因此，在相关课程设计上加入了职业的基本概念以及行业、企业和职位基本分类与特点等内容，并介绍职业探索的科学方法。以慕课形式进行这些理论与方法的学习是更为高效的选择，具体的实践活动在课堂外开展，效果的检验与感悟则可在线下课堂中进行。如此一来，便形成了线上线下相结合、课堂内外有序循环的生涯教育有机体和完整课程链。

在内容组织和素材选择上，基于慕课单课时时间短、学生自主在线学习注意力容易分散等情况，选择青少年熟悉或感兴趣的案例、素材等进行呈现，以引发共鸣和思考。每节课只讲一个重要的知识点、一种有效的工具，以确保学生能充分吸收。在课程脚本的设计上，教师也尽可能通过通俗易懂的语言、生动有趣的案例等，将专业的知识和工具讲解清楚，以便于学生学习与应用。

五、成效与反思

慕课“生之涯 心之往——高中生生涯导航”较为系统、精练地呈现了学生生涯探索的主要内容，涵盖自我认识、职业探索、规划决策等，并以理论结合实践的方式，促进学生的生涯认识与体验。该课程已纳入学校生涯教育课程体系，成为其重要的课外补充。该课程还上线了“学习强国”等平台，并得到一致肯定，有一定的辐射作用。学生学习过该课程后表示，对自己的状态有了更全面的认识，对专业和职业也有了更清晰的了解，促进了其对未来生涯发展的进一步规划。例如，高一年级的小王同学完成慕课学习后，通过课程中介绍的职业信息搜索方法在网络上收集相关资源，对自己喜欢的设计行业有了更深入的了解，并进一步区分了室内设计、服装设计等细分领域的不同点。在之后学校组织的“聊聊每一行”活动中，她采访了在服装设计专业学习、工作的学姐，对相关专业和职业有了更全面的了解和近距离的接触。她还将入学的生涯测评结果与慕课中的职业性格、职业兴趣和职业能力等内容相结合，进一步确定了服装设计相关专业是自己向往的专业方向。虽然这未必是她最终的决定，但这样一个生涯探索、生涯抉择的过程，对于加试科目选择的明确、学习动力的激发等都有重要意义。

本课程也有需要进一步完善之处。第一，课程中设置了部分体验环节，受慕课形式的限制，活动的有效性有待验证与提高。虽然在观看课程过程中会设置问答，以检验听课效果，但体验活动的开展情况无法实时掌握。在后续课程中，可以尝试邀请学生将体验活动的作品发布到讨论区，或作为课程作业提交，以提高学生参与的积极性和活动开展的有效性。第二，随着社会的快速发展，生涯教育的内容也在不断更新，教师应不断加强理论学习，丰富生涯教育内涵。同时，在设计活动、选用素材时也应考虑时效性。如，部分活动的引导语提到了具体年份，与当下的时间不匹配；一些案例，尤其是时事新闻、与未来职业有关的内容等，可能会受时效影响。在之后的课程设计中，应考虑此类因素，所用素材及时更新，与时俱进，或选用经典的、不受时限的案例，以取得更好的教学效果。

参考文献

[1] 金树人.生涯咨询与辅导[M].北京：高等教育出版社，2007.

[2] 费尔德曼.发展心理学——人的毕生发展[M].苏彦捷，邹丹，等译.北京：世界图书出版公司，2013.

[3] 廖丽娟，周隽.中学生心理课：生涯发展[M].北京：中国轻工业出版社，2015.

作者简介

姚项哲惠

上海师范大学心理学硕士，一级教师，获得国家二级心理咨询师、认证生涯规划师、高级家庭教育指导师等多项专业资质。长期从事心理健康教育、生涯教育相关工作，曾获上海市中小学心理健康教育活动课程大赛一等奖；开设的生涯主题选修课、微课，分别获黄浦区第三轮中小学特色课程评选区域共享特色课程、黄浦区第十四届校园影视评比三等奖；取得多项生涯教育科研成果，指导学生开展的有关生涯教育的课题研究曾获上海市青少年科技创新大赛二等奖。

慕课“探觅词之卓妍”理念及脚本设计

上海市青浦高级中学　柯友会

本文从提升课堂效率、学生审美能力和人文素养方面阐述了慕课“探觅词之卓妍”的课程设计理念，并从课程逻辑、选词角度和育人目的等方面呈现了具体的脚本设计，揭示了课程如何以宏观的视角、贯古通今的意识、由浅入深的方式对宋词之演进和发展过程作简明的介绍，并从纵向和横向的角度探讨了重要词人以及他们的代表作品，凸显如何提升学生的诗词素养及人文情怀，培养他们高尚的心灵。

本课程重在提升学生的古诗文素养，以雅俗共赏的方式吸引学生学习。课程成型之初，笔者精心设计合理的理念和新颖的脚本，以便能获得学生的欢迎。为了使学生更好地把握宋词的发展脉络，体味古诗词中蕴藏的丰富文化内涵，本课程以循序渐进、由浅入深的方式展开教学。这一方面促进学生的学习兴趣，另一方面让课程学习变得更有效率。本课程的课程理念和脚本设计都颇具特色，下面将分别阐述。

一、设计理念

（一）增强师生互动，提升课堂效率

为有效提升慕课课堂效率，教师本人需具备扎实的教学功底和深厚的学养，课程的呈现方式也需生动有趣，以吸引学生的关注，真正做到专业性和趣味性的统一。为此，笔者翻阅了20余本专著，借鉴和参考了多种教学资源，并与学生一起参加中国诗词大会，以便在课程开设前做到胸有成竹。另外，笔者加深与学生的交流，在与学生不断交流的过程中，了解学生的知识盲点和兴趣点，并在课堂上注意启发学生的思维，引导学

生分享自身的感受，让课堂既是欢乐的海洋，也是思想的盛宴。

更为重要的是，鼓励学生利用课外时间，以各种有效的形式学习古诗词，可以是参加古诗词相关的比赛，也可以是参与古诗词相关的创作，还可以是参与古诗词相关的戏剧表演。课堂学习与课外学习相结合，理论与实践相结合，最大限度地激发学生学习古诗词的热情，让学生有发挥自我的平台，努力促使学生个人能力的提升。如，学习李煜词作《虞美人》时，可以让学生演绎李煜被囚后的生活及写作的过程，以话剧的形式展现李煜的人生经历和思想挣扎。这可以加深学生对古诗词的理解，也可以大大提升学生的参与度和学习热情。

课堂上，教师增强与学生的互动；课后，教师也需不断反思改进，有计划地预设课堂表现。事实上，课后的有效跟进、反思和改进是提升课堂效率的基石。

（二）塑造“四有”青年，提升审美能力

本慕课设计理念重在提升学生的审美能力和个人素养，最终使其成为有学识、有品格、有理想、有风骨的“四有”青年。通过厘清词的发展脉络，学生对词的发展有了整体把握；通过对名作的深度赏析，学生的审美能力得以提升。

提升学生的审美能力，一方面需要寻求有力的切入点，引发学生内心共鸣；另一方面需要学生夯实古诗词基础，加强古诗词意象的积累，掌握古诗词各种手法的运用，体会丰富情感的表达。基础不牢固，审美能力无从谈起。只有审美能力得以提升，才能让传统的经典诗词渗透到学生心灵深处，潜移默化、持久不懈地改变学生的知识结构、人文素养和品格气质，充盈学生的思想，使其成为真正的“四有”青年。这不仅能让学生加深对中华优秀传统文化的认知和了解，还能加大对中华优秀传统文化的发展和弘扬，避免文化断裂，实现中华优秀传统文化的传承和发扬。

（三）塑造高贵灵魂，提升人文素养

慕课“探觅词之卓妍”旨在弘扬中华优秀传统文化。古诗词是中华文化的瑰宝，海量的富有内涵的词作具有巨大的吸引力和感召力。学习古诗词不仅可以提升学生的语文水平，还能提升学生的人文素养和个人品质。

古诗词中不少篇目不仅遣词动人，而且内涵丰富，凝聚着古人智慧的结晶，蕴藏着丰富的哲理。如，李煜的词发力感强，以血泪之词打动读者，感人肺腑，能以情动人；苏

轼饱受磨难，在人生污泥中绽放绚丽，他的词包含诸多人生感悟，颇有哲理，能以理服人。学习先哲的词作，能使学生的情感得到升华，思想得到拔高。

为了让名家的名作深入人心，慕课设计中注重讲述名家个人的生平事迹，让学生对词作有更深的理解，拉近其与名家之间的距离，以提升个人的人文素养，形成不断向先贤学习的动力，最终铸就高贵的品格。

二、设计脚本

慕课的设计理念非常重要，但是要实现这一理念，脚本内容的编写也不容忽视。古诗词课程脚本的重要性不言而喻，它是实现慕课理念的基石。在设计古诗词脚本内容时，笔者可谓煞费苦心。古诗词慕课脚本设计主要从设计思路、语言运用和内容选择等几个方面着手，目的是使慕课既能内涵丰富，又能生动有趣。

（一）逻辑清晰，层层推进

慕课“探觅词之卓妍”的设计思路借鉴了百家讲坛的思路，一共 6 集。每一集的最后留下悬念，引出下一集，集与集之间紧密相连，集集推进，使得课程逻辑清晰、前后照应，进而实现思路严密，层层深入，引人入胜。如，第一集“论词之起源及兴起”，先从整体上介绍词的兴起，强调词的偶发性、来自民间、早期没有结集成书等特点，在结尾处提出“哪一部书是第一部词集？主要代表人物是谁?”的问题，由此引出《花间集》。第二集讲了“论花间词的特点及影响”，在第二集的末尾写道：“花间词大都是给歌女唱的歌辞，很少表达作者自己的情感，那么谁是第一个在词作中表达自己深切、真挚的情感的人呢?”进而引出李煜。因此，第三集便是“论李后主之词的价值与意义”，以此类推。本慕课的设计都采取这种前后衔接、层层深入的方式，课程的设计颇像一部电视连续剧，剧情严密、层层深入，让人不觉拖沓，颇具带入感，听起来不觉枯燥，生动可感。

另外，本慕课以时间为轴，纵向梳理词的发展脉络，以呈现古诗词的发展，思路清晰，层层推进，帮助学生了解古诗词是如何传承发展的。

（二）选词经典，雅俗共赏

涉及古诗词的慕课，用语需有内涵，也需通俗易懂；选词需有代表性，需是经典词作。慕课“探觅词之卓妍”在语言上经过苦心雕琢，既显得通俗易懂，让人有亲切感，又有诗词的内涵和韵味，不让人感觉庸俗。例如在学习柳永的词时，用语颇具匠心：“市民文化呼唤着自己的文化巨人，呼唤着时代的代言人，这时柳永腾空出世，他是中国历史上第一位专业的市民文学作家；市井这块沃土滋养着他，托举着他，他像田禾见了水肥一样拼命地疯长，淋漓酣畅地发挥着自己的才华。”在语言和表述上要讲究，既要有内涵和韵味，又要浅显易懂，显示出通俗而精致的美感，与柳永家喻户晓的词相得益彰。再如第一集的开头，需使用代入感较强的语言：“亲爱的同学们，大家好，唐诗和宋词是我国文化中两颗璀璨的明珠，记得毛主席晚年读到优秀的词时甚至会落泪，你看到过让你感动不已的词吗？从这节课开始，让我们一起走入词的海洋，去体会词的无限魅力，让其滋润我们的心灵，陶冶我们的情操。”

本慕课在选词时注重代表性，选择了能够代表名家风格的经典词作。为了体现李后主的词是用血泪写出，选用了他的代表作《虞美人》，此词将其国破家亡的痛楚表现得真实可感；为了体现晏殊对人生的感悟，选用了他的经典名作《浣溪沙》，词中“无可奈何花落去，似曾相识燕归来”让人拍案叫绝；为了体现柳永的词的不俗，选用《八声甘州》，此词语言高雅，不减唐人高处；为了呈现苏轼的词的豁达及以诗入词的特点，选用《定风波》，它体现了苏轼超越苦难的豁达，也蕴藏着人生哲理。所选的词不仅是作者的代表作，而且能与讲述的观点相统一，形成和谐生动的美感。

语言通俗而有内涵，才能吸引学生，古诗词的学习绝不能强行灌输，要有力、有节、有度、有法；选词经典，才能让学生沉醉其中，但是也要符合课程目标的要求，设计上需有整体规划。

（三）生命体悟，意在词外

开设慕课“探觅词之卓妍”的目的，不仅是讲述词的发展逻辑，提升学生赏析古诗词的能力，而且激发学生对生命的感悟，让他们学会如何做人。宋词中不乏蕴含丰富的人生哲理并激发生命感悟的词章。

因此，在讲述词的同时，也要涉及人生体悟，如，讲述李煜的词时，既要充分体现词中所具有的巨大感发力，还要从他的词中挖掘人生哲理。在讲述李煜的词时，本慕课是这样呈现的：李煜经历国破家亡的人生转折，他本人又多愁善感，于是将自己的血泪融入笔端，自成一家。然而，他缺乏必要的反省，也没有深刻的反思，仅凭着自己敏感的内心感受人间无可避免的无奈与悲伤，一头扎进痛苦之中难以自拔，除了无奈、痛苦、悲伤，就难有其他，缺少对生命必要的圆融观照和必要的自我超脱。他的感情虽然真，但是他自己找不到出路，并不能给予我们积极向上的人生追求。积极的人生应该是对自己的感情有所克制，通过自己的学养、品格反省自己，节制自己的情感，表现出一种生命的理性，而不是沉浸在痛苦与悲哀之中不能自拔。从李煜的词以及他的人生经历中，我们可以体会如何面对挫折和人生的哲理。

在讲述欧阳修的词时，为了体现人生应有的豁达态度，慕课中是这样呈现的："'直须看尽洛城花，始共春风容易别。'虽然我们最终要离别，花最终也要凋零，但我们还是要尽情欣赏，体验过了，就没有太多的遗憾，就可以淡然地作别了。尽管生命有限，光阴有限，但只要我们尽力去做，把生命绽放到最灿烂的境地，哪怕有一天我们不得已而离去，也可以无怨无悔。这是一种有品格、有修养、有境界的体现。如何面对人生的苦难，在人生将要走向尽头的时候如何洒脱地面对死亡，发人深省。"学习古诗词，意在词外，重在体悟人生真谛。

三、感悟与反思

古诗词中蕴含的丰富哲理，可以成为我们人生的座右铭。本慕课旨在通过赏析宋词，提升学生的品格修养，提高他们的思想境界。在讲授古诗词时有意识地渗透古代先贤的人生经历和高尚品德，以榜样的力量影响和感染学生，以期达到更好的教学效果。我们努力的方向是把古诗词的精髓与学生的日常生活结合在一起，将学生的精神世界和古诗词所表达的精神内核结合在一起，让古诗词在学生心中动起来。

参考文献

[1] 萧涤非.唐诗三百首鉴赏辞典[M].上海：上海辞书出版社，2006.

[2] 周汝昌，徐培均，陈永正.宋词三百首鉴赏辞典[M].上海：上海辞书出版社，2006.

[3] 周啸天.唐诗鉴赏辞典[M].北京：商务印书馆国际有限公司，2020.

[4] 唐圭璋、钟振振.宋词鉴赏辞典[M].北京：商务印书馆国际有限公司，2018.

[5] 王国维.人间词话[M].长春：吉林美术出版社，2015.

[6] 叶嘉莹.唐宋词名家论稿[M].北京：北京大学出版社，2014.

[7] 叶嘉莹.唐宋词十七讲[M].北京：北京大学出版社，2015.

[8] 王力.诗词格律[[M].天津：天津人民出版社 2021.

[9] 袁行霈.中国文学史[[M].北京：高等教育出版社，2014.

[10] 王雪君.诵读教学在高中古诗词教学中的应用[J].文学教育，2017(19)：72.

[11] 戴建英.高中语文古诗词教学有效策略初探[J].教海探航，2015(12)：7.

[12] 贾彦芳.高中语文古诗词教学探析[J].学周刊 A 版，2013(1)：78.

[13] 余忠善.高中语文古诗词教学策略探讨[J].中国校外教育(基教版)，2012(10)：75.

[14] 邱宗林.高中语文古诗词"情境化"教学策略研究[J].中国校外教育：上旬，2016(10)：103－104，110.

作者简介

柯友会

上海师范大学硕士，毕业以来一直从事语文教学工作，致力于古诗词方面的研究，开设了古诗词相关的研究型课程和拓展型课程。曾带领学生参加中国诗词大会，《探觅词之卓妍》一文曾获晋元杯第十二届上海市高中名校读书节征文特别奖，曾获"迦陵杯·诗教中国诗词讲解大赛"上海赛区三等奖，曾发表论文《浅谈中学语文教学中古诗词的语义理解》。

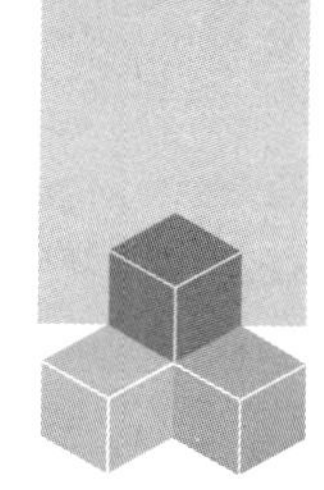

结合生活实际的化学慕课设计与制作

——以慕课"你身边的化学"为例

华东师范大学第一附属中学　朱彦铭

在华东师范大学第一附属中学通过加强课程建设有效落实教学计划，提高教学水平和人才培养质量的背景下，作者以提升学生化学实践应用能力，让学生从"要我学"转变为"我要学"的理念为引领，将慕课的优势与化学学科特点相结合，加强化学学习与日常生活的关联，有机结合生活中的现象与场景，并用鲜明的主题、恰当的视频与解说文字、合理的内容组织等，解决了传统课堂教学中存在的教师照本宣科、学生学习脱离生活实际的问题，提高了学生的学习兴趣，培养了学生主动探究的学习习惯，增长了学生对化学实验的理解和实践能力。

一、课程开发背景

课程建设是本校教学工作的重要内容之一。加强课程建设是有效落实教学计划、提高教学水平和培养优秀人才的重要途径。华师大一附中的"五修"课程包括：基础必修、文理精修、兴趣选修、主题研修和大学先修。为了响应学校"五修"课程的实施，结合新型冠状病毒感染疫情下的教学需求，本慕课应运而生。

当前，在线多媒体教学的形式以网络视频课、微课和慕课为主。作为一种大规模开放在线课程，慕课与网络视频课和微课比起来更有系统性，并兼具灵活性和课程性。

二、课程开发目的和意义

慕课兼具自主学习、共同学习、反复学习等特点。本慕课内容的选取以高一化学知识为主线，将化学与生活现象结合，提升学生的化学实践应用能力，在慕课中将学习的主动性交给学生，让他们在探究的过程中不断培养学习兴趣，从“要我学”的被动模式转变为“我要学”的主动模式。本慕课每节都具有鲜明的主题，视频资料的选用也务必追求精益求精，严格保证视频的清晰度、解说文字与字幕的准确性。本慕课整体上教学目标明确、内容符合学生学习经验、组织结构严谨合理，可以让学生获得合理、完整的学习体验。

三、课程开发流程及案例

（一）慕课开发流程

本慕课的开发流程见图 20－1。

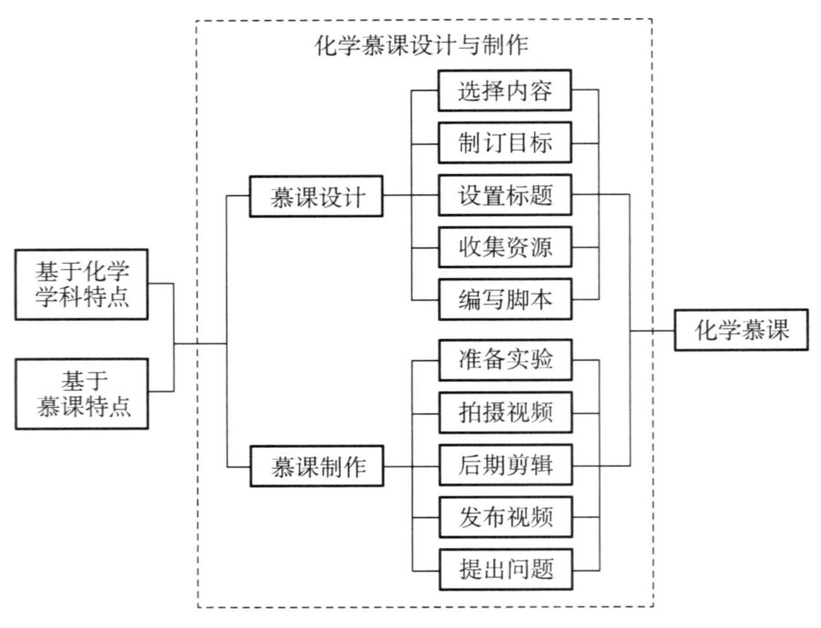

图 20－1　慕课开发流程

本慕课将化学学科内容丰富、贴近生活、注重实践等特点和慕课规模大、开放性、在线性、形式多样等特点相结合。慕课设计上先选择教学内容并制订教学目标，其中，现场演示实验的设计非常关键，因为化学是以实验为基础的学科。现场演示的化学实验以现象明显、便于观察、生动有趣、结合生活实际的作为首选，可以吸引学生注意，提升学习兴趣。同时，为每一节慕课制作一个醒目的标题，并根据教学内容寻找合适的文字、图片与视频等资源。在此基础上编写慕课脚本，将所有视频、音频、文字、PPT 等资源整理归档(见表 20－1)。脚本还可以为拍摄人员提供内容参考等帮助。值得注意的是，慕课制作过程中的视频拍摄工作最好请有经验的人或专业团队帮助完成。后期的剪辑制作主要是将拍摄内容和其他资源用视频编辑软件进行编辑整合，审核通过后发布到“上海市高中名校慕课”平台。最后，再为每一节慕课提出适当的课后问题，最大限度地利用好慕课平台的互动性功能。

（二） 内容选择与设计意图

综合考虑慕课特点、生活实际和课堂教学目标，本慕课的 5 个模块设定为模块 1“走进食盐的世界”、模块 2“当洁厕剂遇到 84 消毒液”、模块 3“喷泉！ 喷泉!”、模块 4“化学‘鸡尾酒’”和模块 5“神奇的化学能”。内容主要取自高中化学必修第一册教材(沪科版)第二章“海洋中的卤素资源”，涉及氯化钠的性质、氯气的性质、氯化氢喷泉实验、溴单质及碘单质的萃取、氧化还原反应和化学能等知识点。选取以上内容的主要原因如下。

首先，本慕课从化学应用的角度展开学习，可以更自然地体现化学学科的价值，模块 2 中以洁厕剂和消毒液混合开展氯气的学习，模块 3 中以广场喷泉引出化学喷泉实验，模块 4 中从鸡尾酒过渡到萃取实验，模块 5 中则是用原电池反应驱动玩具风扇。这些设计都较能培养学生的兴趣，让学生在学习的同时充分体会到化学与实际生活的密切相关。

其次，本慕课针对初高中衔接的学生，他们大多有初步了解高中化学的愿望。高中阶段化学知识与初中阶段最大的区别是所涉及的物质不同，无论是哪个版本的高中教材都会以在高中化学中极具代表性的卤素元素作为开篇。

最后，每个模块都有现象明显、引人入胜的化学实验。实验是化学的基础，大多数学生都很喜欢化学实验，特别是电解实验、喷泉实验、萃取实验和原电池实验等都是学生十分感兴趣的。作为教学大纲要求的化学实验，它们都很具有代表性。学生可以通过观看这些实验，加深对化学实验的理解，提升实验操作能力。

（三）模块4——“化学‘鸡尾酒’”案例

本慕课模块是以萃取实验为基础设计的（见表20-1）。萃取是高一化学非常有代表性的实验之一，其原理是利用物质在两种互不相溶的溶剂中溶解度不同，使物质从一种溶剂内转移到另外一种溶剂中。此实验利用苯或四氯化碳萃取溴水中的溴和碘水中的碘，萃取现象明显，实验结果的分层颜色也很好看，学生往往对此实验十分感兴趣。实验涉及的知识点较为简单，知识碎片化特点明显，起点较低，十分有利于设计慕课。

表20-1 “化学‘鸡尾酒’”框架与脚本

	主要内容与形式（格式）	时长
引入	视频《鸡尾酒》	1分钟
学习视频1	《制作化学“鸡尾酒”》	2分钟
问题探讨1	化学“鸡尾酒”的制作原理是什么？	2分钟
学习视频2	《色彩丰富的化学试剂》	2分钟
问题探讨2	能不能找全“赤橙黄绿青蓝紫”化学试剂？	1分钟
作业布置	制作颜色层次更丰富的化学“鸡尾酒”	0.5分钟
教学目标	了解萃取现象和原理，初步培养利用原理设计实验的能力，认识物质的多样性并对物质进行分类。	
教学过程	**内容**	**设置目的**
图片、音乐展示	美丽诱人的鸡尾酒照片并配上动人的音乐	提高学生兴趣
实验展示	将一瓶事先制作完成的三色液体展示给学生，并提问：“这杯三色液体是鸡尾酒吗？如何制作这杯三色液体呢？”然后演示这杯三色液体的制作过程。将课堂上的萃取实验进行改进，先用四氯化碳萃取碘水制成碘的四氯化碳溶液，然后在水层中加入一些硫酸铜浓溶液。在另一个试管中用苯萃取溴水中的溴制成溴的苯溶液，然后用长滴管取出浮在上层的溴的苯溶液，缓缓加入之前的碘的四氯化碳溶液和硫酸铜溶液中，由于四氯化碳与水、苯都互不相溶，且四氯化碳比水密度大，会沉在下层，而苯的密度小于水，会浮在上层。这样，一杯三色溶液就制作完成了。	引出萃取实验及其原理

（续表）

教学过程	内容	设置目的
原理介绍	利用溶质在互不相溶的溶剂里溶解度不同的性质，用一种溶剂把溶质从它与另一种溶剂所组成的溶液提取出来的方法，叫作萃取。萃取必须满足以下3个条件：①萃取剂与原溶剂互不相溶，②萃取剂比原溶剂的溶解能力强，③萃取剂与原溶液不发生反应。	让没有经验的学生能理解
提出问题	常见的颜色有“赤橙黄绿青蓝紫”，有哪些化学物质具备这些颜色？	吸引学生注意力
图片展示配合讲解	红色物质有氧化铁、红磷和硫氰化铁，橙色物质有溴浓溶液和甲基橙，黄色有硫磺、氯化铁和过氧化钠，绿色有氯气、绿矾和碱式碳酸铜，蓝色物质有胆矾、碘与淀粉混合的产物，紫色有高锰酸钾、碘单质和石蕊等。	让学生感受化学的魅力
课后作业	能否利用不同颜色的物质制作出颜色更丰富、层次更多的化学“鸡尾酒”？	利用学到的知识进行实验设计

四、反馈

本慕课时长8分32秒，共使用视频3分15秒、图片36张、PPT页面9页、解说词若干、配乐两段（分别节选自两首歌曲）。

本慕课从“鸡尾酒”引出萃取实验，将生活与化学相关联，引发学生共鸣，实现了预设的教学目标；在多个引人入胜的实验的基础上，通过课后作业进一步培养学生的实验设计与操作能力，既完成了慕课教学的目标要求，也为线下教学的开展打下了基础。

本慕课在线上吸引了许多学生来学习，在线下也引发了热烈的讨论。在本校“科创节”上，学生以本慕课内容为基础组织举行了“化学‘鸡尾酒’化学实验争霸赛”，许多同学踊跃参加。线上与线下的交互进一步体现了本慕课的价值。通过与师生的访谈可以发现，大家都认为本慕课可以有效激发学生学习化学的兴趣，学生大多表示乐于接受这种形式的学习，因为其增强了自己学习化学的信心。

慕课全新的内容组织模式能改进传统课堂教学模式——通过教学与制作尝试，对各种慕课设计制作进行研究分析，可以设计出更加满足学生学习需求的慕课。

参考文献

[1] 王均霞，石献记.国内“慕课”研究的回顾与思考[J].中小学电教，2017(9)：14－18.

[2] 王秋月.“慕课”“微课”与“翻转课堂”的实质及其应用[J].上海教育科研，2014(8)：15－18.

[3] 王军.慕课在高中化学教学中的应用研究[J].高考，2017，7：144.

[4] 李贵生.MOOC理念下中学化学微课视频的制作与应用[D].湖南师范大学硕士论文，2015，6.

[5] 伍民友，过敏意.论MOOC及未来教育趋势[J].计算机教育，2013(20)：5－8.

作者简介

朱彦铭

华东师范大学本科毕业，上海师范大学教育硕士。从事化学教学工作之余致力于应用化学、化学生活化课程开发，开设“你身边的化学”选修课。2013年将该选修课编撰成册，并开发了相应的区级电子书包课程；2017年将该选修课改编成慕课，并被收入“上海市高中名校慕课”平台；2019年硕士毕业论文《“你身边的化学”慕课开发和应用研究》被中国知网收录。

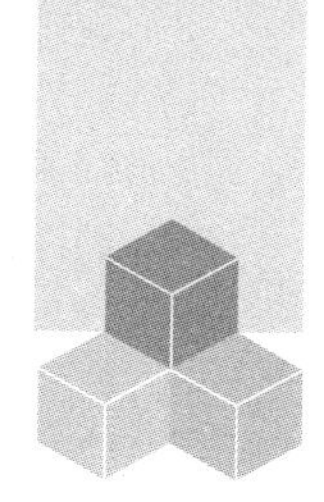

基于中学生思维发展的课程开发与设计

——以慕课“揭秘层析”为例

上海交通大学附属中学　陆　敏

上海交通大学附属中学在原有化学类课程的基础上开发了慕课“揭秘层析”。本文以慕课“揭秘层析”为例，从课程设计背景、目标、内容设计、评价4个方面分析了课程如何帮助学生发展思维，并反思了促进学生思维发展的途径，即“情境启思，培养思考意识”“探究导学，发展推理意识”“搭建支架，助力思维发展”“组间讨论，发散思维意识”。教学过程中，以“如何有效分离彩色水笔中的色素”为驱动性任务，以一系列递进式问题引导学生开展实践探究；设计了资料查找、信息阅读、方案设计、实验探究、思维建模和组间交流等多样化的活动环节，促进学生思维发展，提升学生科学素养，培育学生人文精神。

2016年，上海交通大学附属中学成为“上海市高中名校慕课”平台的首批合作学校，开始开发慕课课程。本校在已有的“动手学化学”课程基础上开发设计出“揭秘层析”主题的慕课。

一、课程设计背景

20世纪初，植物学家茨维特做了叶绿素分离实验，因分离结果呈现间隔明晰的不同颜色的谱带，他将这种方法命名为“Chromatography”，中文译为“色谱法”或“层析法”。经过一个多世纪的发展，色谱法如今成了现代仪器分析独立而重要的一个分支，被广泛运用于食品科学、化学化工、生物医学、药物研究、地质学等领域。

作为一种化学分离技术，层析法一直在实验教材中占有一席之地。《高级中学课本·化学实验·二年级用》（沪科版）选取了两个“纸层析法分离混合物”的实验，分别是彩色墨水的分离以及 Fe^{3+} 和 Cu^{2+} 的分离。2021 年本市全面推进新课程新教材实施，《普通高中教科书·化学·实验部分·必修·第一册》（沪科版）将“纸层析分离水彩笔中的色素”和“纸层析分离甲基橙和酚酞”列为学生必做实验。此外，“菠菜中叶绿体色素的提取和分离”也一直是生物学科的传统实验。

实际教学中，学生普遍认为“层析法”相关知识晦涩难懂。这主要是因为受课时限制，实验课授课常采用“教师讲解演示实验为主，学生听讲模仿练习为辅”的教学方式。学生缺少独立思考、自主构建的学习过程，而通过教师传授被动获取而来的知识，就如同无源之水、无本之木，学生难以做到真正理解和内化吸收。

为了解决以上问题，笔者基于本校拓展型课程平台，开发设计了“揭秘层析”主题的慕课课程。该课程将知识逻辑、学生兴趣和前沿科技三者加以整合，既有激发学生兴趣的趣味实验，又有色谱学相关的知识原理、应用进展；同时借助慕课平台开放包容的优势，让学生走出封闭式的课堂，帮助学生在活动探究和实践体验中提升科学素养。

二、课程目标

科学思维作为学生核心素养的重要组成部分，对其成长有重要影响。为了促使学生真正实现长远发展，教师要从只关注学生的知识储备转向关注学生的终生发展和全面进步。为了让学生学会学习，教师要站在学生的角度，着眼于教学改革的现实困境，重新调整教学思路，采取创造性的教学策略和教学手段，调动学生的积极性，引导学生保持积极活跃的思维状态，灵活运用知识解决实际问题，更好地提升核心素养。

无论是生活生产中的真实情境还是实验情境，都能帮助学生建立严谨的科学思维。本慕课早期采用的是传统教学方式，侧重知识传授与技能训练，忽略了能力培养。经重构调整，笔者及所属团队厘清了知识结构、技能和核心素养三者的关系（见图 21－1），并设计了基于核心素养培育的教学目标：

（1）整合探究中习得的知识，绘制思维导图，构建纸层析法的认知模型。

(2) 通过实验探究的方式,研究不同因素对层析分离效果的影响,发展勇于探究与创新意识的核心素养。

(3) 在实验探究中体验"发现问题、解决问题、找出规律"的过程,提高思维能力和口头表达能力,感悟尊重事实、大胆质疑的科学精神。

(4) 通过运用层析法原理解决生活中的化学问题,体验理论知识在实际生产生活中的应用。

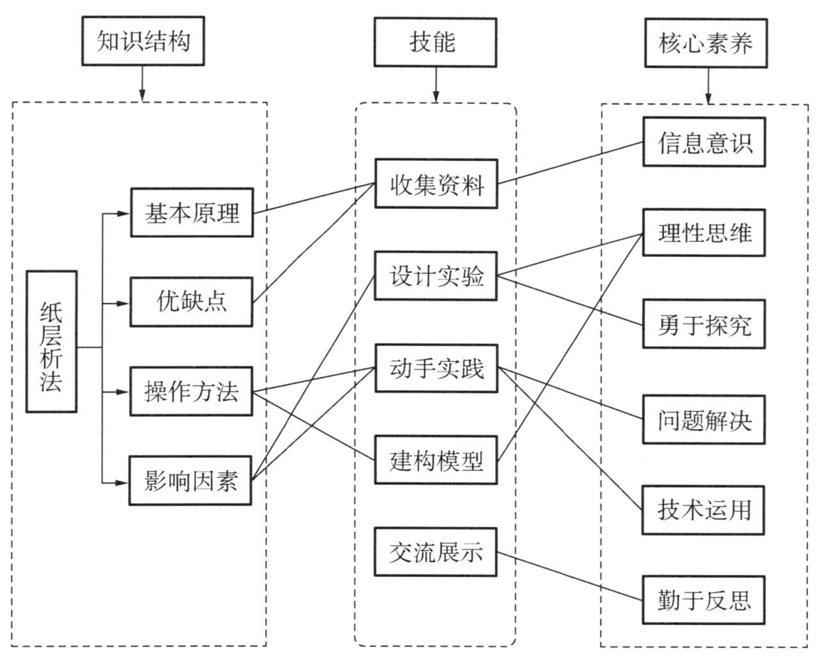

图 21-1 知识结构、技能与核心素养的关系

在实际教学中,教师可根据教学目标、教学内容和学生认知特点,灵活选择情境讨论、探究教学、小组合作、对比分析等教学方式。在不同的教学环节,教学方法的侧重点有所不同。在初始阶段,教师的核心任务是创设真实情境,设计关键问题,启发学生思考,激发学生的探究兴趣。在资料收集阶段,教师要注重引导学生充分利用各种网络资源整合信息。在实验设计阶段,教师应着重培养学生的设计思维,引导学生全方位思考,让学生深入体会探究的过程。在实验操作阶段,教师要侧重于培养学生的探究意识和动手能力。在交流展示阶段,教师应教会学生如何交流与反思。

三、课程内容设计

本慕课中，学生将通过真实的情境，结合一系列实验，并借助教师和同伴的帮助，利用必要的学习资料，通过建构的方式获得知识，而不是简单地通过教师的传授习得知识，这种思维活动过程对于落实学生发展核心素养具有重要的操作意义。

本慕课依托问题情境展开教学活动，设计了“初识纸层析——体验方法”“再识纸层析——领悟原理”“深识纸层析——拓展运用”3 个主题环节，见表 21－1。环节之间呈递进关系，每个主题又设置了相互关联、呈阶梯性递进关系的活动任务，由浅入深，由易到难。学生在动手操作、验证推理、交流讨论的过程中，学会系统地观察问题，辩证地分析问题，在解决问题的过程中，逐步完善知识体系，从而促进深度学习，提升核心素养。

表 21－1 学习活动设计表

主题	活动	任务	设计意图
初识纸层析——体验方法	探究彩色水笔中色素的分离	用纸层析法分离彩色水笔中的色素。	通过趣味实验，激发兴趣，掌握纸层析法的基本流程和操作要点。
	探究菠菜中叶绿体色素的提取和分离	对比分析不同的层析液对叶绿体色素分离效果的影响。	通过对比实验，知道纸层析分离实验中需要选择合适的层析液。
再识纸层析——领悟原理	设计实验方案	阅读资料，小组探讨纸层析法分离混合物的原理；小组讨论并设计影响彩笔色素分离效果的实验方案。	通过资料查找、信息阅读，增强提取有效信息的能力；结合分离彩色水笔和叶绿体中色素的实践活动，提升证据推理、知识建构、自主学习的能力；通过设计实验探究方案，培养分析问题、解决问题的能力，团队合作的能力，以及创新思维。
	再探究彩色水笔中色素的分离	运用拟定的实验方案探究不同因素对彩色水笔中色素分离效果的影响，并完成实验报告。	通过实验探究，观察、记录和分析实验现象，提高观察能力和思维能力，形成严谨客观、实事求是的科学态度。

（续表）

主题	活动	任务	设计意图
深识纸层析——拓展应用	深识纸层析法	构建方法模型，设计纸层析法思维导图或概念图，并进行交流展示。	通过思维建模，加深对知识的理解和对知识结构的调整，实现知识的有效建构。
	层析法的拓展运用	重温经典：柱层析法分离植物叶绿素。	由纸层析法拓展到柱层析法，实现知识的有效迁移。

慕课平台为线上课程，学生的学习可能会受一些条件的限制。因此，笔者及所属团队对课程内容做了略微调整：以表 21－1 的学习活动为基础，保留“如何有效分离彩色水笔中的色素”的任务主线，删减“柱层析分离植物叶绿素”的实验，增加“层析技术的历史与发展”内容，以帮助学生在自主学习和探究的过程中，逐步完善知识体系，形成条理清晰的思维路径。

本慕课在“上海市高中名校慕课”平台上的受众主要是初高中学生，“层析法”对他们中的许多人而言是个陌生的名词。慕课有一个显著的特点——视频短小精悍，平均时长不超过 20 分钟，远远少于传统课堂的上课时间。如何在有限的时间内点燃学生好奇的火花，激发学生对层析法的探究热情，对教师而言，也是全新的挑战。本慕课在课程引入环节（第一个视频），独辟蹊径地以“寻找把东西分开的秘诀”为话题，从学生熟悉的“书本整理”“盐水分离”“粗盐提纯”等内容过渡到“染料中颜色的分离”，顺其自然地引出了课程主题，同时还富有趣味性地呈现出层析法的由来。

慕课平台的在线视频为预先录制，上课过程中无法进行师生交流，因此“上海市高中名校慕课”平台每周定期开放两小时的线上讨论时间，为师生提供一个有效的资源共享和沟通交流平台。为助力学生思维发展，“揭秘层析”课程设计了很多学生自主探究的活动环节，给予学生更多创新的可能。如在第二个视频中，要求学生观察 2—3 种不同颜色的彩色水笔中墨水的分离现象，记录结果，并完成探究报告。这一开放式的学习任务吸引了众多学生的关注，他们纷纷写下探究报告，并在讨论区分享和讨论。虽然居家实验有很多限制条件，但学生巧妙地利用家中的生活用品代替实验室里的器材，完成了探究。不少学生的探究报告结果清晰明了，分析有理有据，甚至还提出了进一步探究的设想。学生探究报告范例见表 21－2 和表 21－3。教师对学生的探究报告及时给予点评，并积极引导学生针对不同的实验结果展开讨论，鼓励学生畅所欲言，表达个人观点。通过交换观点和意见，学生拓宽了思考的界限，在不同的思想碰撞中产生了新的观点。

表 21－2　学生 A 的探究报告

实验题目	分离彩色水笔颜料
实验材料	250 ml 烧杯(高 10 cm)、75%浓度的酒精、滤纸(吸水纸)、直尺、剪刀、铅笔、1 号笔(黑色水彩笔)、2 号笔(蓝色水彩笔)，3 号笔(红色水彩笔)，4 号笔(紫色水彩笔)。
实验过程	1. 将吸水纸剪成长 12 cm、宽约 2.5 cm 的条状。 2. 距离吸水纸一端 2 cm 处，用铅笔画一条直线。 3. 用 1 号笔在直线中点处画一圆点。 4. 取一张比玻璃杯口径略大的吸水纸，中心剪一长度约为 3 cm 的缺口。 5. 条状吸水纸有彩点一端向下，穿过缺口。 6. 烧杯中加入少量酒精，高约 1 cm。 7. 将组装好的吸水纸整体插入玻璃杯中。 8. 调整吸水纸高度，使纸条末端与酒精接触，但彩色圆点不被浸没。 9. 更换不同编号的水彩笔，重复步骤 3—8。
实验结果	实验当天室温：17 ℃ 层析分离时长： 1 号笔：10 m 23 s 2 号笔：5 m 19 s 3 号笔：5 m 46 s 4 号笔：22 m 54 s 层析分离后，吸水纸上的颜色分布： 1 号笔：蓝色、绿色、黄色 2 号笔：红色 3 号笔：蓝色 4 号笔：蓝色、红色
分析与结论	分析： • 由纤维构成的吸水纸内部存在缝隙，对液体具有很强的附着力。酒精由于表面张力和附着力，克服了重力向上渗透。 • 酒精中的乙醇和水，与纸张亲和力不同，水留在了原地，乙醇向上渗透，染料在乙醇和水中反复分配，被分离。 结论： • 染料由一种或多种成分组成。 • 黑色墨水所含成分最多。 • 染料吸附在吸水纸上的量越多，分离层析越慢。

表 21－3 学生B的探究报告

实验题目	水彩色层析实验
实验材料	一个 10 cm 高的玻璃杯，一瓶高度白酒，若干吸水纸，一支铅笔，一把剪刀，一把直尺，绿、橙、紫、粉、红、黄、蓝、棕、黑色水彩笔各一支。
实验过程	1. 将吸水纸剪成宽约 2.5 cm、长 12 cm 的纸条。 2. 用铅笔在离吸水纸一端约 2 cm 处用铅笔画一条直线。 3. 将一种颜色的水笔在直线中央画点。 4. 玻璃杯中倒入高约为 0.5 cm 的白酒。 5. 用剪刀剪一张略比玻璃杯口大的圆纸片，在正中剪一个宽约 3 cm 的小口。 6. 将纸片放入白酒中，但不让小点碰到白酒。 7. 等待 3—5 分钟后观察实验现象。 8. 用不同颜色的水彩笔重复上述实验步骤。
实验结果	1 号：绿色完全反应，分解为蓝色和黄色，蓝色靠上，黄色靠下，且黄色不明显。 2 号：橙色部分反应，分解为黄色和红色，黄色靠上，红色靠下，且红色不明显。 3 号：紫色完全反应，分解为红色和蓝色，但红色偏淡，蓝色不明显。 4 号：粉色完全不反应，不分解，但颜色变浅。 5 号：红色完全不反应，不分解，但颜色变浅。 6 号：黄色完全不反应，不分解，但颜色变浅。 7 号：蓝色完全不反应，不分解，但颜色变浅，且靠下部分比靠上部分颜色更浅。 8 号：棕色部分反应，分解为红色和黑色，黑色又分解为蓝色、红色和黄色，蓝色靠上，红色靠下，且红色、黄色不明显。 9 号：黑色部分反应，分解为蓝色、黄色和红色，蓝色靠上，红色靠下，且红色、黄色不明显。 （上述所有实验，颜色都被酒精带着上升。）
分析与结论	• 由实验观察的现象可知，三原色红、黄、蓝三色水彩色不发生层析现象，符合常识。 • 除三原色以外的水彩色都发生层析现象，符合色彩混合基本常识，由此得出，其他颜色都是由三原色的两种或三种混合而成。 • 实验中，粉色用肉眼无法观察到层析现象，据已有知识可知，粉色是由白色与红色混合而成的；由于吸水纸为白色，与层析时析出的白色颜色相同，而红色被酒精稀释，颜色变浅，因此造成粉色不发生层析现象的错觉。

四、课程评价体系

本慕课以往的课程评价体系主要针对学生的最终作品，过程性表现仅考虑出勤情况、学习态度、课堂纪律、仪器整理，这种评价方式与学习目标不完全一致，促进学生发展的成效有限。

本慕课的评价体系经优化后，着重考虑学生的思维能力和创新能力、分析和解决问题的能力、迁移利用知识的能力，严谨求实的科学态度，探索未知、崇尚真理的意识等，见表21－4。针对课程目标，评价体系从实践创新、科学精神、学会学习、科学素养四个维度，全面系统地分析了学生在课程结束时学习目标的达成情况，进一步促进学生核心素养的提升。同时，评价体系中还包含学生档案袋，用于汇总学生在课程中的研究成果和作品，包括探究报告、创新性实验设计方案、思维导图（概念图）等，使学生的具体表现成了衡量其学习质量的关键因素。

表21－4　课程评价体系

目标	提升问题分析、团队协作、语言表达能力，促进实践创新能力发展，培养科学思维。	
内容	实践创新	• 依据特定环境和条件，分析层析法的要素，制订合理、科学、可行的实验方案。 • 动手操作，掌握层析分离操作方法。 • 探究过程中，能充分考虑和解决实际问题。
	科学精神	• 设计层次分明、符合逻辑、数据显示直观的实验方案表格。 • 使用基本的软件工具分析处理数据，得到可靠合理的实验结果。 • 大胆尝试，积极寻求有效的问题解决方法。
	学会学习	• 通过资料查找，有效地获取、评估、鉴别、使用信息。 • 融入团队，承担任务，与他人协作。 • 以团队形式展示实验探究结果，清晰有条理地陈述纸层析法思维导图。
	科学素养	• 基于实验探究构建纸层析方法模型。 • 掌握科学探究的基本步骤和方法。

（续表）

方法	项目评价	•通过学生的课堂表现和探究的结果来判断学生所获得的知识技能，习得的科学素养。
	档案袋评价	•建立学生档案袋，包括学生的探究报告、实验设计方案、课堂参与度、过程记录（图片、视频）等。

五、经验与反思

（一）情境启思，培养思考意识

要提高学生的科学思维能力，首先要调动学生的思维积极性，引导学生边思边学，自主迁移已有知识和经验，并进行科学论证，通过丰富的发现式学习活动建构科学概念。

本慕课探究活动创设了“如何有效分离彩色水笔中的色素?”这一问题情境，然后将问题分解为“怎么分离?”“为什么可以用层析法分离?”“如何提高分离效果?”，进而构成了递进式的问题链。层层递进的新任务、不断产生的新问题激发学生主动探索、深入学习，灵活运用知识解决问题。

（二）探究导学，增强推理意识

探究活动是学生乐于参与的一种学习活动，教师可以根据学生的兴趣爱好、经验能力选定探究活动的主题，给予学生充足的学习空间，改变死记硬背的学习方式。活动中，教师不再是“权威”，而是指导者、合作者，与学生共同经历探究的过程。教师应引导学生主动思考、自主探究，以进一步提升学生的探究能力和思考能力。

在本慕课的教学过程中，为了调动学生的思考积极性，引导其积极参与探究活动，笔者及所属团队设计了呈阶梯性递进关系的活动任务，见表 21－1。通过公开活动任务，学生能直接判断各个任务的落实情况，明确探究方向，激发内在学习主动性。

（三）搭建支架，助力思维发展

主题探究活动侧重于学生的学习体验与收获，以学生自主探索为主。为了帮助学生顺利开展学习，教师作为学生学习的指导者、促进者和帮助者，需要对学生的主体活动进行观察，必要时介入学习过程并提供适合的学习支架。

在本慕课的教学过程中，通过情境创设、任务驱动、小组合作等教学方式，帮助学生通过设计和探究解决问题，使用个人语言表述观点，基于个人理解进行反思，促进了学生养成主动学习的习惯，掌握多种学习策略。

在“设计实验方案”活动中，考虑到高一学生实践经验不足，教师设计了“实验申请单”供学生参考，见图 21－2。实验方案和实验申请单合二为一的形式为学生探究搭建了“支架”。“设计实验方案”活动设置了 3 个递进性的关联问题，分别是“哪些因素可能会影响层析分离的效果？判断的依据是什么？”“实验过程中，需要控制或改变什么？测量什么效果”“准备如何开展实验？建议以列表的形式简述实验计划”。一系列的问题旨在通过提问引导学生关注重点，明确学习方向。“选择实验用品”部分提供了探究活动中可能用到的实验仪器和药品清单，供学生选择，未列举项学生可自行填写在相应的选项框内，见图 21－3。采用勾选和填空的形式，一定程度上避免了学生浪费精力。

实验申请单

小组成员（姓名）：

1. 哪些因素可能会影响层析分离的效果？判断的依据是什么？

2. 实验过程中，需要控制或改变什么？测量什么效果？

3. 准备如何开展实验？建议以列表的形式简述实验计划。

图 21－2　实验申请单

实验用品单

请勾选下列实验用品，在括号内注明规格和数量。未列项，填写在“其他”选项框内。

仪器：

□ 烧杯（________mL ________个）	□ 量筒（________mL ________个）
□ 洗瓶（________个）	□ 玻璃棒（________根）
□ 药匙（________把）	□ 滤纸（规格：________）
□ 电子天平（规格：________）	□ 剪刀（________把）
□ 直尺（________把）	□ 铅笔（________根）
□ 容量瓶 ________mL ________个）	□ 温度传感器（________个）
其他（请注明品名、规格和数量）：	

药品：（绿色：安全；黄色：限量）

□ 氢氧化钠（________g）	□ 蒸馏水（________mL）
□ 四氯化碳（________mL）	□ 乙酸（________mL）
□ 无水乙醇（________mL，不超过 100 mL）	
其他（请注明品名和用量）：	

图 21－3　实验用品单

（四）组间讨论，发散思维意识

组间讨论可以让学生通过交流讨论，汲取彼此的智慧，以发展学生的科学思维能力，完善学生的思维品质。在本慕课中，设置了多次组间分享交流，促进学生交流与反思。如小组探究实验方案环节后，组织了小组展示成果环节，让各小组选出一名代表分享本小组的探究过程和探究思路，据此评估小组合作探究的水平；同时激发学生产生新的想法，从而发散思维，培养创新意识，促进有效思考。

参考文献

[1] 菲利普.科学发现者：化学—概念与应用(上册)[M].王祖浩.杭州：浙江教育出版社，2008.

[2] 管文川.创课程——上海市中小学跨领域实践创新课程的研究[M].上海：上海科技教育出版社，2020.

[3] 武汉大学.分析化学(第四版)[M].北京：高等教育出版社，2000.

[4] 钟启泉.深度学习：课堂转型的标识[J].全球教育展望，2021(1)：14－33.

[5] 中华人民共和国教育部.普通高中课程方案(2017 年版 2020 年修订)[M].北京：人民教育出版社，2020.

[6] 朱乔荣.素养导向、评价先行的跨学科课程设计思路[J].上海教育，2020(Z1)：68－69.

作者简介

陆　敏

上海大学环境科学硕士，毕业后加入上海交通大学附属中学 STEM 实验中心团队。作为实验中心成员之一，充分利用实验中心一体化的优势，整合理化生、劳技和科技实验资源，利用选修课、综合课等平台，开发以科技为主题的素质教育课程。相关课程曾获杨浦区第十三届“百花杯”教学比赛中学拓展型课程二等奖、杨浦区“聚焦核心素养 创新品牌课程”一等奖。致力于科技创新教育与学科教学的融合，曾先后参与编写上海教育出版社出版的《动手学化学(上册)》和《动手学化学(高中二年级)》。

应用实践

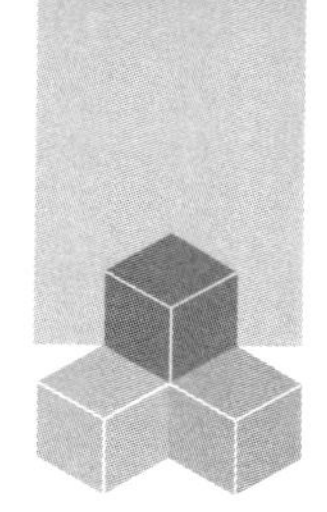

上海市位育中学高中慕课制作的实践探索

上海市位育中学　王嘉忱

根据《上海市教育委员会关于进一步做好本市高中名校慕课建设工作的通知》(沪教委基〔2016〕41 号)的要求,上海市位育中学通过整合自身资源,依靠教师力量,组建了一支慕课团队,遵循团队建设、资源调配、方案制订、素材拍摄、后期剪辑、平台发布这六个环节,制作了两门慕课——“自然生存法则”“汉字游戏‘原来如此’”,在服务新型冠状病毒感染疫情期间居家上课的学生的同时,积累了制作慕课的经验,对外展示了教师风采、传递了课程影响、提高了学校的综合实力。

2016 年,上海市位育中学根据《上海市教育委员会关于进一步做好本市高中名校慕课建设工作的通知》(沪教委基〔2016〕41 号)(以下简称《通知》)的要求,积极推进学校的慕课建设。我校通过整合自身资源,依靠教师力量,组建了一支位育中学慕课团队。团队结合校本特色课程,推出了两门基于学科主题的慕课——“自然生存法则”(生物学)与“汉字游戏‘原来如此’”(语文)。

2020 年,受新型冠状病毒感染疫情影响,上海中小学采取线上教学。我校的这两门慕课通过线上教学的授课模式,拓展了学生的视野,丰富了学生的学习生活。如今,随着“上海微校”“空中课堂”等一系列线上学习平台的兴起,慕课也成为司空见惯的开放课堂,在学校教学活动中的占比日益提升。因此,“学校做出一门优秀的慕课”已经从学校发展过程中的“选修课”转化为“必修课”。上好这门“必修课”可以帮助学校提高教学质量、保障教学进度。慕课还是学校展示教师风采、传递课程影响、提升综合实力的舞台。

上海市位育中学慕课“自然生存法则”与“汉字游戏‘原来如此’”制作的全过程主要包含团队建设、资源调配、方案制订、素材拍摄、后期剪辑、平台发布这 6 个环节。

一、团队建设

一所学校要制作出优质的慕课，优质且高效的团队最为重要。2016年末，我校在收到《通知》后，立刻以分管教学校长作为牵头人，组建了一支位育中学慕课制作7人团队。团队成员依据自身能力与特长分别担任制片人、监制、顾问、编剧、导演等角色，并各自认领了相应的任务(见表22－1)。

表22－1 慕课制作团队成员分工表

角色	任务
制片人	分管教学校长(1名)——慕课制作全过程的总负责人。
监制/顾问	课程与教学中心主任(1名)——方案制订环节的负责人。对各慕课教案进行修改指导，并在后期剪辑环节做最终的审阅与确定。
编剧/演员	授课教师(2名)——校青年骨干教师，参与方案制订、素材拍摄与平台发布环节。负责慕课的教案撰写与修改，慕课视频的拍摄。
导演/摄像/剪辑	后勤保障中心教师(1名)——学校电视台台长，拥有摄像与剪辑相关技能，素材拍摄与后期剪辑环节的负责人，统筹与执行整个慕课的拍摄环节。
副制片人/场务/灯光	教师发展中心教师(1名)——校办与师训专员，拥有摄影与摄像相关技能。参与并协调所有慕课制作环节。协助分管教学校长进行资源调配，配合团队其他成员完成相关工作。素材拍摄环节中安排拍摄场地，布置灯光并适时做补位工作。平台发布环节负责人。
艺术指导/化妆师	美术教师(1名)——参与素材拍摄与后期剪辑环节。负责拍摄过程中教师的简单妆面和场景搭建的艺术指导。在后期剪辑环节中进行艺术指导。

注：如果学校有多名拥有慕课制作相关技能的教师，可以适当将团队人数扩充，做更细化的分工。这样可以减少教师的压力，提高慕课的制作效率与质量。

二、资源调配

(一) 场地的选择

慕课拍摄场地可以依据被制作的慕课课程内容在校内的室内场所选择。一般情况下，可以选择学校的实验室（理工科类）、图书馆（文科类）、室内运动馆（体育类）或礼堂（艺术类）等场地，有条件的学校可以使用电视台或者虚拟演播室等专业场地。室内的拍摄环境应能准确地控制环境的灯光与背景。这些都可以确保慕课画面中逻辑、光影、色彩等因素的一致性，体现课程的严谨性。

不推荐使用常规教室与户外场地进行慕课的拍摄，原因有两点。其一，常规教室的面积较小，教室内的可用空间不大，不利于需要多人员配合、多设备联动的慕课拍摄。其二，慕课的拍摄时间远超过普通的一节课的时长。慕课有时候甚至需要多次多天才能完成拍摄。如慕课占用普通教室进行拍摄，容易对学生的正常学习活动造成影响。另外，慕课的拍摄也需谨慎选择户外场地。对于慕课来说，其画面需要满足一定的一致性与逻辑性的要求。在户外场地长时间拍摄时，易受到拍摄当时的光照条件及天气影响，产生光线与背景的剧烈变化，影响最终成片效果。

在室内拍摄慕课还有后期维护上的优势。当慕课拍摄完成，甚至发布一段时间以后，可按需对其进行修改或增补——通过室内场地拍摄制作出的慕课，可以通过还原当初的拍摄场景，直接把需要修改的部分拍摄剪辑进原慕课视频，降低修订成本。

我校两门慕课的拍摄场地都选择了校图书馆的阅览室，并对其进行人工布光之后完成拍摄。

（二）设备的选择

一门高质量慕课的诞生，除了应该有优质的课程内容之外，还需要通过清晰的声音与生动的画面把课程内容传递给学生。工欲善其事，必先利其器。在慕课正式开拍前，还要选择合适的设备。这些设备一要符合慕课的拍摄需要，二要满足学校的资源调配条件。

依据我校慕课团队的经验，我们总结出一些慕课拍摄中的常用设备（见表 22－2）。

表 22－2　慕课拍摄的常用设备

设备类型	设备名称	用途	优势	劣势
拍摄设备	专业摄像机	游动与固定机位拍摄	成片画质细腻、机动性尚可	采购价格昂贵、较重

（续表）

设备类型	设备名称	用途	优势	劣势
拍摄设备	单反相机	固定机位拍摄	成片画质最佳	采购价格昂贵、拍摄时对设备稳定性要求较高
	航拍器	户外内容拍摄	拍摄场面宏大、效果极佳	采购价格昂贵、需要专业的操作技术
	DV 摄像机	备用	学校既有设备、可以胜任所有场景的拍摄、机动性高	成片质量相对欠佳、对拍摄人员的技法与灯光要求较高
收音设备	微型无线话筒	录制过程中进行同步收音、减少环境噪声影响	声音收录质量高、可以直接收录在视频轨道中	采购价格较高
	录音笔	备用	采购价格较低	剪辑时音画同步难度较大
灯光设备	专业摄像灯	控制环境光照度与色温	大幅提升拍摄效果	采购价格较高、对布光人员要求要有一定的技术
	普通日光灯	备用	学校既有设备	容易在教师脸部造成难看的阴影
其他设备	三脚架	保障拍摄的画面稳定	无	无
	提词器	协助教师顺利完成拍摄	极大提高教师的拍摄效率	需要额外采购

在拍摄慕课前，位育中学的慕课团队选择了专业摄像机（既有设备）、微型无线话筒（专项采购）、专业摄像灯（专项采购）、三脚架（既有设备）、提词器（专项采购），总体采购费用在一万元以下。

我们认为，慕课的拍摄虽然借鉴了电影工业的分工，但实际拍摄时有别于电影。慕课对内容性要求远高于艺术性。慕课的制作中，可以在稳定的拍摄条件下（使用三脚架），运用优质（经布光设计后）的光源极大程度地提高画面录制效果，减少因摄像设备差距而产生的对画质的影响。如果一所学校可用资源极其有限，那么我们建议可以把预算按先后投入在三脚架、灯光、收音和提词器这些设备上。只要运用良好的光源，即便只是使用 DV

摄像机抑或手机进行慕课的拍摄，也能够制作出高质量的慕课。另外，慕课视频中音质的重要性不亚于画面。最后值得一提的是提词器。使用提词器可以在慕课的拍摄过程中提升拍摄效率，减轻教师备课负担与录像时的压力。慕课的拍摄与平时上课还是有很大区别的，毕竟教师不是专业演员。提词器设备的使用，可以让授课教师拥有不亚于专业演员的镜头感，减轻其拍摄时情绪上的紧张，提升素材拍摄的成功率。

三、方案制订

慕课不同于常规教学活动，并不是把教师的某节课进行简单的全程录制。慕课更像是对某个教学活动的试讲。教师需要依据慕课的特点准备或者修改自己既有的教案。在素材拍摄环节开始之前，我校慕课制作团队由分管教学校长牵头，协同整个制作团队，召开了一次针对已有优秀慕课的学习会。学习会前，团队先从“中国大学慕课网”等平台选取了一些完课率较高、内容可供基础教育学校借鉴的课程。会上，摄制小组（导演与副制片人）对慕课制作的形式进行分析；课程与教学中心主任（顾问）与授课教师（编剧与演员）对慕课制作的内容进行学习。

形式上，经研究发现，在目前主流的慕课形式中，最常见、制作最方便的无外乎两种授课形式：一种是以展示 PPT 为主，辅以教师音画讲解的授课形式；另一种是以教师讲课为主，辅以各类课件展示的授课形式。

内容上，经团队磨课，依据我校慕课预设的课程受众面（学段）、选课学生的学习情况、授课内容的难易度等因素；同时结合摄制人员的意见，分别确定了两门慕课的课程类型（拓展型课程）与慕课的学习对象（初高中生）。两位授课教师也依此拟了自己的慕课课程教案，并调整了授课的形式、时长、内容分布等教学细节，设计了语文和生物学两门学科的慕课：

语文学科的慕课“汉字游戏‘原来如此’”

该课程使用以展示 PPT 为主，辅以教师音画讲解的授课形式。授课教师希望通过该课程，激发学生对于汉字文化的探究兴趣、帮助学生养成借助一手资料（文言短文）阅读、解惑的学习能力。以语汇含义为抓手，在培养学生学习能力的同时也激发学生的文化认同，同时让其反思个人的学习习惯，进而熏陶学生的文化道德。慕课精心编选8个模块(8节课)："出人意表的称谓""眼耳口鼻几人识""那些动物真无辜""男女有别竟不知"等，通过挖掘学生看似熟知的语汇背后词义的演变和文学的应用，展示蕴藏在日常语汇中博大精深的文学文化。并在此基础上，挖掘词义转变的规律，以及民俗、宗教对汉语的影响，带领学生体验文字背后的温度，感受文化语境的差异，在传统文学的浸润中感受文化礼仪之邦的做人智慧，了解望文生义的危害。

生物学学科的慕课"自然生存法则"

该课程采用以教师讲课为主，辅以各类课件展示的授课形式。围绕"为什么生物得以在自然中生存"展开，介绍包括同种生物间、不同物种间、生物与环境之间的关系，人类所面临的生存问题。8个故事(8节课)：①蚊子的故事，②蚂蚁的故事，③捕食的故事，④竞争的故事，⑤合作的故事，⑥黄石的故事，⑦企鹅的故事，⑧人类的故事。通过这些故事，让学生认识自然界中精彩奇特的生存实例，学习基本的生态学知识，思考并感悟人类该如何与环境协调发展，对生命的生存探索产生进一步探究的兴趣。

四、素材拍摄

学校资源的调配与课程方案的制订完成后，慕课的摄制就可以正式开始了。在慕课团队中，摄制小组将两个慕课分三次拍摄，依次为：两门课程的简介与授课教师的自我介绍，语文学科的"汉字游戏'原来如此'"慕课，生物学科的"自然生存法则"慕课。

第一次素材拍摄中，摄制小组召集了两位授课教师一起拍摄以提高效率。场地选择在校图书馆的阅览室。使用的设备有专业摄像机、三脚架、专业摄像灯、提词器与微型无线话筒。在场地灯光布置上，我们参考了经典的伦勃朗布光法。在拍摄以教师在镜头面前讲述为主的画面时，使用伦勃朗光可以突出授课教师的五官轮廓，让画面更为立体。布光灯的色温建议可以使用3200 k—5300 k，我们依据现场环境最终使用了4700 k的色温。光位图详见图22-1、图22-2。

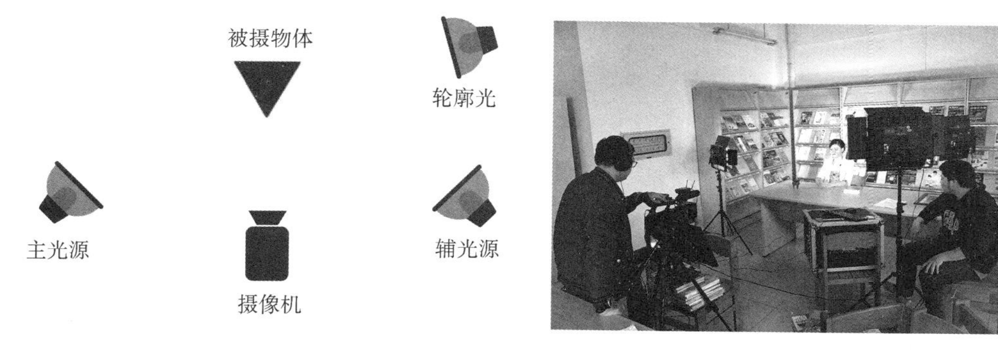

图 22－1　光位图(示意图)　　图 22－2　光位图(现场)

由于使用了专业布光法，授课教师在正式拍摄前需要整理自身形象与衣着，还要化妆(舞台妆)，以避免其脸部因摄像灯的照射而出现脸色发白、面部瑕疵被放大等现象。在拍摄过程中，授课教师应时刻注意自身表情与姿态，全程需脱稿授课，不可使用口头用语，且注意力应始终落在摄像机镜头上，眼神不可飘忽不定。推荐在拍摄时使用提词器，没有提词器时不建议在镜头旁边放置手机或平板电脑等设备作提示。授课教师的眼神发生变化时，录下的画面会一览无遗。

在实际拍摄时，我们采用的景别为近景，构图方式使用中心构图，帧率在 30 帧，ISO(曝光度)在 200—800。可以使用大光圈，光圈值推荐在 F2—F4(大光圈更容易虚化背景，突出授课教师)。画面曝光程度以教师面部为准，背景与前景的光比可以运用摄像灯的输出功率大小与相对被摄物体的前后位置作调整。画面整体的曝光度可以略微欠曝，以便于后期调整。图 22－3 为拍摄前的设备调试照片、图 22－4 为拍摄后的实际视频截图。

图 22－3　设备调试

图 22－4　视频截图

由于我校的两门慕课分别使用了以展示PPT为主、辅以教师音画讲解和以教师讲课为主、辅以各类课件展示的不同授课形式，因此，在后两次的慕课拍摄过程中，摄制小组依据两门课程的不同侧重点，作出相应的拍摄技法调整。

第二次拍摄的是语文学科的“汉字游戏‘原来如此’”。这门慕课主要以展示PPT、穿插课件，授课教师用画外音的方式，对课程进行授课。摄制小组先结合授课教师的教案并与之讨论后，按其授课内容，把每节课的时长定位在6分钟。实际拍摄8分钟左右的素材，以便后期剪辑。摄制方案确定后，摄制小组便开始指导授课教师使用PPT中的“屏幕录制”功能，对慕课的素材进行摄制。

具体操作流程为：授课教师点击“屏幕录制”功能按钮—手动翻页PPT—对需要的PPT内容进行讲解（可以利用计算机的麦克风设备录音）—继续手动翻页直至PPT演讲完成—再次点击“屏幕录制”功能按钮。此时，软件会让授课教师保存一个视频文件。视频文件生成后，授课教师可以回看此视频，并在记录下需要穿插课件的时间点后，与视频一并交予摄制小组。该门慕课的素材拍摄就此完成。

第三次拍摄的是生物学科的“自然生存法则”。这门慕课主要是以教师讲课为主，辅以各类课件的展示。摄制小组结合授课教师的教案并与之讨论后，按其授课内容，把每节课的时长定位在12分钟。实际拍摄15分钟左右，以便后期剪辑。其慕课绝大多数内容的拍摄场地、拍摄设备与拍摄技法可以参考第一次拍摄课程简介时的过程。在这门慕课的拍摄过程中，由于授课教师加入了一个蛇捕食的演示实验，摄制小组还添加了近景与特写等景别以丰富画面，增加视觉冲击力。动物（器物）近景与特写的拍摄光位、机位与效果图可参考图22－5、图22－6。

图22－5 动物(器物)近景特写的拍摄光位、机位示意图

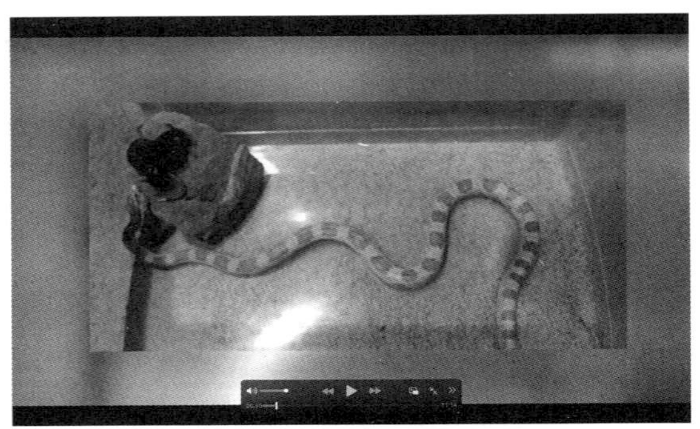

图22－6 动物近景拍摄图

在实际拍摄上述画面时，我们采用的景别为偏特写的近景，构图方式使用框架式，帧率在 120 帧（有条件可以更高帧率，高帧率拍摄的视频素材在后期可利用剪辑软件进行最大 1/4 倍速慢放增加实验生动性），ISO（曝光度）在 500—1200。为保证实验细节，使用小光圈，光圈值推荐在 F5.6—F8（小光圈更容易记录画面的细节）。画面曝光程度以动物（器物）的整体为准，背景与前景的光比可以根据摄像灯的输出功率大小与相对被摄物体的前后位置作调整。画面整体的曝光度可以略微欠曝，以便后期调整。

另外，如果只能使用手机拍摄慕课，建议横置手机，使用横构图，利用手机三脚架。在开始手动拍摄模式的同时，关闭内置的各种美颜与滤镜功能，以保留更多的画面细节，便于后期剪辑与制作。

五、后期剪辑

当所有的慕课素材拍摄完成之后，摄制小组还需要联系授课教师收集其慕课的教案、慕课 PPT、参考文献、课件音视频等素材，以每一个小节课程为单位进行分类存档，并记录下当时拍摄时的各类参数。完成上述操作之后，就进入后期剪辑环节。剪辑时，可以先利用之前收集到的材料制作视频的封面、片头与片尾。然后对慕课中的音画做蒙太奇切换、互动留白、画中画、加入课件、淡入淡出等技术操作。请务必牢记，所有技术的运用，需要遵循下面几个原则：保证慕课的科学性、严谨性与逻辑性，增强慕课的生动性、趣味性与艺术性。

关于后期剪辑的软件，摄制小组推荐两大类。第一类是消费类剪辑软件。这些软件对于剪辑的初学者非常友好。里面剪辑功能多，智能美化效果好，还有依据音频自动生成字幕的功能。即便是零基础教师，也可以很快上手。当然，其缺点也很明显。这些软件大多只能运用模板进行剪辑，无法对慕课的视频素材进行精细化与个性化的修改。在多素材的整合方面，也算差强人意。对于有相关视频剪辑与后期处理技能的教师，推荐第二类软件，即专业类剪辑与特效软件。此类软件对慕课素材的调整度宽，操作精准度高，调色范围大。我校慕课制作的后期剪辑制作就使用了第二类中的某两款主流软件。

六、平台发布

当完成所有慕课视频的剪辑之后（每门慕课有一段介绍视频与八段课程内容视

频)，就可以进入最终的平台发布环节。我校的慕课发布在“上海市高中名校慕课”平台上供学生选课。发布前需要一名协调员（我校是副制片人）与慕课平台的工作人员对接，以获取慕课平台的发布要求。

依据“上海市高中名校慕课”平台关于慕课的发布要求，我校副制片人做了如下操作：

(1) 申请“上海市高中名校慕课”平台网站上的“学校管理员账户”。

(2) 开通“上海市高中名校慕课”平台的学校页面，上传校史、校训、校徽与环境照片等介绍信息。

(3) 使用“学校管理员账户”，将慕课视频按网站要求转码后上传至指定位置。

(4) 使用“学校管理员账户”，为授课教师开通“教师账户”，指导教师熟悉平台网站的各项功能。

(5) 协同授课教师在慕课平台上撰写课程信息，上传相关学习资料、拓展资源并设定开课时间、课后互动时间与考核标准。

(6) 利用学校官网、微博、公众号等媒体与校友资源向社会发布学校慕课的开课信息。

(7) 协同授课教师在开课后进行课程的后期维护与学生的答疑互动。

(8) 慕课开课完毕后，协调授课教师与慕课平台对接人向完课学生发放证书。

上述 8 个环节是位育中学慕课团队从慕课立项到授课结束所涵盖的所有过程。我们团队认为，慕课团队建立时，人员宜精不宜多。学校需要努力发掘教师潜力，让具有一专多能的教师充分自主地发挥其在团队中的作用，每一位教师都是学校的宝藏。学校的课程与教学中心对于慕课内容的开发制作要发挥引领作用。慕课素材开拍时，拍摄过程尽量做到精益求精，宁多勿少。拍摄时的场景和参数可以用相片或笔记记录。后期剪辑过程中，贯彻“一切后期技术都是为协助授课教师达到其教育教学目标而服务”的理念。在慕课发布前，需要换位思考，站在选课学生的角度，再次思考如何优化慕课。

在慕课制作过程中，我校还积累了一些经验，例如学校自建慕课团队的优势较为明显。首先，自建团队制作慕课，成本低廉，无须占用过多的学校经费。慕课团队本身熟悉课程，制作过程中沟通成本低，课程转化与慕课制作的效率高。因拍摄需要而额外采购的摄像灯、提词器、无线麦克风等设备，可以在慕课制作完成后，让学校其他教师在其教学评比、公开课等领域使用，实现资源的物尽其用。同时，慕课制作的过程推动了团队教师的自我成长。两名参与慕课授课的教师表示，通过参与慕课制作，他们感觉自己在业务能力上有了多维度的发展和积累。最后，从学校发展角度来说，学校通过慕课平台发布慕课，可以从一个新的渠道向公众，尤其是应届生展示自己的文化理念、校园美景、课程深度与教师水平等各方面软硬件实力，这是一个非常好的宣传新思路。

随着全球信息化与“互联网+”对教育领域的日益影响，运用慕课开展教学活动将会是每个学校都会面临的选择。届时，“一所学校如何制作出高质量的慕课帮助其自身发展”将会成为一个重要的课题。希望本文可以抛砖引玉，给后来人一些帮助，在今后的慕课制作过程中，少走一些弯路，多一些启发。

作者简介

王嘉忱

毕业于上海交通大学计算机科学与技术专业。拥有高级中学教师（通用技术）、计算机网络管理员（中级）与机械设备修理人员（电工初级）各项职业资格。加入上海市位育中学后，在学校教师发展中心任校办、外事与师训专员。位育中学人工智能教学研究课题组成员，开设有“Photoshop 在摄影后期的技巧与应用”“通用技术——高二电子技术”“业余无线电活动中芯片技术的运用”等课程。在位育中学慕课摄制团队中担任团队副制片人、场务与灯光等角色，与团队成员共同制作出“自然生存法则”（生物学学科）与“汉字游戏‘原来如此’”（语文学科）两门慕课。

基于实践的高中慕课建设思考

上海市上海中学　张智顺

随着互联网技术的发展和信息化建设的推进，慕课作为国内高中教育教学实践中重要的开放教育资源，为各个学科建设带来了新的形式和契机。本文基于“上海市高中名校慕课”平台上高中慕课“分子生物学实验”的开发与实践，从学校课程的建设、教师数字能力的提升和学生自主学习方式的养成等方面对高中慕课的重要意义进行了思考。

2014年，教育部等五部门联合印发《构建利用信息化手段扩大优质教育资源覆盖面有效机制的实施方案》的通知。以上海市上海中学为代表的上海市实验性示范性高中积极响应，根据上海市教育综合改革的总体部署，在“上海市高中名校慕课”平台累计上线17门特色课程，推进本校优质课程资源共享，助力上海市基础教育优质、均衡发展。在慕课实践过程中，笔者分别从学校课程建设、学生自组织、教师数字能力等角度对高中慕课进行了一些思考。

一、慕课对学校课程建设的意义

课程建设是每个时代社会需求的重要体现。从古代的“六艺”（礼、乐、射、御、书、数）到现代学校中以知识为中心的学科课程，都是人们思考如何适应当下社会需求和未来社会变化后形成的对应时代的共识。学校自历史上出现开始，主要的任务就是开发和实施课程，达成传播知识、教育下一代的目的。随着社会的发展、科技的进步，现代课程的内涵越来越丰富，形式也越来越多样。慕课是在全球互联网技术快速迭代发展、国内信息化建设提供了有力的基础保障（如网络覆盖率、数据传输速度等）的前提下诞生出的新的课程形式,对不同学校以及不同学科现有的课程体系带来了新的机遇和挑战。

2002 年 ,联合国教科文组织会议上采纳了开放教育资源(Open Educational Resources)术语定义,简称 OER。OER 指通过信息与传播技术来建立教育资源的开放供给,用户为了非商业的目的可以参考、使用和修改这些资源。这里的资源包含 3 个部分:①学习内容,如完整的课程、课件;②工具,如包含学习内容的软件;③实施资源,如公开发布的知识产权许可等。可见,开放教育资源所覆盖的资源内容包含但不限于目前课程开发的所有相关要素。慕课作为国内高中教育教学实践中重要的开放教育资源,为我们带来了以下几个方面的有关学校课程体系建设的思考。

(一) 以传承为目标的"经典课程"再创造

学校课程建设伴随着学校的发展和成长。虽然目前上海市已经开展了融合两门及两门以上学科内容的跨学科课程的探索,但距离此类"融合课程"在现有课程体系下生根、壮大,仍需相当一段时间的积累和打磨。分科课程体系仍是目前高中误程体系的主干框架。因此,慕课如何"嵌入"现有的学校课程设置成了保障其"存活"的首要问题。过去分科课程体系的实践为学校积累了一批能够高效实现本学科课程目标的专业化教研队伍,即学科教研组。对学校而言,教研组的建设与该学科课程的建设是相辅相成的。每个学科的教研成果一定包含了大量的教学案例、教学资料及其他形式的教学成果,其中不乏优质的"经典课程"。

该类课程具有以下几个特点。

第一,课程经过长期实践的检验。如某位教师从职初一直到从教数十年成为专家级的教师,对某一门课程已经持续打磨了无数次,反复修正课程目标、筛选课程内容、优化课程活动等。该课程凝聚了该教师从职业技能到学科领悟的全部成果,对新入职的教师具有重要的示范、指导作用。

第二,课程的教学成果显著。课程评价是所有课程实践的重要组成部分,能促进教师反思和改进课程。一门课程之所以能成为"经典",必定长期受到积极的反馈,经历了多次从课程到评价再回到课程的"正循环"。

第三,推动学校硬件建设。慕课"分子生物学实验"是现代分子生物学学科内容的浓缩体现,与高校开设的相应课程内容具有较高的重合度。在高中实验室开展大学实验课程,对高中实验室建设提出了较高的硬件要求。学校对本课程的开发与建设提供了充足的保障，配齐配足了相关的实验仪器设备，如PCR仪、凝胶电泳仪、凝胶成像系统、超纯水仪等。目前，以上设备均位于上海市上海中学与中国科学院神经科学研究所、华山医学合作的“脑科学与人工智能创新实验中心”下属的基因工程实验室。“分子生物学实验”亦成为诞生在该实验创新中心的第一门慕课。得益于硬件设备的提升，生物教研组又相继开发出了数门依托这些实验器材的校内选修课程。部分成熟的选修课程也已进入下一轮“慕课化”的候选名单。

慕课建设除了对我校相应的学科教研组有促进作用外，还助力了相关课程服务体系的建立和完善。本校的所有慕课开发均由上海中学影视传媒中心牵头。在极大降低学科教师负担的同时，全面提升了影视传媒中心的课程教学支持能力。本次“分子生物学实验”的拍摄工作从场地的布置、灯光的架设、设备的调试到后期的剪辑、转码、上传，均由学科教师与影视传媒中心工作人员一起合作完成。目前，学校已经建成了“上海中学4K全媒体演播中心”，信息化课程建设和管理能力又上了一个台阶。

第四，课程经历过公开展示。目前，高中教育教学实践中常采用“公开课”的方式来实现优质课程的成果展示。区级、市级甚至国家级的公开展示让同时期更多的同业者参与到该课程的评价和完善工作中。因此，经历过公开课展示的课程往往能够得到更为全面的反馈，凝聚了同时期某地区教学实践的大量经验和成果。

可见，“经典课程”是一所学校某一学科课程建设成果的集大成者，对学校相关学科教研组的建设和发展起着示范作用，但依据个人一线从教经验，再优质的公开课也会因其受众面小、时效性短，最终无法长期持续地影响更多的同行，甚至遗失在学校教师队伍的新老更替过程中。而慕课依赖网络平台，传播力强，还能够持续地、反复地供人观看学习，在一定程度上实现了“留存经典”的目的。可见，将本校已经打磨多年形成的“经典课程”进行慕课化，既能实现对本校教育教学成果的继承和保留，又能对自身学科队伍的稳定发展起到重要的助力作用。

（二）以传播为目标的“特色课程”再展示

学校的特色往往是指课程建设上的创新，例如上海市实验性示范性高中及上海市普通特色高中往往都有各自的“特色课程”。以上海市上海中学为例，学校承接了拔尖创新人才早期培育项目，开发了以基础型课程、发展型课程、优势潜能课程为框架的学校课程体系，创设了近200门选修课程，其中就包含了共享在慕课平台上的“国学原典选读”“国史选讲”“幻方”“分子生物学实验”等不同学科教研组开发的课程。

将学校的“特色课程”进行慕课化对学校的课程体系建设有以下方面的促进作用。

第一，进一步完善课程体系，提升课时覆盖面。为满足学生在高中阶段拓宽视野、聚焦志趣的需求，学校构建了以不同时长为特点的差异化选修课体系，覆盖 0.25 学分、0.5 学分的微型课程和小型课程（单位课时 40 分钟），以及 1.0 学分、2.0 学分的中型课程、大型课程（单位课时 90 分钟）。虽然四级选修课程体系已经充分体现了学校尊重学生差异化需求的课程理念，但考虑到目前的时代特点，即自由学习时间的碎片化、注意力集中时间以分钟为单位等，如果能够提供时间更短、内容更紧凑、形式差异化更显著的“迷你型”课程，对于学校整体课程体系建设是一种有机补充。在“上海市高中名校慕课”平台上线的课程，大部分时长在 20 分钟以内，与校内课程形成了显著“错位”。慕课的形式是以课程组织者单方面输出为主，学生的反馈和思考时间不占用时长，也保障了视频内容的精练。每一节慕课的内容要点较少，一般只聚焦于某一个具体的学科概念，给了学生充分的自主选择权，实现个性化的“查漏补缺”。以慕课“分子生物学实验”为例，课程设计的动机是由于当时使用的高中生命科学教材（上海科学技术出版社出版）中缺少分子生物学相关内容的介绍，无法体现生命科学现有的研究特点、技术手段和前沿进展。课程的内容设计以大肠杆菌转基因操作为主线，采用理论介绍与实验探究相结合的设计思路，力求具体而完备地展示分子生物学实验原理、器材使用、操作规范、结果分析方法等。自开设以来，该慕课成为课堂教学的有机补充，部分片段还成为实验平台展示和学校宣传的素材，形成了一定的传播力。因此，将慕课打造成学校特色课程的另一种形式，对于进一步提升学校特色课程的教学效果和影响力具有积极意义。

第二，实现跨学科交流，促进课程体系变革。随着时代的进步，社会面临的问题已经呈现出了明显的复杂化和专业化。学生将来走出学校，进入社会，必须依赖其系统化的知识结构、横跨多个学科的复合能力，才能适应社会发展的需求。学科融合与学科交叉是必然趋势。跨学科能力的培养依赖于跨学科课程建设，而跨学科课程需要当代教育从业者具备跨学科视野。在分科课程作为主要课程形式的当下，一线教师将大量精力集中于提升本学科的专业能力，极少有机会与其他学科的同行交流，学习其他学科的知识技能、方法思维等，无形中形成了提供学生边界清晰的分科课程，却要求学生自己融会贯通，产生跨学科能力的矛盾现象。慕课因其诞生之初就不具备特定的学科属性，或许会成为新时代课程变革的“先行者”。例如，组织不同学科的教师讨论同一社会议题，提供多个剖析角度，形成融合多学科的观点；也可以集合多种实验学科的工具，解决某一个复杂的工程学问题。可见，慕课课程的传播对象不一定是学生，也可以是需要拓展跨学科视野的教师。慕课平台既是学生自主学习的工具，也可成为教师交流切磋的舞台。

二、“数字能力”的提升是慕课实践对教师的重要意义

慕课“分子生物学实验”从启动到课程正式上线历时近一年，个别课程的视频如“微生物分离纯化操作”拍摄时长近 8 小时，最后经过处理，压缩为一节时长 12 分钟的视频课。于教师而言，信息化课程建设的过程与常规课程的开设有着极大的差别，最后呈现的成果（视频）只能达到知识内容上传播，只有深度参与的教师才能获得相关的直接经验，获得“数字能力”的提升。结合高中生物学一线教学实践和此次慕课的开发实施，我总结了教育信息化背景下教师“数字能力”的两个内涵：

（一） 数字化解构课程的能力

对于一线学科教师，解构一堂课，即根据教学设计，为不同的目标匹配相应的学生活动，并通过一定的方式检验目标的达成情况，属于教师的基本功。在传统的课程设计下，每一堂课就是以目标达成为线索的“学生活动链”。但是，相比于传统课堂，慕课的实施过程中没有学生的即时反馈，即教师并不能通过观察、提问等手段检验教学目标的达成情况，也无法通过师生对话的方式，使学生在教师的引导下进行思考和输出。这就要求参与慕课设计的教师具有相当的教学经验，能够对学生能力做出符合真实情况的判断，实现“符合学情的单边沟通”。

（二） 信息化呈现学科概念的能力

《普通高中生物学课程标准（2017 年版 2020 年修订）》推进实施以来，高中生物学课堂教学的重点指向学科概念的生成，一个个具体的重要概念是形成核心概念，继而提炼出生命观念的前提和基础。概念教学要求教师通过多种形式创设情境、提供素材、引导思维，最终让学生自己通过归纳、总结、演绎、推理等方式形成概念。设计慕课时，首先也要明确课程目标需指向某个或几个具体学科概念，不能把慕课视频视为纯粹提供娱

乐消遣的短视频；其次，也要通过合适的信息化技术手段呈现概念，例如：慕课“分子生物学实验”中要展示 PCR 过程，传统课程一般采用先看动画，再由教师讲解的方式，但若慕课也按此实施，学生观看动画的时间与教师讲解的时间错开，明显不如在动画中加入文字注解，利用画外音进行解释更为直观、清晰，还节省了时间，提高了效率。利用信息化技术提高信息密度，可以更高效地展现“时序”（先后发生）、“互作”（彼此作用）等信息，有助于学生更快地利用信息生成概念，是一种建立在信息化、数字化基础上的综合教学方式。

三、学生自组织是慕课设计的重要前提

教育专家指出，目前我们已经进入了“教育 4.0 时代”，在新的教育时代背景下，教学组织形式正从单一的“他组织”向“他组织”与“自组织”相结合转变。自组织本来是一个物理学概念，指一个系统在内在机制的驱动下，自行完成从简单到复杂，从粗糙到细致，不断提高自身复杂度和精细度的过程。在运用于教育教学的组织过程中，自组织与传统意义上教学组织形式（他组织）存在以下明显的特征。

（一）自组织强调教学主体的内在驱动力

我国流行的课程理念受到进步主义教育运动思潮的深刻影响，尤其是以美国教育家杜威为代表的经验主义课程思想，将课程视为学习者的经验和活动体验，强调学习者的本能、冲动和兴趣的重要性。学习者内在的“原始动机”就是教学自组织所指的“内在机制”。教学形式出现自组织就是向课程设计者传达一个观点，即作为教育主体的学生，有动力也有能力为自己组织教学要素，以达成教学目标。目前，在高中和大学存在相当数量的以知识学习为指向的学术团体，例如复旦大学有古诗词协会、周易协会、复旦诗社等学生社团。大学的学术团体向我们展示了“自组织”作为未来主要教学组织形式的一种可能性，如针对某一主题，邀请相关专家，组织针对性的学术交流会，安排特定的考察和访学路线等。高中阶段是基础教育向高等教育转变的过渡时期，为了保障学生进入大学校园后有能力进行教学活动的自组织，高中课程建设有责任培养学生以个人内在需求为驱动，尝试为个人或某一学习共同体组织个性化教学内容以达成差异化的目标。慕课独立于目前高中的必修课程、选择性必修课程，可视为一种选修课程形

式。因此，慕课的设计与选修课程的设计都是指向学生的个性化、差异化发展。并且，慕课不依赖于传统课堂，是培养学生自组织能力的最好的“训练场”或“试验田”。

（二） 自组织需要探索全新的课程评价模式

慕课的设计与规划向学习者提供了一种非固定学习自组织模式，即不规定时间、不规定地点、不规定具体学习内容，课程的“有效性”非常容易受到质疑。如某一学生没有迫切的内在动力与渴望，在学校传统的教学组织形式（他组织）下尚能被动地跟着同学完成基本的课程学习，达成一定的教学目标，但若对其“放任自流”，会不会出现不学习、零收获的状况？不难发现，这并不仅是慕课面临的问题，也是选修课程面临的问题。根据目前国家课程标准，高中每一门学科都须开设选修课程，学生根据个人兴趣和爱好选修，且不会进行纸笔测试，即处于“学而不考”或“学而备考”的状态。选修课程同样也面临学生没兴趣、不想学的尴尬状况。选修课程的课程目标如何达成，如何实现课程实施环节的“闭环”，关键在于如何界定“学习结果”。自组织是一种全新的课程教学形式，自然也需要一种能够与之匹配的全新课程评价方式。从课程标准中对于选修课程的规划可以发现，“学分完成”目前是一种较为可行的、针对自组织形式的课程考核方式，即只规定需要学习的总时长（课时），而对学习难度或深度适当降低要求。当然，设计更适配的自组织类课程教学评价方案同样重要，且需要更超前的课程理念。

作者简介

张智顺

复旦大学生命科学学院遗传学专业硕士，上海市上海中学生物教研组组长、教学处副主任，生物高级教师，徐汇区高中生命科学学科中心组成员，第十四届上海市生物化学与分子生物学学会理事，第九届上海市生态学学会理事。曾获2019基础教育三项评选上海市中小学中青年教师教学评比活动一等奖。在《生物学通报》《中学生物教学》《教学管理与教育研究》《教育现代化》《现代教学》《上海教育》等期刊发表文章若干篇。2017年在“上海市高中名校慕课”平台开发慕课“分子生物学实验”。

二外教学中的法语慕课开发与应用实践

上海市宜川中学　陈　蕖

面对“互联网+教育”的机遇，慕课以其大规模性、开放性和高效性等特点，带来了教学理念的新转变。在中学法语二外教学中，学生缺乏学习兴趣和课时量少是一直以来的两大难题。为应对上述难题，作者及所属团队根据调研结果，开发了针对二外教学的法语慕课——“Oh là là 法语启蒙”。该慕课以学生日常生活中最常见的情景作为主题，尽可能地避免枯燥的语法教学，并利用中法学生互动对话激发学生的学习兴趣。为运用慕课服务于线下教学，作者及所属团队还引入一种新的教学模式：翻转课堂，从而大大提升了教与学的效率。优质的慕课可实现与传统课堂的优势双向互补，推动教与学的变革。

在上海教育数字化转型和课程改革背景下，伴随着新型冠状病毒感染疫情的特殊情况，推进“互联网+教育”的呼声被提到了空前高度，教学方式也应顺势转型。同时，近几年也是教育改革的重要时期，尤其在中学外语教学方面。

作为已在中学任教七年的法语教师，笔者在第二外语教学中常常遇到一些困难，如学生学习动机难以维持、学校课时有限、教学资源不足等。慕课作为线上教学的一种方式，打破了传统课堂的边界，其种种优势似乎能为中学二外教学所用。遗憾的是，目前国内中学法语教学慕课的开发与实践研究还不够多。那么，慕课究竟能否促进学生学习兴趣和提高学习效率？如何设计开发慕课并在中学应用？笔者及所属团队以上海市宜川中学法语二外学生作为研究对象，根据实际教学情况，理论结合实践，在“上海市高中名校慕课”平台上开发了“Oh là là 法语启蒙”慕课，并与翻转课堂结合进行教学实践，从而探究慕课在中学法语二外教学中的作用。

一、法语二外慕课的设计与开发

（一）调研定方针

在开发慕课前，教师需要充分了解学生的需求，并对现存的法语慕课作调研。

笔者及所属团队对上海市宜川中学的百余名法语二外学生进行了问卷调查，以了解他们对法语学习的需求、喜欢的慕课模式，以及他们想要通过慕课学到的内容等。通过调查，笔者及所属团队发现，相较法国文化，学生们对法语语言的习得有着更为迫切的需求。学生们最想学习的依次是情景和实际对话、语音规则和法国文化知识。同时，他们更倾向于互动教学、对话式轻松的教学风格，以及动画模式。

于是，笔者及所属团队展开了对现有法语慕课的调研。然而，法语慕课并不多见，针对中学生群体的更是屈指可数。最后，笔者及所属团队研究了中学德语、西班牙语等多种外语教学的慕课，并发现他们的教学内容无一例外地都以学习外国文化和培养学习兴趣为主，而将二外语言的习得放在了第二的位置。

因此，根据笔者及所属团队的调研显示，市场上所缺乏的法语慕课正是学生所需要的教授语言的二外课程。事实上，随着时代的进步，学生已了解学习第二外语的重要性。因此，笔者及所属团队设定了慕课的教学方向：创设学生日常生活相关的情境，让零基础学习二外的学生可以在轻松愉快的氛围中掌握情景对话，了解认识法语的基本词汇、发音和简单语法，并将对文化知识的认识融入生动的对话中。

（二）慕课“Oh là là 法语启蒙”课程架构与形式设计

1. 课程架构

以慕课第六讲为例，以下是笔者及所属团队设定的课程架构与内容（见表 24－1）。

表 24－1 “Oh là là 法语启蒙”第六讲课程架构与内容

主题	词汇	语法简述	句型梳理	对话实操	文化拓展
第六讲 茶余饭后的闲聊话题——询问天气	气候与天气类相关表达	1. 部分冠词 2. 无人称代词 3. 动词变位：faire 做	—Il fait + *adj*. Il fait beau / mauvais. 天气好/不好。 Il fait chaud / froid. 天气热/冷。 —Il fait + article partiel + *n*. Il fait du soleil / du vent / de la pluie / de la neige. 有太阳/风/雨/雪。 — Il fait + *v*. Il pleut / neige. 下雨/下雪。	• 法国学生播报天气预报 • 中法学生话天气	介绍法国南北方气候差异，推荐电影《Bienvenue chez les Ch'tis》(《欢迎来北方》)

笔者及所属团队选择了学生日常生活中最常见的情景作为主题，如问候、询问姓名、讨论喜好、询问时间和天气等，均是二外习得初期最容易遇见的话题，生动有趣且实用性强，其难度也更易把控。同时选择了与情景主题密切相关的词汇，通常是简单、常用且有代表性的。

就语法而言，由于是二外学习，所以尽可能地避免枯燥的语法教学，只是对学生在对话学习中遇到的有理解困难的问题或常见的代词、连词、性数等的概念作简单解释，而没有深入的分析，并建议感兴趣的学生可以进一步学习。

由于慕课时长的限制，笔者及所属团队反复总结和凝练，梳理出最精简且实用的句型，正如在第六讲询问天气的主题中，将天气的句型分成 3 类，再简单补充形容词、名词和动词即可，学生可以掌握最基础的句型并选择性地拓展延伸。

对话实操板块创设真实情景，将句型运用到实际对话中进行操练，如第六讲中，选择了用法语进行天气播报，以及学生相约出游前对天气的谈论。

文化方面，每节课都选择了相关的文化主题，如：问候—贴面礼怎么做、询问时间—法国数字趣谈、介绍故乡—法国城市风光、谈论天气—推荐能反映法国南北方气候差异的电影等，内容丰富，形式多样。

2. 授课形式

每节课的学习分为 4 个部分：中法学生情景对话、师生互动问答讲解、文化拓展、总结巩固。

中法学生情景对话，即对话实操部分，团队运用了外国姊妹学校的资源，借法国师生来访学校时统一拍摄，由中国和法国的中学生共同完成。原汁原味的法语发音和表达增加了慕课的专业性，而中法学生的互动对话则激发了学生浓厚的学习兴趣，让学生足不出户就能感受到与法国小伙伴交流的乐趣。

师生问答讲解是贯穿整个慕课的教学互动形式，即通过教师和学生的互动问答方式讲解情景对话中的相关词语、对简单语法释义，并进行句型梳理。问答的方式营造了活泼轻松的学习氛围。教师与学生两人的互动也给学习者一种代入感，拉近了与学习者的距离。

文化拓展侧重于在对话中自然而然地展现法式文化。内容有时是风景秀丽的城市风光，有时是法式韵味十足的电影片段，寓教于乐，让学生在学习语言的同时理解背后不同的文化。

总结巩固是将本节课的知识统一进行归纳梳理，从而有利于学生理清知识点并做记忆的加深巩固，也对学生在线下做笔记梳理非常有益。

以上环节在教学设计逻辑上环环相扣，适应学生的认知水平和学习兴趣，在学习方式方面也能更多地体现学生参与和自主学习。

二、慕课在法语二外教学中的应用实践

（一） 翻转课堂——教与学的创新变革

慕课让学生可以通过短小的视频学习一定量的知识。但是，如何运用慕课让其为线下的教学服务？笔者及所属团队尝试引入一种新的教学模式：翻转课堂。翻转课堂究竟“翻转”了什么，又是如何“翻转”的呢？

1. 翻转课堂翻转了课堂和课外的性质

传统的教学模式是教师在课堂上教授知识，然后布置家庭作业，学生在作业中进行巩固练习。在慕课翻转的课堂中，学生上课前在家里自学知识，然后在课堂上应用所学。教师组织各种各样的活动来加深学习：语言练习、情景模拟、项目学习、合作探究等。学生通过解决教师提出的任务或问题，最终掌握知识。翻转课堂颠覆了传统的教学方法，简单来说就是“在家庭中学习，在课堂里作业”。

2. 翻转课堂转变了教师和学习者的角色

翻转课堂模式下教师的作用由传授者改为陪伴者和指导者。教师花更多的时间帮助学生进行具体情境的设置,并提供更具个性化的见解,使师生之间及学生之间的关系焕然一新。此外,课堂时间可用于其他基于学习的活动,如差异化教学和项目化学习等。这使教师把注意力真正转移到了学生身上,以学生为本,既提高了学生的学习效率,又增加了培养学生高阶思维的时间。

3. 翻转课堂培养了学生的高阶思维

本杰明·布鲁姆是当代著名的心理学家、教育家。他将认知过程维度分为 6 个主要类别,自下而上依次是记忆、理解、应用、分析、评价、创造(见图 24-1)。

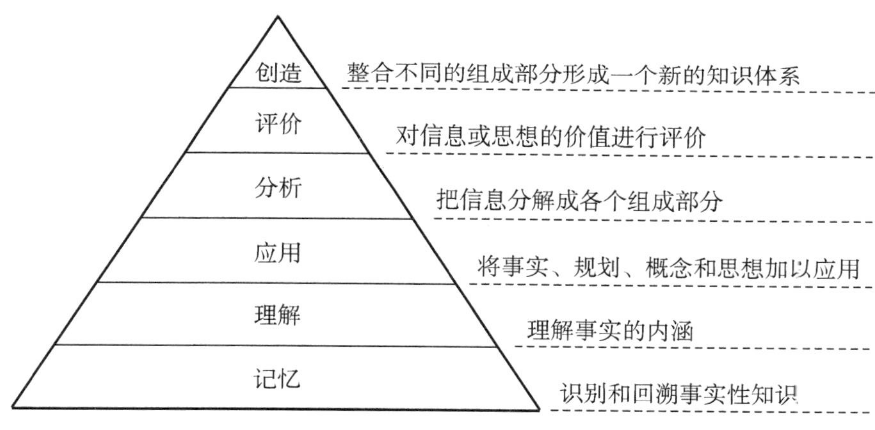

图 24-1 布鲁姆教育目标分类法

从“布鲁姆教育目标分类法”不难证明,我国中学现阶段的不少课堂教学停留在基于“记忆与理解”的事实和概念性教学模式上。而翻转课堂则实现了以培养学生高水平认知能力为中心的知识应用、分析、评价、创造的教学模式。翻转课堂的实施过程决定了它把上层思维放在更重要的位置上。如此,通过运用慕课加上课堂演示,教师得以在课堂上运用宝贵的时间来处理知识,培养学生的高阶思维。

(二) 翻转课堂的实践策略——以“Oh là là 法语启蒙”第六讲“询问天气”为例

以“询问天气”这一课为例,在传统的天气主题课中,笔者首先会教授学生法语中表达天气的词汇有哪些，比如“下雨、下雪、晴天、多云”分别怎么说，再将词语运用到句型中练习句子，如“今天下雨，上海晴天，明天刮风”等，然后再学习温度类的词汇和表达，最后进行综合运用。当然，如今的课堂已然有了大变革，笔者会增加许多有趣的小活动或教学任务，比如最后笔者一般会要求学生能听懂天气预报，并用法语开展国内外天气播报这样的真实情景活动。

当笔者运用慕课进行翻转课堂的实践应用时，转变为如下教学过程及策略。

1. 上课前

（1）学习任务单助力学生自学。笔者要求学生在自学慕课时，完成课前教师布置的学习任务单，并做好笔记。为减轻二外学生的压力，学生在一周内完成一节慕课的学习即可。如天气这一课，学生可以在一周内分为多次观看，也可以将视频反复观看。学习任务单通常列出 5 到 10 个问题。问题较容易，学生看视频的同时便可以完成。这张学习任务单可以让学生对重要知识点和学习方法作较好的梳理和自评，更像是“学习向导”。

（2）信息化平台助力教师评估。教师除了每周检查学生的笔记本和学习任务单以掌握学生的自学成效外，还在课前根据后台的数据统计来提醒学习进度落后的学生，并根据学习的成效或留言反馈调整教学策略，为课堂作充分的准备。

2. 课堂上

笔者采用了问题导入、问题链推进—解答疑惑、归纳新知—创设情境、实战操练—线上线下有机渗透的策略展开课堂。

（1）问题导入、问题链推进。区别于传统课堂的问题导入，笔者在课堂一开始时就以问题链推进，直接提问该课几个重要但并不复杂的知识点。如天气这一课中，教师的提问是“为什么是 Il fait du soleil 而在另一句中却是 Il fait de la pluie”，进而引出介词“du”和“de la”的区别，这是本课的语法点“部分冠词”。学过课程的同学很快就能搜索记忆并回答出是因为名词阴阳性的关系。通过提出问题，教师能对学生自主学习的效果作全面的评估，并对学生仍存在的问题作清晰的观察。

（2）解答疑惑、归纳新知。教师根据学生在问题链中的反应总结要点，并将新授知识锁定为学生理解困难的内容。如刚才提到的名词阴阳性问题，当教师进一步提问哪个是阴性哪个是阳性时，只有部分学生仍然记得，大部分学生开始翻阅笔记。此时，教师重点再归纳相应词语的阴阳性即可，不用再深度讲解部分冠词的概念和区别。也就是新知教授环节侧重于归纳总结慕课中的重难点或解答学生仍存在的困惑。笔者常常会运用思维导图或其他归纳的方式为学生梳理新知。

(3) 创设情境、实战操练。在课堂的其余部分,学生开始做语法练习,并有大量时间开展小组对话。为了提高学生理解和运用所学知识的能力,笔者常常会要求学生创造新的对话或模仿真实的情景。在学生口头或书面练习时,教师应走到学生身边,了解每个学生的学情,逐一解决他们的困难。

(4) 线上线下有机渗透。笔者及所属团队将慕课拆解,不同的部分与线下课堂有机结合使用,效果惊人。比如这一课中,巧妙地将慕课中天气播报的情景对话改成一道听力题,有效检测学生对天气和温度方面细节的掌握,并以此为样例,让学生模仿完成中国今日天气预报的播报。

3. 下课后

课后策略:不留作业,兴趣拓展,重启自学。翻转课堂后笔者通常不留作业,只是整理笔记,并推荐学生根据自身的学习能力和兴趣进行文化拓展,如第六讲中观看电影《Bienvenue chez les Ch'tis》。不过,根据慕课的流程,学生必须开启下一节慕课的学习来为课堂作准备。因此,与传统课堂后学生用大量的时间完成作业和习题不同,翻转课堂后,他们每周仅需花 10 分钟左右的时间学习视频。最后,笔者及所属团队成功将两课时的内容压缩到了一课时,节省的正是大量新知教授的时间,大大提高了教与学的效率,实现了教与学方式的创新和突破。

三、慕课教学的实践反思

经过一学年的实践运用,笔者及所属团队对两个进行慕课教学的班级(共计 83 名学生)进行了问卷调查和访谈。通过学生的反馈及教师的体验,笔者及所属团队总结归纳了慕课应用的优势与不足之处。

(一) 慕课的优势

慕课的实践结果总体令人满意。学生给慕课"Oh là là 法语启蒙"打了 4.36 分(满分 5 分)的平均分,翻转课堂体验则为 4.29 分。根据问卷中的多项选择题,学生们眼中慕课教学的优势按降序排列如下。

1. 慕课提供的教学灵活性较高，以学生为本，有助于个性化教学

（1）学习者的灵活性。56.7%的学生认为慕课学习是非常方便且有效的，学习者可以根据自己的情况和能力选择在任何时间、任何地点开展学习，随时调整自己的学习节奏。对于青少年来说，在40分钟的课程中很难一直集中注意力。二外课堂更是如此，他们有时会分心，跟不上教师的节奏，但慕课的短片教学很好地解决了这个问题：当学习者使用慕课学习时，如果他们感到不适，可以随时暂停，并根据自己的需要重复播放直到他们理解为止。

（2）教师的针对性。有了慕课，教师不再需要在课堂上次次重复知识点的教学，而是可以简单地准备一份优质的学习任务单，帮助学生在上课前自学慕课。而且，慕课视频的使用方式也很多元。可以作为视听材料，在课堂上营造一种新颖而又温馨的氛围，以丰富教材；抑或在课后使用，作为复习资料，以更好地巩固知识。同时，依托慕课平台数据，教师还可以更便捷地看到每个学生的学习进度，从而调整课堂教学的进度和难度。

（3）教与学的机动性。由于每个学生的认知水平和学习能力不尽相同，大部分的学生能够看懂慕课的基本内容，优秀的学生能够看懂细节并展开自主探究，学习能力较薄弱的同学可能在某些部分需要反复观看且尚存一定的困难。无论如何都没有关系，教师可以在课堂上根据不同学生的理解程度分发任务，尊重每个学生的基本学情。学习模式真正从学生出发，以人为本，有助于教师因材施教，实施个性化教学。

2. 慕课培养了学生的自主学习能力，有助于提高学习效率

在问卷调查中，与“灵活性”同列榜首的是“自主学习能力”。通常情况下，中学的课堂内容和节奏是统一的，由教师主导，而慕课是以学习者为中心，使他们能够自由地、自觉地走上学习之路。如果学生不能以一定的速度自学，很快他们就会跟不上其他学生的步伐，在课堂上迷失方向，并伴随有挫败感，这会促使学生下次回家主动参加慕课课程的学习。

同时，自主学习的能力虽然要求较高，但有助于提高学生的学习效率。埃德加·戴尔（Edgar Dale）是著名的视听教学专家，在一个训练实验室研究出了著名的使教学方法与学生知识获取率相匹配的“学习金字塔”（见图24-2）。通过这个学习金字塔可以清楚地看到：学习类型将决定信息保留的程度。根据埃德加·戴尔的研究，通过学习，学习者记住了：听讲内容的5%，所读内容的10%，听到和看到内容的20%，所演示内容的

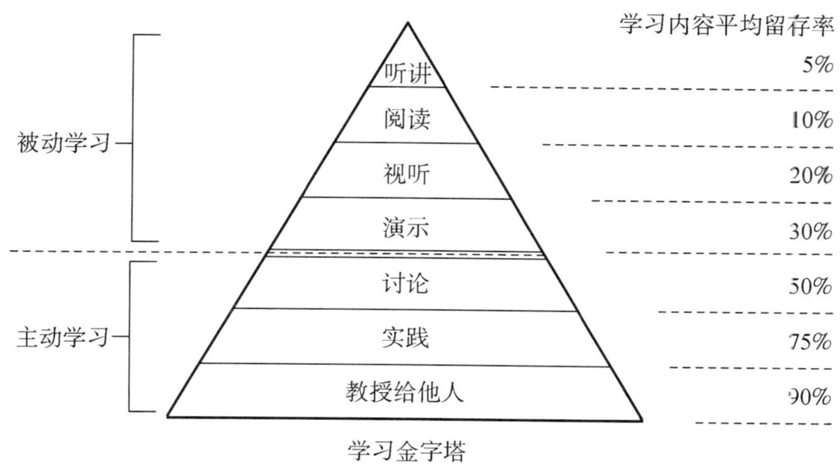

图 24－2　埃德加·戴尔的“学习金字塔”

30%，所讨论内容的 50%，所做内容的 75%，教授给他人的内容的 90%。换言之，通过主动学习，如模拟、练习、小组讨论等活动，更容易掌握知识，且知识掌握得更牢。相反，通过观看视频、听教师讲座和阅读书籍等被动学习来灌输知识，知识较容易被遗忘。

不难发现，翻转课堂正是将主动学习放至课堂上的重要位置，将被动学习放至学生在家进行课前自主学习的位置。在课堂上，学生通过自学与小组讨论来完成他们的项目，教师作为指导，帮助学生在困难时解决问题。通过实践这种自主学习，学习者的交际能力、协作能力、实践能力和自主学习能力都得到了显著提高。而这种自主学习恰恰又有助于解决生活中的实际问题，是重要的学习能力。

3. 慕课解决了二外教学中的两大难题

（1）慕课激发了学生学习二外的动机。提高学生法语学习动机是笔者及所属团队的初衷之一。根据问卷调查结果显示，40%的学生认为自己参与慕课学习后更有动力了。一些学生表示，慕课课程的视频形式可以给他们强烈的“替代感”——让他们在家中就可以看到熟悉的教师和同学，在不出国的情况下看到法国朋友。慕课对二外教学的帮助尤为显著。没有考试的压力，以兴趣推动学习的二外教学正需要这样新鲜的教学方式。慕课生动活泼的形式和创新的翻转课堂激发了学生法语学习的兴趣和动机。

（2）慕课延长了课堂的有效时间。缺乏课时是中学法语二外教学中的另一大障碍。幸运的是，38.3%的学生明确感受到课堂效率的提高。通过课前学习知识点，学生可以利用宝贵的课堂时间进行深入的训练和实践。一般来说，传统课堂一节课需要两个课时，一节新授课和一节练习课。而翻转课堂一节课便完成了两节传统课堂的内容，且学生的作业时间实际上是一样的，从课后做练习改为课前学视频。此外，因为时长的要求，慕课视频中的每一句话往往非常精练，以避免无谓的重复。而课堂中，为确保大部分同学能够理解，教师常常会不自觉地用重复的语言强调重难点。因此，虽然 40 分钟的课程被缩短成 10 分钟的视频，但学生的学习效率并不会因此降低，反而使自学的时间变得高效。

（二） 慕课的要求

通过对慕课理论和实践的研究，笔者发现慕课存在问题的关键词正是“要求”：对技术要求的严格，对学习者和教师亦是如此。

1. 严格的技术要求

慕课对科技提出了很高的要求，需要先进的拍摄条件和复杂的拍摄过程，这可能对普通教师而言并不寻常，往往需要专业的技术团队才能实现。然而，即使笔者及所属团队在拍摄和编辑方面做了很多工作，仍有部分学生表示当他们观看视频时，声音有时是模糊的，或者字幕不够清晰，停留时间太短，学生尚未理解就消失了等。有时，虽然技术条件已经达到了，但是教师操作起来仍觉得有一些复杂，比如在播放视频过程中的卡点提问，只有正确回答相应的问题后方能继续进行视频的学习。慕课作为互联网的产物，对平台、学习者和教师每一方都提出了一定的技术素养要求。

2. 对学习者的要求

首先，慕课的使用需要学生的自觉意识。在关于学生学习慕课有何困难的问题调查中，“缺乏自觉意识”以 61.7%的比例位居榜首。在传统精确到每天多少时间作业量的训练体系下，不少学生对“每周完成一节 10 分钟的视频学习课”显得不知所措。其次，40%的学生认为慕课对学生自主学习能力的要求较高。自主学习能力指在自主学习过程中主动吸收知识、记忆、掌握难点、概括要点的能力。学生的笔记本和学习任务单就展现出很大的不同：大多数学生在家里确实自学到了知识；有些学生只是把它当作一项任务来完成，而没有经过深思熟虑；还有少数学生未能完成学习任务，在课堂上无法适应快节奏的训练。因此，慕课的教学对学习者的自学意识和能力都提出了更高的要求。

效的单词记忆方法，帮助学生从音、形、情、境等多维度进行英语词汇的学习，从而激发学生学习英语的兴趣，并提高记忆词汇的效率。从学习方式上看，从传统误堂中的教师导向学习转向为学生自主学习。该课程主要有绪论、音义联想记忆法、形义联想记忆法、多媒体联想记忆法、词根词缀联想记忆法及语篇语境记忆法 6 个课时。授课对象为具有一定英语基础的学习者，如中学生和大学生。

三、"翻转英语词汇课堂"的具体实施策略及呈现方式

（一）听音闻义——音义联想记忆

任何一种语言都需要靠发音来进行交流。音义联想法就是利用英语与汉语间的语音联系，通过联想进行记忆的方法。在英语词汇教学中，让学习者由一个单词联想起有关的汉语词汇，从而在大脑中浮现相关影像，大脑中的联想影像越活跃，两者间的联系就越牢固，记忆的效果就越好。

案例 1

词汇教学：ponderous、pest、agony、flee、cement、addict、shallow、landlord、budget

探究问题：建立联想，提升单词记忆效率

教学策略：在讲授以上单词时，教师可先播放慕课"音义联想记忆法"，通过慕课的讲授，让学生了解音义联想记忆法的定义和一些真实案例。如：pest＝"拍死它"，中文为害虫。随后，教师将学生分成若干小组，给出一些学生不熟悉的词及其音标。在学生讨论的过程中，教师可参与各小组的讨论，启发并引导学生利用发音去猜测单词的词义。在讨论之后，学生代表可上台发表组内讨论的结果并说明理由。在此案例中，慕课的作用主要体现在引导和启发上，学生利用掌握的记忆法提高背单词的效率，正所谓"授人以鱼不如授人以渔"。课后作业则是安排学生对上课学过的单词进行梳理。此外，教师也可给出具有代表性的生词，要求学生回家利用谐音记忆法进行单词记忆的新尝试，如此进行周期性的学习。

发音是语言学习的基础，也是现今很多学生的短板。音义联想记忆法对学生来说既新颖又有趣。在此过程中，学生逐渐掌握了学习单词的新方法，不仅提高了学习英语的积极性，也提升了单词记忆的效率。更重要的是，这让学生意识到语言学习的初级阶段应该是由音知义，这样才能在英语学习的其他板块中也做到事半功倍。

（二）由形知义——形义联想记忆

很多学生在记单词时候觉得英语单词都是由 26 个字母随机排列组合而成的，没有规律可循，需要死记硬背。其实不然，只要掌握方法，英语单词记忆也会很有趣。教师可以借助慕课，实行形义联想记忆的教学方法，帮助学生快速掌握英语词汇。形义联想法有拼合联想记忆、汉语拼音联想记忆、缀合法、比较联想记忆 4 种方法。

案例 2

单词的形态记忆

探究问题：在课堂中通过慕课，引导学生利用单词形态记忆单词

教学策略：如记忆“handsome”（英俊的，大方的，美观的）这个单词。这个词汇是合成词，需要在原有词义上有所延伸。那么如何运用形义联想记忆法进行记忆呢？教师利用多媒体向学生展示“handsome”这个单词。把它拆分开来，这个词由“hand”和“some”组成。让学生回答“hand”是什么意思，“some”又是什么意思。然后教师播放微视频：视频上一个俊美的男子冲路边的人一招手，就吸引了一些女性的注意。接着引导学生这样记忆：（“hand”）手一招就引起一些异性关注，那么能做到“hand”一招就引起“some”异性关注的人，很可能是非常俊美的，也就是“handsome”的，就像视频中的男子一样。这样由形到义的方法非常有趣、实用。

课堂上的时间有限，教师可以把更多相关的词汇形义联想记忆方法的视频录制成微视频，在课堂上举一反三。同时，也可以让学生课后在家反复观看视频。高中生具备了一定的自主学习能力，而泛在式学习的实行不仅提高了学生学习词汇的效率，对他们的终身学习也具有深层次的意义。

（三）巧用多媒体——多媒体联想记忆

多媒体技术在教学上的应用使英语词汇教学不再单调、枯燥。教师可以引入慕课，巧用多媒体激发学生学习兴趣，运用多媒体来实现多媒体联想记忆法。多媒体可以提供大量学习资源，学生只需要找对资源便能事半功倍。如很多学生喜欢看外国电视连续剧，我们可以借助多媒体，在看剧的同时学习单词，巩固单词，提高自己的口语能力。教师可帮助学生节选一些比较生活化的英剧或者美剧片段，如《摩登家庭》《绝望的主妇》《老友记》等。

案例 3

《老友记》中的生活词汇

探究问题：多媒体资源应用下的词汇记忆

教学策略：教师可将教学分为 3 个步骤。①节选《老友记》片段，播放并打开中英文字幕，让学生认真观看，随后检测学生对片段文本的理解。②关闭字幕，让学生在观看过程中进行听写，反复听，注意单词的发音、语调、重音、连读等元素。③将听写内容与英语字幕进行对照，标注没有听出的词汇或表达方式，见表 25－1，并进行背诵。④不停顿地无字幕播放，检验学生能否听出每个单词并完全理解。

表 25－1　听写记录表

Pronunciation (*Take down the pronunciation of the new words*)	
Intonation (*Rising tone* "↗" *or the falling tone* "↘")	
Stress (Use "△" to mark the stressed words)	
Pause (*Use* "/" *to mark the pause*)	
Liaison (*Mark liaison part with the symbol* "‿")	

通过这 4 个步骤的教学，学生能掌握正确的学习方法，并体会到学习的乐趣。此外，教师还可以利用英语配音 App 布置课后作业，对相关片段进行配音训练，这不仅是课堂的延续，也非常符合泛在式学习的理念。同时，教师可以制作相关评价量表，让学生进行自评和互评，这也和“双新”里的“教学评一致性”非常吻合。

每节课后，教师会安排组长将“小组合作活动评价量表”发放给组员（见表 25 - 2），借此了解学生对个人和所在小组在活动中态度和能力的评价。教师根据每次的评价即时调整课堂模式和教学策略，并对学生进行及时教育。

表 25 - 2　小组合作活动评价量表

评价指标			等第(1 为不理想，4 为优秀)
小组	态度	1. 整体态度积极热情，参与性强。 2. 目标一致，互相关心彼此活动的进展。 3. 成员分工明确，各尽其职，合作默契。 4. 彼此接纳和支持，平等发言。	1　2　3　4 1　2　3　4 1　2　3　4
	能力	1. 活动组织高效。 2. 小组成员能进行准确交流。 3. 小组最终达成共识，建设性地解决问题。	1　2　3　4 1　2　3　4 1　2　3　4 1　2　3　4
个人	态度	1. 参与意识强。 2. 积极配合小组成员活动。 3. 有责任感。 4. 踊跃发言。	1　2　3　4 1　2　3　4 1　2　3　4
	能力	1. 善于与同伴沟通，达成共识。 2. 观点新颖，紧扣主题。 3. 语言表达流畅，富有感染力。 4. 仪态自然，充满信心。	1　2　3　4 1　2　3　4 1　2　3　4 1　2　3　4

（四）敢于联想——词根词缀联想记忆

相信高中生对词根词缀并不陌生，其实英语中的词根词缀就如同我们汉字中的偏旁部首。通过记忆一些比较常见的词根词缀，我们可以记忆更多单词，但前提是我们要敢于联想，富于联想。课前，我们可以要求学生观看慕课，让学生提前了解词根词缀记忆法的基本概念和内容，随后教师可以借助词根词缀字典、组织课堂活动，让更多学生加入讨论，通过思维的碰撞，加深对词根词缀理解和应用。线上线下相融合能够使慕课的效能达到最大化。

案例 4

词根词缀 dis-在英语单词中的应用

探究问题：引入英语单词中词根词缀的概念，提升单词记忆效率

教学策略：在课堂"pre-learning"阶段，教师可以给出某个前缀，然后让学生进行头脑风暴，看谁在限定时间内填得最多。学生可以借助词根词缀字典进行小组活动，这样不仅可以激发学习积极性，也可以培养自主学习能力和意识。在"while-learning"阶段，教师可以引导学生进行深度学习，一边通过慕课，一边通过提问的方式引导学生学习相关知识，以 dis-前缀为例，可以让学生逐步学习"dissolve"（溶解），"dismiss"（遣散）等高考重点词汇。在"post-learning"阶段，教师可引导学生观察、发现单词的组成规律。小组讨论后，要求小组代表阐述本小组的观点，随后教师再作补充，令学生理解得更透彻。

关于其他常见的词根词缀，教师可在课后帮学生整理，用慕课的形式帮助学生快速掌握有规律的词根词缀单词。通过对前缀后缀的记忆，提高单词记忆效率，而教师的任务则是在课堂中将传统课与慕课相结合，对学生进行有针对性的检测、反馈和引导，这样的混合式教学模式可以大大提高英语词汇教学的效率。

（五）望文生义——语篇语境记忆

在学习英语词汇的过程中，语篇语境是重要因素之一。语境制约着语言单位的意义表达与理解，所以对词汇意义的准确理解必须结合上下文，否则就会产生一定的歧义。基于慕课，教师可组织一些相关的课堂活动，如根据句子或者语篇猜测词义。在活动中，学生通过猜测，强化对生词的理解和记忆，这样的方法不仅能加强学生对单词词性、词义的理解，也对词汇的灵活应用起到一定的指导和推动作用。

案例 5

语篇中的单词记忆

探究问题：根据语境，提升单词记忆效率

教学策略：学生利用课堂的十分钟观看慕课“语篇语境记忆法”。通过慕课，学生对语篇语境联想记忆有了初步的认识。随后，教师组织课堂活动，如小组讨论，对文章大意以及词汇在语境中的使用进行猜测。随后各小组利用评价量表对其他组的猜测进行评价。在讨论中，学生有不同的猜测，有思维火花碰撞的，更易于刺激他们的大脑，也能进一步提升背单词的效率。例如：“immigrate”到北京的相声演员洛桑因为“imitate”各种声音惟妙惟肖，虽然有些节目还有点“immature”，但是他的演出还是“immediate”地取得了“immense”成功，成了晚会上“immobile”节目，然而一场车祸夺去了他的生命，被送到医院的时候“immune”系统彻底毁坏，甚至没有等到“imminent”孩子，全家人“immerse”在巨大的悲痛中，但是他的创新精神是“immortal”。学生通过中文语境，大胆猜测其中英语单词的含义，教师最后还可以对洛桑这位演员进行介绍，拓宽学生的眼界。

语境记忆的难点在于选好材料，对于教师的编写能力和总结能力有一定的要求。而通过小组之间激烈的讨论，课堂氛围更为浓厚，学生的学习更加主动，更有利于学生的自主学习。

四、线上线下相融合中存在的现实困境与解决策略

诚然，线上线下相融合的教学模式是时代的产物，也是大势所趋，但在各种实践过程中，也出现了诸多亟待解决的问题。首先，英语教师的视频制作水平有限。学校的英语教师大多是师范类院校毕业，对于音视频的制作或图像制作并不专业，因此在很多情况下，很难将自己的教学理念和音视频制作相结合，教师的视频制作水平亟待提高。其次，慕课的整体性和延续性还有待提高。目前的名校慕课大多属于学校的科研项目，用的是项目经费，因此参与的教师人数和资金都很有限，很难将一些英语学科专题如词

汇、语法、写作等形成系列专题。最后也是最重要的一点，如何通过慕课设置合理的学生活动是教师目前面临的最大挑战。问题设计好坏及活动设计是否科学，都将直接影响线上线下混合教学的质量。如果设计不科学，那还不如传统教学模式。只有找到合适的解决办法，才能突破现实困境，真正发挥融合型英语教学模式的作用。基于以上问题，笔者提供以下解决路径，供大家参考。

(1) 学校可以将信息技术培训纳入校本培训或“双新”培训计划中。在培训之前，可以征询老师的学习意向，如音频制作、视频制作、动画处理等。不同的学科有不同的要求，可以定期开展相关的技术研讨，集各教研组之力，形成更加全面、科学的培训计划和培训内容。

(2) 基于慕课整体性不强的问题，学校可以鼓励教师做一些基础内容的微课，如从句系列、非谓语系列等，让教师先熟悉微课、慕课的理念。教研组长牵头，把这些微课做成一个系列，定期研讨，定期磨课，不断提升课程设计水平。一段时间之后，将这些课程统一进行技术上的提升，最终形成校本的系列课程。

最后，关于慕课的课堂活动设计和问题设计。学校可组织教师积极开设公开课，同时可邀请市区里的专家作指导，并积极撰写相关教学论文。此外，英语学科可以借鉴历史、地理等学科进行学历案的设计。建议这些由骨干教师带领组内年轻教师共同完成。

五、结语

总而言之，将慕课引入高中英语课堂教学中，能够化繁为简。将繁杂的英语词汇教学变得简单、有趣。慕课可以把教师带入一个奇妙的英语世界，让教师在这片知识海洋中尽情遨游，既能提升自我，又能受益于学生，实现优质教学资源共享，进一步提高课堂教学质量。英语词汇学习将不再是难题，只要能将学生的学习兴趣和热情调动起来，依托慕课，教给学生更多的学习方法；只要学生能好好学，努力学，就一定能够学好英语，提高自身的英语素养。

参考文献

[1] 肖帆.关于慕课背景下英语教学改革分析[J].读天下，2016(20):21.

[2] 李晶.慕课背景下教师角色转变策略研究[J].教育理论与实践，2016(7):37-40.

[3] 黄劲.慕享教育模式下的课堂掌控研究[J].试题与研究,2020(3):137.

[4] 郑淑贞,盛群力.社会互赖理论对合作学习设计的启示[J].教育学报,2010,6(6):34-40.

作者简介

杜佳庆

同济大学教育学硕士，高级教师，杨浦区第五、第六届骨干教师。在校担任英语学科备课组长、班主任及工会委员等职务，曾获"杨浦区先进集体""杨浦区优秀带教教师"等荣誉称号。擅长利用信息技术改革传统课堂，打造可视化互动课堂，曾获得第二十三届全国教师教育教学信息化交流活动基础组微课二等奖，发表《基于移动技术的高中英语听说混合式教学模式研究》(《教育传播与技术》,2018 年 12 月)《慕课背景下高中英语词汇教学的探索与研究》《新教育论坛》(2019 年 10 月)等相关论文，参与出版创意教辅材料《高中英语词汇主题分类训练手册》(同济大学出版社,2022)。作为学校种子团队成员，参与"线上线下混合式英语教学模式的探索"课题开发。

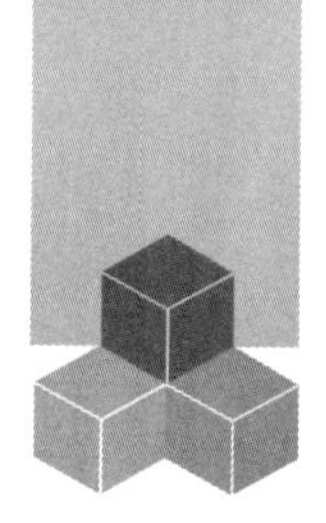

核心素养视域下"中国与世界"英语课程群的建构与实践

上海外国语大学附属外国语学校　"中国与世界"校本课程开发项目组

上海外国语大学附属外国语学校英语教研组调研显示，学生虽然对祖国的文化与历史有所了解，但是用英语介绍并传播中华优秀传统文化的机会不够多，能力也有待提高。于是该校组建团队，对"中国与世界"课程群进行了建构与实践。课程群的每个课程主题都注重厚植中华文化底蕴，铸牢中华民族共同体意识，进而培养学生文化自信。课后，学生们还组成小组，在学校国际文化节上，将所学的中国故事、中华优秀传统文化呈现为歌舞、戏剧等节目。

《普通高中英语课程标准(2017 年版 2020 年修订)》指出：实施普通高中英语课程应以德育为魂、能力为重、基础为先、创新为上；注重在发展学生英语语言运用能力的过程中，帮助他们学习、理解和鉴赏中外优秀文化，培育中国情怀，坚定文化自信；帮助学生拓展国际视野，增进国际理解，逐步提升跨文化沟通能力、思辨能力、学习能力和创新能力，形成正确的世界观、人生观和价值观。普通高中英语课程应在义务教育的基础上，帮助学生进一步学习和运用英语基础知识和基本技能，发展跨文化交流能力，为他们学习其他学科知识、汲取世界文化精华、传播中华文化创造良好的条件。

上海外国语大学附属外国语学校(以下简称上外附中)英语教研组在认真学习研读政策文件及课标内容后，回顾日常教学实践，在教研组及学生中作了广泛调研，总结问题如下：

(1) 学生用英语介绍中华优秀传统文化的机会不够多。学生在英语学习过程中，接触国外文化较多，但用英语介绍阐述中华优秀传统文化的机会不够多，能力也有待提高。

(2) 教学资源较有限。在团队进行调研时发现，除了教材之外，校内现有的中华优秀传统文化相关教学资源主要以中文为主，英语类的资源较有限。

基于以上教学实践中的问题，教研组组织多轮研讨，初步确定了先建设“中国与世界”校本课程的目标，作为我校英语课程的重要补充。在我们随后的摸索过程中，恰逢教育部于2021年印发《革命传统进中小学课程教材指南》《中华优秀传统文化进中小学课程教材指南》，指导中小学课程教材系统、全面落实革命传统、中华优秀传统文化教育。《中华优秀传统文化进中小学课程教材指南》明确规定，中小学课程教材主要围绕核心思想理念、中华人文精神、中华传统美德三大主题，遴选中华优秀传统文化教育内容。以上文件的出台，让我们进一步建构“中国与世界”英语课程群的目标更加明确，任务更加具体。

一、课程准备

（一） 第一阶段：单元主题融合，补充现行教材

团队采取“单元主题融合法”：根据现有教材每个单元的主题进行内容拓展和延伸，结合“中国与世界”这一大主题，收集、选择合适的补充教学材料并进行开发，以补充单元内有关“中国情怀”“文化意识”的教学内容。

团队设计了具有综合性、关联性和实践性特点的英语学习活动，使学生通过学习理解、应用实践、迁移创新等一系列融合语言、思维、文化的活动，获取、阐释和评判语篇意义，并表达个人观点、意图和情感态度，分析中外文化异同，进而发展多元思维和批判性思维，提高英语学习的能力和实际运用语言的能力。团队在第一阶段选用的教学材料来源包括正式引进国内且经过审核的英语教材、国内出版的英文报刊、国内出版的英文版中华优秀传统文化书籍、相关音频及视频资源等。团队对上述材料的内容进行了严格的选用审核。

（二） 第二阶段：独立单元设计，建构校本综合课程

在第一阶段的资源开发与实践经验积累的基础上，团队着手建构“中国与世界”校本课内拓展课程。主题选择主要从时间维度、空间维度和思想维度入手，通过选取中华优秀传统文化中最具代表性的特色内容和精华，使学生在中国缤纷节日中看到中华五千年文明，在各色美食中了解国人的饮食养生观念，在名胜古迹中感受祖国的大好河山，在汉服的前世今生中体会国人优雅的生活情趣和审美观念。

具体来看，团队根据教材特色和中学阶段的实际表达需要，将中华优秀传统文化教学内容分为自然地理、神话典故、传统节日、饮食服饰、书法艺术和历史传承等类别，主题有

茶、兵马俑、中国功夫、街边小吃、十二生肖、长城、汉服、盘古开天辟地、农历新年等。

（三）第三阶段：突破传统课堂，制作慕课等数字课程

在第二阶段“中国与世界”课程群的开发过程中，组内教师团结合作，在材料开发、课堂练习及多媒体素材应用等环节，不断尝试和改进信息技术辅助教学的模式。在第二阶段相对成熟的基础上，团队再次尝试将信息技术与教育深度融合，制作“中国文化”英语慕课。该慕课已于2019年上线“上海市高中名校慕课”平台，课程内容包括汉字、中国书法、中国国画、中国文学经典作品阅读、中国石窟、中国传统节日、中国古代青少年娱乐等模块。在各个模块中，主讲教师通过视频、课件、动画等形式向学生生动传授主题相关知识，并引导学生就课堂问题进行探究。每周，主讲教师在固定时间在线答疑，与学生共同讨论感兴趣的课题。该慕课平台向全市中学生开放，从而也为上外附中以外对中华优秀传统文化感兴趣的同学提供了学习机会。此外，团队制作的“跨文化交际——中国与世界”数字化课程也于2019年10月由上海外语教育出版社上线，面向全国读者及网友。

二、课程设置

（一）制定目标构建课程，加强文化意识培养

通过对师生调研我们发现，学生虽然接触外国文化较多且对祖国的文化与历史有所了解，但是用英语介绍并传播中华优秀传统文化的机会不够多，能力也有待提高。我们深刻意识到进一步加强我校英语教学中的文化意识教育并将之课程化的必要性和迫切性。通过设计、开发课程的形式，全面贯彻党的教育方针，落实立德树人根本任务。在义务教育的基础上，进一步促进学生英语学科核心素养的发展，培养学生成为具有中国情怀、国际视野和跨文化沟通能力的社会主义事业建设者。

团队首先进行了“中国与世界”相关课程的建构设计与研究。在上述过程中发现，英语学科的文化意识教育包括了文化教育、品格教育，尤其是从跨文化视角开展品格教育，更是其基本内涵。英语课程要在发展学生英语语言运用能力的过程中帮助学生学习、理解和鉴赏中外优秀文化，培育中国情怀，坚定文化自信，拓展国际视野，增进国际理解，逐步提升跨文化沟通能力、思辨能力、学习能力、学习能力和创新能力，形成正确的世界观、人生观和价值观。为此，团队制订了“中国与世界”课程群的四维目标及子目

标(见图 26-1)。

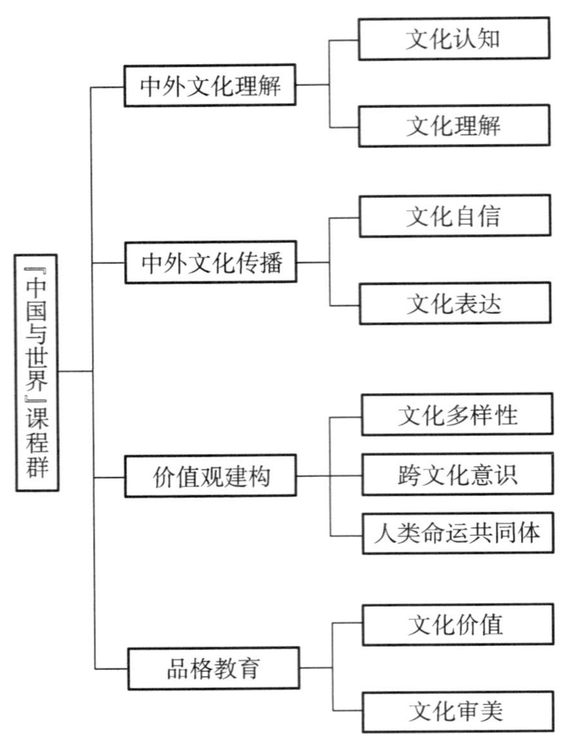

图 26-1 “中国与世界”课程群四维目标及子目标

文化意识的发展是一个内化于心、外化于行的过程，涉及几个步骤的演进和融合：感知中外文化知识、认同优秀文化、形成文化理解和具备文明素养(见图 26-2)。文化意识的教学应以促进学生文化意识的形成为目标。文化学习不仅需要知识的积累，还需要深入理解其精神内涵，并将其进一步内化为个人的意识和品行。

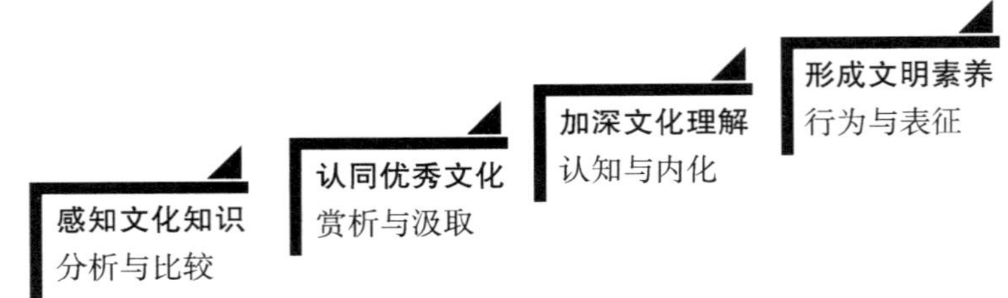

图 26-2 文化意识的演进和融合

文化意识的发展教学，既要在课堂之内进行，也需要在课堂之外进行；既需要整合到语言学习之中，也可以独立进行，其中很多品格教育活动可能是无声胜有声的。为此，结合学校资源，并根据我校学生的语言能力和年龄特征，笔者及所属团队构建了以培养文化意识为目标的课程群，包括“中国与世界”校本拓展课、“中国与世界”数字化课程和“中国与世界”乐承士中国文化实践课程*，见图 26-3。团队教师设计了各类具有综合性、关联性和实践性特点的英语学习活动，在整合式学习中开展文化意识教育，使学生通过学习理解、应用实践、迁移创新等方式参与等一系列融合语言、思维、文化为一体的活动，分析中外文化异同，发展多元思维和批判性思维，提高英语学习的能力和实际运用语言的能力。

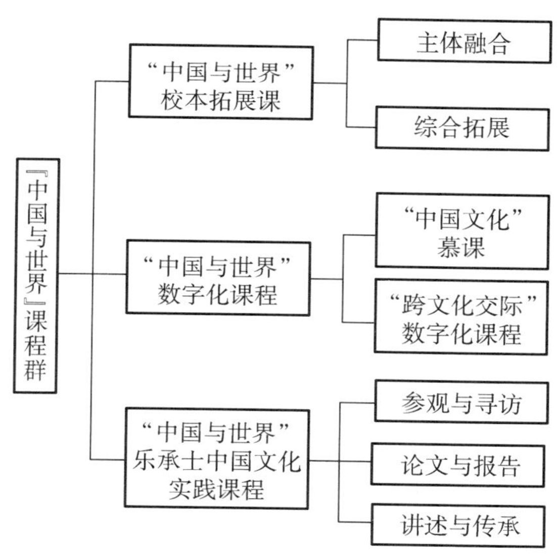

图 26-3 上外附中“中国与世界”课程群体系

（二） 开发课程教学内容，走出课堂探究学习

1. 单元主题融合教学

基于已设定的目标，团队在课程初期采取“单元主题融合法”的教学方法。在现有英语教材单元主题的整合式学习的过程中，将中外文化理解融合到单元主题之中。备

* “乐承士”之名源于“乐于继承中华优秀传统文化之士”，该课程聚焦于让学生参与一些非遗项目的传承、传播活动。——编者注

课教师设计了具有综合性、关联性和实践性特点的英语学习活动，使学生通过学习理解、应用实践、迁移创新等一系列融合语言、思维、文化为一体的活动，获取、阐释和评判语篇意义，表达个人观点、意图和情感态度，分析中外文化异同，发展多元思维和批判性思维，提高英语学习的能力和实际运用语言的能力，基本方法见图 26－4。

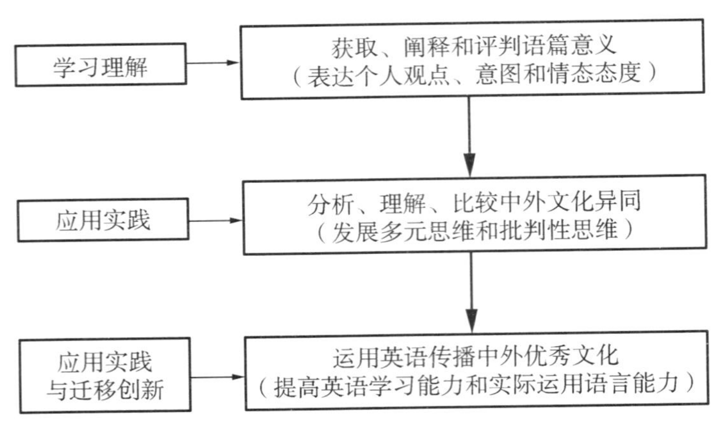

图 26－4 “中国与世界”课程学习的基本方法

在落实到具体备课任务（见图 26－5）时，教师需要准备好印发给学生的阅读材料，适合课堂教学使用的相应音频和视频。同时设计配套的阅读练习，练习需要契合英语学科素养培养目标，在形式上，兼顾听、说、读、写各项技能；内容上，不单有事实细节的考察，也有语言知识点的检查；思维训练上，注重该主题不同文化的比较与分析。

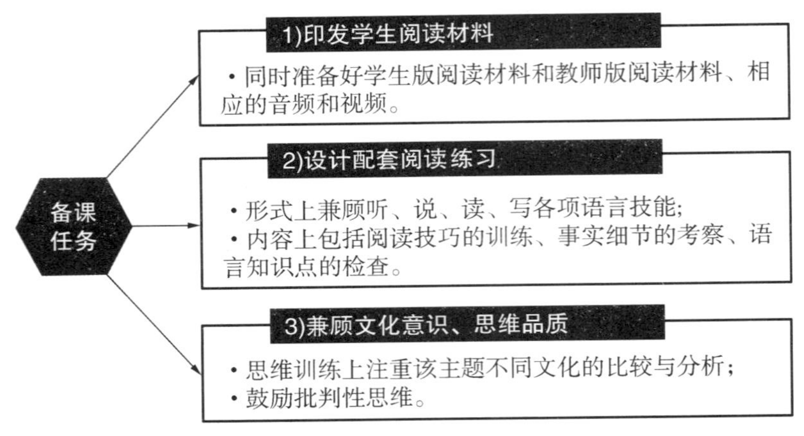

图 26－5 教师备课任务

2. 独立单元设计

随着第一阶段的实践经验积累，以及参考国内各出版社新推出的有关“中国文化”的英语资源，团队根据学生年龄特征及学情对课程主题进行了重新编排。团队组织骨干教师及青年教师，根据《中华优秀传统文化进中小学课程教材指南》，为不同年级的中学生精心挑选了若干主题(见表 26－1)，并围绕这些主题选编了课内拓展及线上慕课“中国文化”的课程内容。每个主题育人立意鲜明，布局安排完整，内容素材合理，呈现方式丰富；每个主题都围绕中华人文精神、中华传统美德，都注重厚植中华文化底蕴，涵养家国情怀，增强社会关爱，提升人格修养，铸牢中华民族共同体意识，进而达到坚定学生的文化自信。有的年级侧重基本常识，有的年级侧重文化遗产，还有的年级侧重艺术与特色技能。总体而言主题难度层层递进，语言知识层层加深，文化知识层层深入，文化理解层层加强，跨文化交际能力层层提高，最终形成文化意识，培养文化自信。

“中国与世界”主题选编的过程也是教师明确文化意识教学目标的过程。团队和一线教师们一致认为，文化意识的教学不是一蹴而就的，是贯穿学生整个学习生涯的。从感知文化知识、认同优秀文化到加深文化理解，最终形成文明素养。

表 26－1 “中国与世界”主题选编

<table>
<tr><th>阶段</th><th>形式</th><th>主题语篇</th><th>载体形式</th><th>文化知识内容要求</th></tr>
<tr><td rowspan="9">主题学习阶段一</td><td rowspan="6">课内拓展</td><td>Welcome to China</td><td>基本常识(导入)</td><td rowspan="9">了解并初步运用英语介绍中国传统节日和风俗习惯，探讨对文化认同、文化传承的价值和意义，具有传播中华优秀传统文化的意识。</td></tr>
<tr><td>The Story of Lunar New Year</td><td>基本常识(传统节日)</td></tr>
<tr><td>Home for the Spring Festival</td><td>基本常识(传统节日)</td></tr>
<tr><td>Chinese Zodiac</td><td>基本常识(风俗习惯)</td></tr>
<tr><td>Chopsticks</td><td>基本常识(风俗习惯)</td></tr>
<tr><td>The History of Tea</td><td>基本常识(饮食习惯)</td></tr>
<tr><td rowspan="3">线上慕课</td><td>粽子的传说</td><td>基本常识(传统节日)</td></tr>
<tr><td>井底之蛙和叶公好龙</td><td>人文典故(寓言)</td></tr>
<tr><td>中国书法——春联</td><td>艺术与特色技能(书法)</td></tr>
</table>

（续表）

阶段	形式	主题语篇	载体形式	文化知识内容要求
主题学习阶段二	课内拓展	The Deadly Irony of Gunpowder	科技成就（四大发明）	了解并运用英语简述中国文化遗产、人文典故等内容及其内涵，主动传播和弘扬中华优秀传统文化。
		The Incredible History of China's Terracotta Warriors	文化遗产（古墓葬）	
		Xi'an：Past and Present	文化遗产（古都）	
		What Makes the Great Wall of China So Extraordinary	文化遗产（古建筑）	
		Let's Have Hot Pot	艺术与特色技能（烹饪）	
		Monkey King：A Chinese Superhero	人文典故（神话）	
	线上慕课	孙悟空	经典篇目（四大名著）	
		中国国画	艺术与特色技能（绘画）	
		中国汉字	艺术与特色技能（书法）	
主题学习阶段三	课内拓展	Bruce Lee and Chinese Kung Fu	艺术与特色技能（武术）	了解中国对外经济、政治、文化的积极影响，感悟中华文明在世界历史中的重要地位，树立中华文化自觉，坚定文化自信。
		Hanfu	艺术与特色技能（服饰）	
		Pandas：China's Ambassadors	基本常识（国宝）	
		Confucius：His Life and Legacy	人文典故（历史人物）	
		Icons of the Beijing Opera	艺术与特色技能（戏曲）	
		Racing to the Future	科技成就	
	线上慕课	中国石窟	文化遗产（石窟）	
		古代娱乐	艺术与特色技能（生活）	

团队教师设计的教案还指导学生开展合作探究式学习。课内拓展的课型为听说课，一个主题分为两个课时。第一课时由试听材料引入，补充丰富的背景知识，充分操练，并布置第二课时任务。第二课时（见图 26 - 6）是吸收内化的过程，主要锻炼学生文化探究能力和团队协作能力。学生围绕主题并根据自身特长和兴趣，以小组合作形式作课堂演讲。

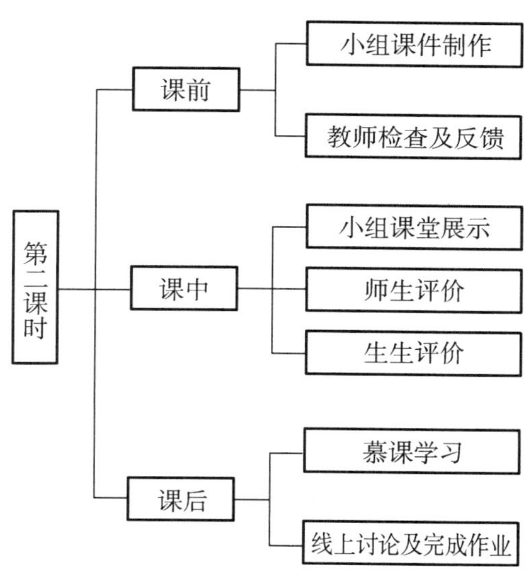

图 26－6　第二课时教学环节设计

线上慕课“中国文化”为一节 10 分钟的视频课，学生可以重复观看。在课后，团队教师设计了形式多样的讨论作业及问题探究。教师每周于固定时间上线，在慕课平台上与学生进行讨论。课程形式见图 26－7。

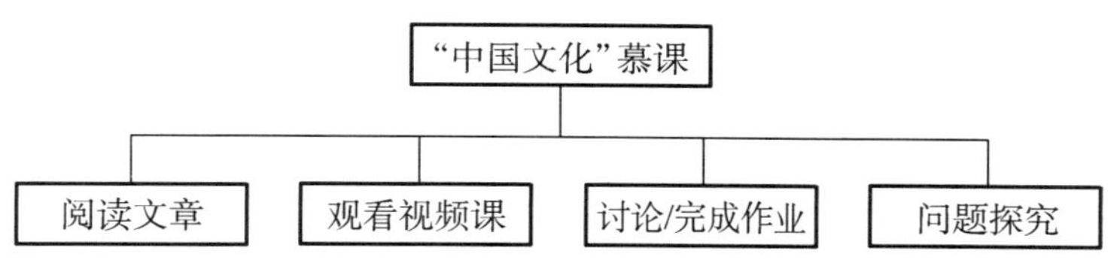

图 26－7　“中国文化”慕课的课程形式

3. “乐承士”中国文化实践课程

团队开设了“乐承士”中国文化实践课程，见图 26－8。组织学生以任务为导向，分成 4 个主题小组，参观上海工艺美术博物馆，学习了解上海本地的传统工艺——面塑、绒绣、剪纸与砚刻。指导学生采访工艺大师，并制作问卷，上街访问，了解公众对中国工艺美术品的了解。随后分组撰写相关工艺项目的英语论文，制作纪录片等作为实践的成果，还在由中国英文媒体组织的征文比赛中投稿。学生通过真实的实践经历，真正做到学以致用，用英语介绍祖国文化与艺术，向世界讲好中国故事。

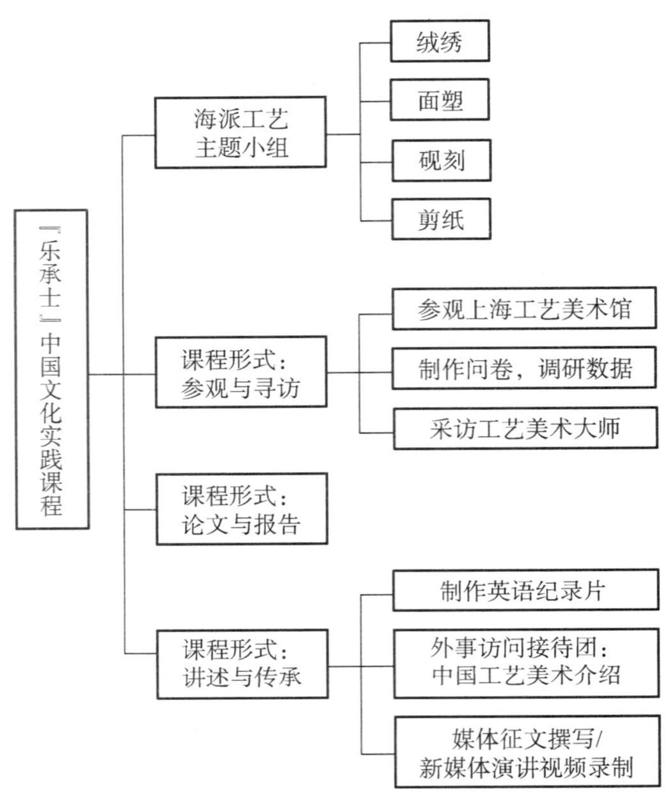

图 26－8 "乐承士"中国文化实践课程结构

三、多元维度创新评价，发挥评价积极作用

在实际教学过程中，教学评价以形成性评价为主并辅以终结性评价，定量评价与定性评价相结合，注重评价主题的多元化、评价形式的多样化、评价内容的全面化和评价目标的多维化。（见表 26－2）有效评价形成积极正面作用，使学生认识自我，建立自信，调整学习策略，促进学生核心素养的全面发展。

表 26－2 期末评价

形成性评价(60%)	小组单元展示，演讲，对话，制作思维导图等
终结性评价(40%)	小组期末展示，期末文化检测(笔试)

注重评价主体多元化。"中国与世界"相关课程让学生组成小组,就相关主题进行进一步小组探究。小组展示探究成果,采用生生互评的评价方式,从而使学生拓宽思路,取长补短,总结经验。学生在评价过程中成为主体与参与者,成就感与自信提升。

过程性评价与终结性评价相结合,确保评价内容的全面性。"中国与世界"相关课程每一课时完成后,都会留有思考问题。当学生学完课时并提交回答后,教师能立刻收到系统通知,及时作出回应和反馈,使过程性评价贯穿整个学习过程。

量化评价与表现性评价有机结合。"中国与世界"课后,学生组成小组,自主选择形式,在学校国际文化节上,将所学的中国故事、中华优秀传统文化呈现为歌舞、戏剧等节目。这种令人耳目一新的评价方式得到了外校、家长和学生的广泛认可。

教师带领学生走出校园实践,学习得升华。在"中国与世界"乐承士实践课课后,教师组织学生开展校外小组实践探索活动,将课堂所学内容和课外所见所闻融会贯通。学生自主完成的实践报告和论文,以及围绕中国文化的讲述与传承的最终呈现,都成为评价的重要考量,进而确保课程评价目标多维化。

四、实践成效

(一) 学生对中华优秀传统文化的兴趣增强

经过数年的课程群建构与实践,学生对中华优秀传统文化的兴趣明显提升,在课堂中对中国历史文明的关注也明显增强。在课前演讲时,有三分之一的同学主动选择有关中国文化的主题,英语表述准确。在课堂氛围的熏陶下,我校学生积极参加全国及市级英语竞赛及征文比赛,在各种平台上用英语讲述中国故事并取得了很好的成果,多名学生获奖。

(二) 教学教研相辅相成,教学资源辐射全市

在数年的课程群建构中,教师们的科研兴趣也极大提升,有多位教师撰写了"中国与世界"相关主题的论文。其间,团队组织"中国与世界"课程市级研讨活动共 5 次,市级公开课 5 次,团队教师作了主题为"World Peace""Lord Ye and the Dragon — A Chinese fable""Ignore the bullies""An artist with a pulse — Qibaishi""Pangu and the start of the universe"的公开课,并邀请专家点评。2019 年 12 月 25 日,众多专家来校考

察课程及英语教学并观摩“中国与世界”公开课。

“中国与世界”相关课程也作为学校重点科研项目——“扩大基础教育优质资源行动:英语教学资源共享辐射项目”的主要内容之一,在上外东校等学校进行辐射推广。

作者简介

本文撰写团队

周琳燕

高级教师,上外附中英语教研组组长,校课程委员会委员。曾获上海市区中青年教师教学评比一等奖,上海外国语大学教育奖励基金三等奖。

徐晓君

高级教师,上外附中英语组副组长,曾获上海市青年教师教学技能竞赛三等奖。

朱　橙

青年教师,模联指导教师。曾获虹口区青年教师教学评比一等奖。

吴　燕

2019—2021学年虹口区高中英语研修团队成员、虹口区人才梯队成员。与种子团队一起开设名为“单元视角下基于核心素养的高中英语语法活动教学与设计解读”的区级讲座。

杨　好

青年教师,曾获教育部“一师一优课”部级优课。

王晓红

上外附中资深教师,曾获虹口区“园丁奖”。

“生成课程”理念下慕课与特色校本课程的融合实践

华东师范大学第一附属中学　陈　莹

在新时代教材改革背景下，华东师范大学第一附属中学探索了慕课“跟着奥巴马了解美国节日”与学校特色课程“语用实践课”的融合实践路径。慕课与线下课程的融合，可以激发线下课堂的活力，赋予学生更多自主学习的空间，使深入思考和交流更加高效，有助于构建新型师生关系，促进教学资源的有效利用与研发。同时，融合课程在教师、学生、教材和环境等多种因素的持续互相作用中动态生长，充分体现了“生成课程”理念。

一、融合课程简介

2018 年，笔者开设的慕课“跟着奥巴马了解美国节日”在“上海市高中名校慕课”平台上线，同年获得了“第二十二届全国教育教学信息化交流展示活动”上海赛区“基础教育组微课”一等奖。课程的主题取自《普通高中英语课程标准(2017 年版 2020 年修订)》[1]所列出的 32 个子主题之一——不同民族文化习俗与传统节日，以感恩节、圣诞节、复活节、母亲节、父亲节、独立日等节日为话题，用奥巴马的每周电视讲话承载话题，向学生介绍西方节日文化的相关知识及节日背后的人文精神。作为一个独立的课程，该慕课的初衷是作为课外视频材料，帮助高中生丰富“不同民族文化习俗与传统节日”子主题的话题知识，拓宽和加深对该子主题的认识。

“语用实践课”是华东师范大学第一附属中学的特色校本课程，是在英语课常规的每周 5 课时之外的“＋1”课时中进行的。该课程旨在帮助学生结合课内所学，进行英语语言综合运用实践，以辩论、小型演讲、生生评价等为活动形式，促进学生在语言技能、知识、情感、态度、学习策略和文化意识等方面的全面发展。

这两个课程同时为课程标准服务，呈现了英语教学形式的多样化，课程内容亦有交叉重叠。笔者尝试将慕课“跟着奥巴马了解美国节日”融入“语用实践课”，用线上课堂激发线下课堂的活力。线下课堂任课教师同时也是线上课堂的主讲教师，看着熟悉的任课老师一改往日“一对多”的教学模式，化身屏幕中运用丰富素材，将知识点娓娓道来的友人，学生能够感受到教师在不同课堂形态下的角色变化。可以自由暂停与播放的慕课，为学生提供了消化知识的时间，成为线下课堂中生成思想火花的资源。

二、“生成课程”理念的指导

“生成课程”[2]即“呼应课程”，是由美国太平洋橡树学院贝蒂·琼斯教授（Betty Jones）针对传统的“预设课程”提出的教学模式改革。“预设课程”以传授知识为目标，“生成课程”是建构性课程，强调课程在教师、学生、教材和环境等多种因素的持续相互作用中动态生长。这种改革源于教学理念的改变，它把课程的目标由既定的变成将成的。

慕课“跟着奥巴马了解美国节日”与“语用实践课”的融合不是单纯地要求学生在课前通过线上学习输入知识，在课堂操练中巩固知识，而是将“语用实践课”向“生成课程”的理念推进。在实际课堂中，学生可以通过汲取慕课中的语言知识、文化知识，融合自己在本单元所学及个人经验、情感、态度、价值观，生成不受教学框架预设的内容。不仅如此，学生在教师设置的任务环境下，可以从他人的分享中获得灵感，使慕课的学习成效在“语用实践课”中实现涟漪式地放大。

在“生成课程”的指导下，融合课程更加强调多种输入内容对学生的影响，如教师教授的课内知识（常规课程）、慕课的延展知识、同伴的分享（“语用实践课”）。学生最终在课堂任务中所展现的语言运用能力则受到以上多方面的动态影响。具体来说，学生在融合课程中的学习过程由3个阶段组成：第一阶段是接受教师基于课本的知识传递，第二阶段是汲取来自慕课的知识延展，第三阶段是在“语用实践课”上进行知识内化与运用。教师在慕课平台的互动区和课堂表现中了解学生的学习困难，给予辅导和评价，同时组织多主体、多层面的互相交流。

三、慕课融合特色校本课程的案例片段

以《普通高中教科书·英语·必修·第二册》(上外版)为例,第三单元的主题是"Food(食物)",单元主课文讲述一名美国学生在法国留学期间感受到的由食物引发的文化冲击。教师期望学生通过这个单元的学习,理解饮食文化的差异,思考对待不同文化的态度,最终形成尊重和包容多样文化的意识。

与之对应的"语用实践课"要求学生介绍一种与中西文化差异有关的食物,并进行生生互评。笔者选取慕课"跟着奥巴马了解美国节日"的"感恩节"一集,要求学生课前观看,在慕课或微信平台留下自己对于文化差异的解读。该视频以感恩节火鸡为线索,介绍了感恩节的由来、意义和传统食物。学生在风趣幽默的"赦免火鸡仪式"中学习到与火鸡相关的词汇,思考食物作为节日载体的内涵与外延。有学生留言:"食物是保存和反映文化,让文化得以传承的必不可少的工具。我们可以通过食物了解某个民族的生活方式、风俗习惯和思维特点等文化特征。"可见,学生在进入线下课堂前通过慕课引发了对于文化差异的思考。

在"语用实践课"上,有学生复现了火鸡的相关内容,运用到慕课所教授的单词与短语。更多学生则是基于慕课引发的对于文化差异的思考,尝试介绍一种食物,并作出解读。例如有同学介绍"茶",繁复的饮茶程序体现了中国作为文明古国,注重礼仪,与西方饮茶文化有区别。学生在展示中陈述:"Each and every culture has significance. And no matter where we are or what culture we are from, we are all part of the global community. But more importantly, we all have the opportunity to be members of one important family that spans generations of time and is worldwide."(每一种文化都有其独特性,不论在哪儿,来自什么文化,我们都是世界地球村的一部分。而更重要的是,我们都能成为一个全球性的、世代绵延的大家庭的成员。)

英语学科的核心素养包括语言能力、文化意识、思维品质和学习能力。[3]帮助学生接触和了解英语国家的文化有利于增进对英语语言知识的理解和使用,培养世界意识,最终具备面向世界的国际视野。通过课文的学习,学生了解他国的食物文化;通过慕课的拓展与引导,学生生成自己的理解和观点;通过"语用实践课"的思维碰撞,学生分享对各国文化的理解,获得对本国文化的进一步认同。学生从慕课走向语用实践,从了解

他国文化走向加深对本国文化的理解。

在评价环节，笔者提供了展示评价表（见表 27 - 1），要求学生从肢体语言、眼神互动、语音语调、语法和内容等五方面给同伴打分，并阐述理由。同伴评价本身能够对学生起到激励和导向作用。[4]慕课中笔者对涉及的演讲片段作了分析，这与同伴评价环节一同对学生的演讲呈现起到双重导向的作用。

表 27 - 1 Speech performance evaluation form-peers（演讲表现的同伴互评打分表）

	1	2	3	Total score（总分）
Body language（肢体语言）				
Eye contact（眼神互动）				
Pronunciation and intonation（语音语调）				
Grammar（语法）				
Content（内容）				

* 说明：表内中文翻译由编者加。

四、慕课融合特色校本课程对英语教学的促进作用

（一） 使深入思考和交流更高效

慕课“跟着奥巴马了解美国节日”与“语用实践课”的融合，把知识延展和内化的一部分过程放在课堂外，把思想碰撞的过程放在课堂内，赋予学生更多自主学习的空间。同时，与传统“翻转课堂”“课前传授知识，课上内化”模式相比，慕课没有取代线下课堂中知识的传授，而是让学生在课外学习知识，留出课堂时间使同学之间、师生之间的交流更高效。

（二） 有助于构建新型师生关系

在“语用实践课”上，教师以“一对多”的对话模式上课，学生接受教师的点评和指导；在慕课中，学生则成为课堂的中心，他们可以掌控观看慕课的进度，同熟悉的老师自由地交流，提出自己的问题和想法，并从平台上获得反馈。两者融合形成一种立体而和谐的师生关系。学生感到自己的思想更加被教师关注和了解，从而促进其在课堂参与

度、专注度和表现力等方面的提升。最终,教师从知识灌输者和课堂掌控者转化成学习引导者和促进者,学生则由被动接收者转化成了主动探究者,师生共建"活"的课堂。

(三) 促进教学资源的有效利用与研发

慕课"跟着奥巴马了解美国节日"的教学目标与教材虽有重合,但有所区别。在实际授课中,笔者运用多个软件对慕课内容进行再编辑,提升了教师教学信息化的能力。同时,经过再编辑的慕课也成为可以在教研组传播使用的教学资源和教学研究的素材。

(四) 充分体现"生成课程"理念

"生成课程"注重课程的创造品质和生成品质。在本案例中,教师所发挥的引导作用受到与学生在慕课平台的互动以及课堂呈现的影响;慕课的设计随着教材的单元教学目标作出调整;学生在课堂环境的呈现受到同伴分享与评价的启发和激励,而不受制于课堂预设;总之,慕课与特色校本课程融合为学生提供了一个自我知识构建的平台。在这个平台之上,获取结构性知识不是最主要的目标,而是要让学生通过观察(同伴分享和评价)、体验(个人观点呈现)、探究(慕课拓展素材)等积极主动的学习方法,发挥学习潜能,从而提升学习能力。

五、慕课融合特色校本课程的经验

(一) 基于主题语境,搭建慕课与线下课程的桥梁

主题是学生探究和学习语言最重要的内容。《普通高中英语课程标准(2017 年版 2020 年修订)》列述了三大主题语境(32 个子主题),教材的语篇选择也是基于这 32 个子主题。慕课设计者应该关注主题语境这一概念,选择与教学单元一致的主题语境,在此背景下,能够有效地在教学素材中渗透情感、态度和价值观。

学生对于主题语境和语篇理解的深度,直接影响语言学习的成效。慕课应当基于线下学习的基础,整合学习内容,深化对主题意义的探究,引领学生语言能力、文化意识、思维品质和学习能力的融合发展。

在本案例中,教材的语篇谈论的话题是一名美国学生在法国留学期间经历的一段由食物引发的文化冲击,而在慕课的设计中,则提供了奥巴马赦免火鸡这一有趣而又奇

特的演讲视频，以及对历史和文化的解读，侧重引导学生探索食物背后的民俗文化及衍生的传统节日文化。

（二） 基于单元目标，创设线上线下目标一致的英语活动

慕课与特色校本课程的融合课程是单元教学的一环，不仅应当起到单元课时之间承上启下的功能，其教学目标也应当服从单元教学目标，最终和线下课程形成一个统一的整体，共同致力于单元目标的达成。

本案例“语用实践课”的单元目标提到：在完成单元教学时，学生应当能够了解食物背后传承的历史文化并能够介绍一种食物文化。相应的，慕课的教学目标是帮助学生通过奥巴马演讲视频了解火鸡所代表的美国历史文化，同时也为学生在“语用实践课”中需要成的任务（介绍一种食物文化）打下基础——为学生搭建与之相关的词汇语义网及叙事方式。这些教学目标最终为实现教材单元目标构建助力一环。

（三） 基于“生成课程”理念，关注学生的能力培养过程

“生成课程”理念是本次线上线下融合课程的灵魂，这一理念强调课程应当在教师、学生、教材和环境等多种因素的持续相互作用中动态生成。因此，在融合的设计过程中，教师应当关注这种动态生成对于学生的影响，及时给予反馈与引导，帮助学生在做中学，在学中获得评价。例如，在慕课的尾声，教师设计留下启发学生进一步思考的问题：“How can we spread and consolidate our food culture?”要慕课讨论平台上产生学生思想火花，教师可在“语用实践课”前留下回复，或者到线下课堂上延续和学生的讨论。例如有学生回答：“Being a blogger focused on Chinese food can attract more people to our tradition and culture.”（做一个关注中国美食的博主可以让更多人关注我们的传统和文化。）教师建议学生可以在“语用实践课”中呈现一段短视频的旁白。可见，慕课不断地开拓学生的思考路径和任务类型。此外，任务评价表也是引导学生能力养成的重要途径。在“语用实践课”上，基于评价表统计反映，这位分享旁白的学生受到同伴的一致好评。这一系列的过程完全不受课程设计的制约，而是在动态的形成过程中不断发展和修正。关键的一步是需要教师关注这一动态过程中学生的能力形成，及时反馈，注重引导。

六、反思

（一） 教师的慕课开发能力有限

融合课程的限制之一是需要集众人之力研制与开发慕课资源。“上海市高中名校慕课”平台为本市学生提供了来自各名校高中的慕课。然而，想要实现本校特色课程的慕课融合建设，需要集全教研组乃至全校之力，这不仅需要教师认可该教学理念的改变，还要愿意参与这种形式的教学试验。真正落实融合课程还有一个最为关键的部分——制作慕课视频，并非每一位教师都能够将教学技法通过慕课完整呈现。因此，需要教师发展中心、信息技术学科组、英语学科组等多部门联合，为独具学校特色慕课的发展提供支持。

（二） 学生的在线学习时间有限

融合课程的限制之二是需要充足的线上学习环境的支撑。尽管一线城市的学生大多拥有智能设备，但是高中学段的学生课业相对繁重，要求学生在放学完成作业后再观摩慕课，充分思考慕课内容，需要多方配合。2021 年 1—4 月，教育部先后颁布关于加强中小学生“五项管理”的通知，对中小学生手机、睡眠、课外读物、学校作业、体质健康的管理做出规定，其中对于作业管理的落实为学生在课余时间进行慕课学习提供了支持。同时，教师在教学过程中不应局限于用书面作业进行应试化操练，而是应当关注学生的思维发展，使学生有时间体验更加多样化和开放性的学习反馈形式。

参考文献

[1] 中华人民共和国教育部.普通高中英语课程标准(2017 年版 2020 年修订)[S].北京：人民教育出版社，2020：15.

[2] 陶西平.“翻转课堂”与“生成课程”[J].中小学管理，2014(4)：58.

[3] 程晓堂.核心素养下的英语教学理念与实践[M].南宁：广西教育出版社.2021.

[4] 张建东.高中英语课堂评价的有效性再探[J].教学与管理：中学版.2016(5)：51－52.

[5] 何克抗.从“翻转课堂”的本质，看“翻转课堂”在我国的未来发展.[J].电化教育研究.2014，35(7)：5－16.

作者简介

陈　莹

上海师范大学翻译硕士，毕业以来一直在校从事英语教育的一线工作，曾在“全国教育教学信息化大奖赛”获得全国一等奖；主讲的慕课“跟着奥巴马了解美国节日”在“上海市高中名校慕课”平台上线，获得好评；主持“基于知识结构化的英语语法作业设计实践研究”“基于单元整合策略的高中英语语法作业设计研究”等课题，并发表相关论文。

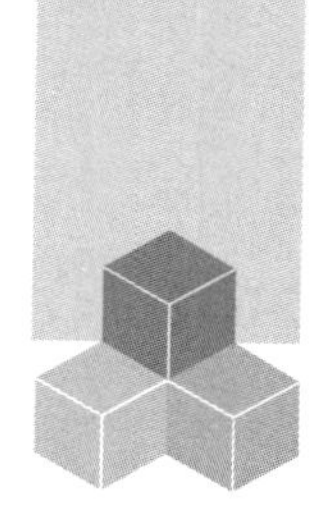

基于慕课的历史深度学习实践探究

同济大学第一附属中学　王康茜

“双新”背景下的深度学习，强调要让学生成为学习的主人，并能对学科知识进行深度加工，是针对传统教学的一次深刻变革。教育信息化浪潮下，针对“双新”背景下学生深度学习存在迫切需求、信息技术与传统课堂教学融合出现瓶颈等问题，作者尝试以充分发挥慕课平台泛在化、个性化的优势和开展基于慕课的线上线下融合教学的理念，将慕课与历史教学相融合，以整合融合教学的探究问题与学习经历方案的设计、精选教学内容设计“专题式”的慕课、依托线上线下平台丰富学习评价的方式这三大路径，为学生提供个性化深度学习历史的支持。

面对教育信息化 3.0 时代的新浪潮与“双新”实施中对教学提出的新挑战、新要求，如何用好线上学习平台，借助信息技术促使学习真正发生，成为当前教育教学实践中探索的焦点话题。慕课由于其大规模、个性化、开放性等特征，成为在线教育发展最快、推广最成功、应用最广泛的课程模式之一。[1] 这种可供不同地域的多人同时参与学习的慕课正成为教育信息化 3.0 时代下教师开展教学的重要手段之一。

“双新”背景下的历史教学更加关注“学生的学习是否真正发生”，即学生是否进行了深度学习。传统线下课堂教学由于难以突破教学时空等限制，课堂生成性、有效性和互动性都受到影响。信息技术如多媒体制作虽也应用于教学，但往往只作为一种技术辅助手段，与课堂教学难以产生更深入的融合，难以适应学生深度学习的需求。慕课作为教育信息化时代的重要成果，为历史教师将其与线下课堂教学进行有机融合的实践，探索能够促进学生深度学习的教学模式提供了可能。

一、基于慕课的历史深度学习实践背景

在“双新”的核心理念驱动下，传统的教学理念、教学方式和教学工具正日益迭代，以适应学生个性化和全面发展的学习需求。“如何促进学生进行深度学习”成为“双新”背景下的焦点话题之一。信息技术的发展为赋能“双新”实践提供了新路径。

（一）满足“双新”背景下学生深度学习的迫切需求

所谓“深度学习”，是指学生能够积极参与整个学习过程，进行有深度、有意义的学习，运用知识与方法探究和解决问题的过程。对于教师而言，是要能够形成个性化的教学活动方案，为学生搭建自主或合作探究的“脚手架”，引导学生运用所学知识和方法研究和解决学习中的核心问题，并指导学生在实践中不断改进方案，最终促进学生深度学习的过程。学生深度学习的迫切需求对历史教师的教育教学提出了新的挑战：如何突破时空的限制，创设历史情境为学生的深度学习提供可能？是否可以搭建一个线上平台，在延伸和拓展教学时空的同时，贯通丰富的历史资源，为学生的深度学习提供有指导、有梯度、有评价的技术支撑？慕课的出现，满足了学生深度学习的迫切需求，为“双新”背景下教师线下课堂教学突破现实困境提供了平台，也赋能“双减”背景下教师更好地开展历史课后服务。

（二）信息技术与传统课堂教学融合遇到瓶颈

毋庸置疑，信息技术为延展学习空间、创设历史学习情境提供了有力支撑。线上平台具有全员参与、多元互动、时空泛在、个性服务、精准诊断的优势，有利于过程管理、动态调适、大数据分析，可以实现资源的共建、共享。而线下交流更直接、方便，更具现场感，有利于更深入地交流和沟通。线上线下融合是指综合利用线上泛在化、互动快、参与广、个性化与线下实时性、直观性、情感化的特点，在历史教学中形成优势互补，成为学生在新形势新挑战下历史深度学习的有力抓手。当前，信息技术与传统课堂教学的融合遇到了瓶颈，如怎样平衡好线上平台与线下课堂的关系，以最大限度发挥优势互补？怎样让线上平台的使用真正赋能教学，而不仅仅是流于表面、锦上添花？慕课这一平台为突破瓶颈问题提供了可实践、可操作的路径。

慕课创建一个超越时空限制的精彩学习社区，学生可以随时随地学习并开展生生交流与师生互动。慕课也让教师搜集史料资源，原创课程情境以赋能教学。慕课强调学习的主动建构性、社会互动性和情境性，重视学习共同体与协作学习，学生可以在一个活跃的学习集体内，掌握、建构那些能够使得他们进行更高认识的学习活动，即进行“深度学习”。[2]以慕课为代表的线上平台助力历史教学，通过线上线下融合的历史教学模式促进学生进行深度学习，成为笔者“双新”实践的重要抓手。基于慕课的线上线下融合历史教学模式，在助力深度学习的同时，推动了教育资源与实践经验的辐射与共享。

二、基于慕课的历史深度学习的具体实践

（一）实践理念

1. 充分发挥慕课平台泛在化、个性化的优势

慕课与线下课堂教学相辅相成，优势互补。历史教学通过历史知识的讲解、方法的训练、情感态度价值观的培养，达到对历史学科核心素养的培育目标。但当前教师在完成既定课堂教学任务后，很难再有充足的时间引导学生开展深度学习，历史学习情境的创设更是难上加难。相比于线下课堂，教师在慕课的设计与课程实施上要自由得多，这给了历史教师们更多指导学生深度学习的空间。学生的学习也不仅局限在课堂上，课后同样可以开展历史深度学习，进行互动交流，并且这种学习可以基于学生个性化的学习基础和需求，从而更有效地落实历史核心素养的培育。当然，历史类慕课要以国家课程标准为设计背景与实施原则，在此基础之上发挥信息技术优势、打破传统教学模式的禁锢，提供丰富的拓展资源，对线下课堂教学进行进一步的拓展和延伸，以达到培养学生的史学思维和方法、渗透历史学科素养的培育作用。

2. 开展基于慕课的线上线下融合教学

慕课的出现不是为了替代线下历史课堂，而是为了发挥线上平台的优势，与线下形成互补。“双新”背景下的课堂强调发挥学生的主体性作用，认为要将课堂还给学生，让学生在自主探究中进行深度学习，即在教学中突出学生的主体能动性作用，在授课中重视历史学习情境的创设，带领学生进行学习探究，在探究的过程中逐步推进教学。慕课不仅可以起到在课堂教学中为学生创设情境的作用，引导他们依据教师搭建的“脚手

架”自主学习，还可以利用课后时间，为学生的历史拓展学习提供平台与资源。一言以蔽之，将慕课运用于中学历史教学，满足了学生历史深度学习的需求。

（二）实践过程

在此基础之上，笔者选择以中华优秀传统文化为主题，以历史文物背后的时代探秘为内容，设计了慕课“瑰宝档案”，该课程目前已在“上海市高中名校慕课”平台完成多轮开班授课。这门课程的学习目标是以中国历史上著名的文物为学习对象，让学生了解其背后的故事，围绕每节课的大问题，引导学生开展自主学习探究，并起到配合课内教学的作用。在具体的教学实践中，笔者将慕课的内容与《普通高中教科书·历史·必修·中外历史纲要(上)》(人教版)中国古代史部分的教学结合在一起。

以《普通高中教科书·历史·必修·中外历史纲要(上)》(人教版)第三单元“辽宋夏金多民族政权的并立与元朝的统一”的教学为例，笔者将慕课运用于本单元的课堂教学与课后探究中。本单元学习主旨为：辽宋夏金元是继魏晋后又一个北方民族活跃时期。这一时期宋朝强化专制集权，内部统治比较稳定，社会经济高度发展，学术文化也取得突出成就，但军事力量不振，与北方民族交战处于劣势。与这时期爆发的交战相比，各民族之间的政治、经济、文化联系更为持久和稳定，呈现出互相交融的趋势。让学生辩证地认识和评价宋代，成为本单元开展深度学习的主要任务。笔者慕课教学中选用的《瑞鹤图》是宋徽宗的作品，它本描述仙鹤云集的“祥瑞之兆”，然而展现在眼前的却是发生于宋徽宗执政时期直接导致北宋灭亡的“靖康之变”。作者宋徽宗“文采斐然”却“重文轻武”的特点，正是北宋灭亡的重要原因，为学生辩证认识宋代提供了重要参考资料。(见图 28-1)

图 28-1 慕课“瑰宝档案”第四讲“《瑞鹤图》”界面

笔者选择了慕课“瑰宝档案”中有关《瑞鹤图》的篇章，在课内教学与课后探究中，通过“从《瑞鹤图》看宋代的兴衰”“《瑞鹤图》背后的北宋隐忧”这两个大问题，来促进学生进行深度学习：

案例 1

课内教学：从《瑞鹤图》看宋代的兴衰

探究问题：从《瑞鹤图》可以看出北宋统治者存在怎样的特点？

教学策略：在讲授北宋的衰亡时，教师在第三环节播放慕课“瑰宝档案”第三讲“目断山南无雁飞”，引导学生了解《瑞鹤图》的创作背景和作者生平，分析图中细节，深入认识北宋繁华中的隐忧，而后师生一起结合所学知识归纳北宋的衰亡过程及原因，慕课为学生认识北宋衰亡的原因和辩证客观评价宋朝提供了丰富的参考资料，收获良好的教学效果。

案例 2

课后探究：《瑞鹤图》背后的北宋隐忧

探究问题：基于慕课“瑰宝档案”第四讲“《瑞鹤图》”与本单元所学知识，如何认识陈寅恪“华夏民族之文化，历数千载之演进，造极于赵宋之世”这一观点？

教学策略：在整个单元学习之后，学生对于宋代的政治、经济、军事、文化等各方面的状况已经相对形成比较全面的了解，因而探究问题应该进一步聚焦学生的深度学习。教师提出中国近代史学家陈寅恪的观点，引导学生基于单元所学内容，结合慕课的学习体验，从单元的角度对这一观点进行评析，锻炼学生搜集史料、分析史料、运用史料解决问题的能力，加强对学生唯物史观、史料实证、历史解释等学科素养的培养。

历史浩如烟海，传统的线下课堂受时空等限制不得不对历史材料进行取舍。而有了慕课这一信息化平台，能够给学生更多时间、空间去进行自主探究，开展深度学习。线上线下融合的教学模式能够将课内与课外、信息化技术与传统课堂有机地结合起来，这种方式既能够服务于“双新”背景下历史教学的实践目标，又能够适应学生个性化的学习需求(见图 28－2)。

(同济大学第一附属中学)
我的见解：文物与历史的关系
我认为，文物就是历史某个时期的缩影，是历史的有力证明，是历史的产物，与历史相辅相成，缺一不可。文物也方便我们去探究历史。就比如，我们从《瑞鹤图》中探索出，尽管宋徽宗是一位不称职的皇帝，但他却是一位书画奇才。
赞 (1)　收藏(0)　评论 (0)

(同济大学第一附属中学)
文物
通过这六次课的学习,让我对古代瑰宝文物有了更深的了解。老师通过十分钟左右的短视频带领我们穿梭回古代,了解金缕衣,簪花仕女图,永乐大典,瑞鹤图等等。
赞 (0)　收藏(0)　评论 (0)

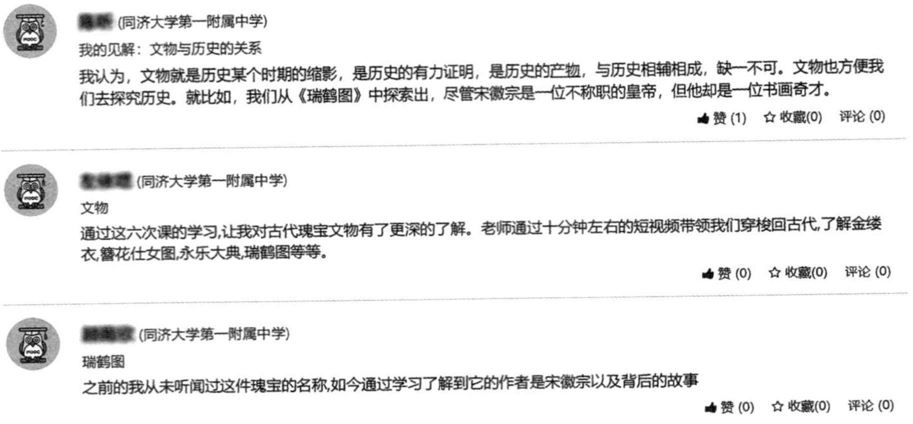

(同济大学第一附属中学)
瑞鹤图
之前的我从未听闻过这件瑰宝的名称,如今通过学习了解到它的作者是宋徽宗以及背后的故事
赞 (0)　收藏(0)　评论 (0)

图 28－2　慕课“瑰宝档案”第四讲《瑞鹤图》学生学习体会交流

三、基于慕课的历史深度学习的现实困境与解决策略

（一） 现实困境

基于“慕课”的历史深度学习虽然是未来“双新”背景下历史教学的大势所趋，但在具体实践过程中也出现一些急需解决的问题。

第一，历史的深度学习需要循序渐进、由浅入深的学习探究任务指引，师生间的互动式教学往往能加大深度学习的成效。而慕课大多已经提前录制完成，尽管教师在设计“慕课”时在视频中预设了探究问题，但慕课的开放讨论时间往往在课后的集中时段，教师难以在教学过程中通过实时的互动交流得知学生对所提问题的完成情况，也难以根据学生的反馈及时调整问题的难度和深度。分散在视频中的探究问题很难让学生通过探究形成完整的知识图谱，对教师指导学生有效地深度学习带来挑战。

第二，“双新”背景下的历史教学内容多、时间紧、要求高，需要教师以“大单元”的思路重整教学内容，以信息技术赋能课堂转型。然而如何选择新教材中确实有需要依托慕课进行深度学习的内容，如何让慕课设计得更加体系化、课程化，这些在实践中出现的挑战，制约着慕课等线上平台进一步发挥教学作用。

第三，基于慕课指导学生开展历史的深度学习是一次全新的挑战，必须动态对课堂教学进行评价，广泛收集师生的意见和建议，才能不断调整和优化融合教学模式，提高深度学习的成效。然而如何对课堂教学进行有效评价，需要教师作进一步思考。

（二） 解决策略

基于实践经验，笔者总结出以下解决策略。

（1）将融合教学的探究问题与学习经历的方案的设计进行整合。笔者建议教师可以将需要学生结合慕课进行自主探究的问题，纳入“双新”背景下历史学习经历的方案的设计中。依托学习经历的方案，不仅可以让学生有目标、有计划地遵循学习任务开展深度学习，也有利于学生对视频中涉及的学习问题进行有机整合，建构完整的知识图谱，提高探究分析能力。与此同时，师生运用慕课平台的互动讨论功能，定期进行互动交流。课上有指引，课后有交流，保障了深度学习的成效。

（2）精选教学内容设计“专题式”的慕课。历史新教材本身内容量偏大，课时相对紧张，每一堂课都借助慕课进行融合教学不切实际，难以收获良好成效。笔者建议教师可以根据教学实际，以古今中外或教学专题为依据，在“大单元”的理念下，打通多个单元的教学内容，设计结合学生深度学习的探究“问题链”，继而根据问题与教材，梳理还需拓展延伸的内容，录制“专题式”的慕课予以补充。经过一段时间的尝试后，再不断将慕课体系化、课程化，形成丰富的教学资源。同时，作为全新的教学尝试，笔者也建议教师可以充分发挥备课组、教研组的团队力量，加强研课和磨课，提炼教学经验，丰富教学策略。

（3）依托线上线下平台丰富学习评价的方式。作为一种全新的教学模式，在迭代传统课堂教学的过程中势必会出现许多难以预估的问题。笔者建议可以选择一到两个试点班级开展教学实践，并定期对学生的深度学习成效进行评价。依托线上平台，教师可以根据实际设计线上作业单和学习成效测评量表，根据学生反馈的数据在实践中不断丰富和优化设计策略和实施路径。依托线下课堂，教师可以组织学生围绕拓展问题进行研究，通过自主探究撰写论文，进行课堂交流展示。通过多元的手段对学生的学习展开过程性评价，保障深度学习的效果。

慕课是教育信息化转型的重要成果，推动了未来教育数字化的发展。基于慕课的历史深度学习的实践探究，虽然还存在有待完善的地方，但其对于教师设计适应学生深度学习需求的学习经历的方案、赋能学生开展深度学习有着重要价值。相信在“双新”的推进过程中，坚持充分发挥慕课的优势，深度学习就能够“真正发生”。

参考文献

[1] 赵洪利.在线教育理论与实践[M].北京：北京理工大学出版社.2018：174.

[2] 文源.汤晓伟.耿桂芝.现代教育技术[M].南京：江苏大学出版社.2016：257.

作者简介

王康茜

华东师范大学历史系硕士，一级教师，杨浦区骨干教师，杨浦区李峻历史名师工作室成员。曾获“杨浦区德育先进个人”等称号。在《中学历史教学》《中学历史教学参考》《上海课程教学研究》等学术期刊、《国际历史教育比较研究》等学术专著发表论文10余篇。担任市青年课题、区教育科研课题等5项课题负责人。获得市教学研究论文比赛一等奖、市基础教育“三项评选”二等奖、区基础教育成果奖特等奖等10余项奖项。开设选修课“小人物与大历史”和“电影中的历史”，慕课“瑰宝档案”。

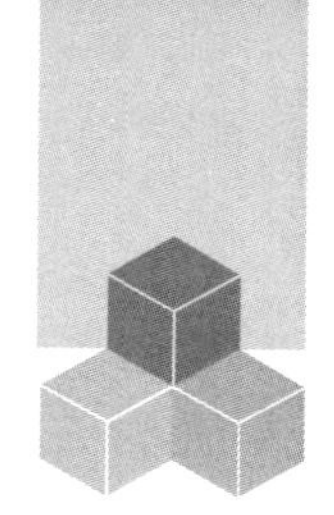

基于"学习中心"的历史慕课设计与实践

上海外国语大学附属外国语学校　黄桂兰　郑凌霄

慕课因其开放性、自主性、规模性、多元性等突出优势而备受学习者青睐。为打造高品质慕课，作者带领团队积极探索，以"学习中心"为教学理念，以具体的微观事件为切入点，设计开发了"抗战的十五个瞬间""启蒙运动十日谈""画说历史：统编教材古画背后的故事"三门历史慕课，并先后在"上海市高中名校慕课"平台推出。在教学实践中，结合项目化学习方法，与线下教学进行有机融合，改进了教师历史教学方式，激发了学生历史学习内驱力，提升了学生历史学科核心素养。

一、背景

当下，着力发展学生核心素养以适应未来社会发展和学生个人终身发展的需要，已成为学界的普遍共识，也是新时代课程教学改革的出发点。学生的核心素养不可能凭空形成，必须立足于日常教学。不少学者认为，在核心素养时代，课堂教学应该从关注教师的教转向关注学生的学，建构"学习中心教学"[1]和"学习中心课堂"[2]是当前我国课堂教学转型的基本方向。何谓"学习中心教学"？它是指以学生学习活动为整个课堂教学过程中心的教学形态[3]，强调以学生的学习与发展为教学的本位和重点，凸显学生学习的主体性、自主性和创造性。

随着现代信息技术的高速发展与广泛应用，"翻转课堂"和慕课的异军突起，为我们提供了"学习中心"的可操作模式。尤其是作为一种新型教学载体的慕课，追求"任何人在任何时间、任何地方能学到任何知识"的理想，依托互联网平台，打破教学时空壁垒，具有开放性、自主性、规模性、多元性等突出优势，备受学习者的青睐。与此同时，在实践中一些慕课的短板也逐渐显露：知识碎片化，脱离课堂教学，课程完成率低……这些促使我们进一步思考：如何设计与实施高品质的慕课？

自 2017 年以来，笔者在“学习中心”教学理念的引领下，带领团队致力于中学历史慕课设计与实践，试图克服慕课的短板，探索提升学生历史核心素养的有效路径。过程中，我们不断追问：如何用短短几分钟扣动学生的心灵？什么样的慕课内容适合学生的线上学习？如何激发学生自主学习的内驱力？……正是在不断实践、反思与改进中，先后推出“抗战的十五个瞬间”“启蒙运动十日谈”和“画说历史：统编教材古画背后的故事”三门慕课，并在“上海市高中名校慕课”平台成功上线，取得良好反响。在此，笔者与大家分享历史慕课的设计与实践，以抛砖引玉。

二、设计与实践

（一） 巧设切点，见微知著

如何生动再现漫长、丰富、复杂的历史始终是摆在每个历史教师面前的难题。历史学者钱乘旦曾言：“在‘我们’与‘过去’之间，横亘着一道时空的鸿沟，人们的感官无法穿越它，身处现在的‘我们’没有办法去感知已经消失的‘过去’。”[4] 只有让学生触摸到历史的细节，感受到历史的温度，才能让历史走进学生的心灵。

表 29－1 慕课“抗战的十五个瞬间”目录

顺序	课名
第 1 课	起来，不愿做奴隶的人们——国歌诞生的瞬间
第 2 课	赢得敌人的尊重——杨靖宇将军葬礼的瞬间
第 3 课	千里刀光影，仇恨燃九城——北平沦陷的瞬间
第 4 课	全面抗日第一捷——平型关战役打破日军神话的瞬间
第 5 课	一个日本老兵的忏悔——东史郎的下跪瞬间
第 6 课	军装上的七个枪眼——一个将军倒下的瞬间
第 7 课	胜利是属于我们的——毛泽东作“论持久战”报告的瞬间

（续表）

顺序	课名
第 8 课	到敌人后方去——游击队员子弹出膛的瞬间
第 9 课	北归端恐待来生——西南联大成立的瞬间
第 10 课	万民抬棺——张自忠将军证明自己的瞬间
第 11 课	敌后反扫荡——狼牙山五壮士悲壮跳崖的瞬间
第 12 课	壮志凌云——飞虎队升空的瞬间
第 13 课	大生产运动——南泥湾收获的瞬间
第 14 课	何必马革裹尸还——戴安澜将军最后的瞬间
第 15 课	漫漫长夜过去，听到一声鸡啼——普天同庆的瞬间

1. 以人物或事件的某个特殊瞬间为切入点

2018 年 3 月，历史组慕课团队在“上海市高中名校慕课”平台成功推出第一门慕课“抗战的十五个瞬间”。为了让学生设身处地感受中华儿女在抗日战争中的铮铮铁骨和家国情怀，本课程以十四年抗战的进程为基本线索，以抗战中的人物或事件的某个特殊瞬间为切入点（见表 29 - 1），以微观视角展现大时代浪潮中个人的抉择与人生轨迹，引导学生深层次地思考时代与个人、家国大义与个体小我等问题。师生的“家国情怀”核心素养在“瞬间与永恒”中得到培养和提升。[5]这门慕课上线后深受好评，于 2020 年 10 月入选上海市教委首批 100 门“中国系列”课程。

2. 以具有代表性的启蒙思想家的核心思想为切入点

2019 年 3 月，笔者与两名学生建立师生学习共同体，合作开发第二门慕课“启蒙运动十日谈”，并在“上海市高中名校慕课”平台成功推出。本慕课选取 10 位具有代表性的启蒙思想家的核心思想作为切入点（见表 29 - 2），勾勒出启蒙运动的概貌，让学生感受到这些人物身上孜孜以求的科学探究精神和寻求构建新社会良方的社会责任感与使命感，引导学生深刻理解人类历史上的思想解放运动既是社会综合因素的产物，同时又极大地推动了人类社会的进步。

表 29－2 “启蒙运动十日谈”慕课框架

模块	时间	课名
启蒙缘起	第 1 日	何为启蒙与为何启蒙？
哲学启蒙	第 2 日	我实验——英伦培根的经验主义
	第 3 日	我思考——欧陆笛卡尔的理性主义
	第 4 日	我发现——牛顿与莱布尼茨的自然哲学与机械唯物主义
	第 5 日	我批判——康德的理性哲学
政治启蒙	第 6 日	人是人的狼——霍布斯的国家学说
	第 7 日	捍卫天赋人权——洛克、卢梭的社会契约论
	第 8 日	以权力制约权力——洛克、孟德斯鸠的分权学说
	第 9 日	踩死败类——伏尔泰的宗教宽容说
启蒙世界	第 10 日	自由、人权、科学、理性——现代社会的价值追求

3. 以教材中具有代表性的中国古画为切入点

2020 年 10 月，历史组慕课团队在“上海市高中名校慕课”平台成功推出第三门慕课“画说历史：统编教材古画背后的故事”。艺术评论家约翰·拉斯金曾说：“伟大民族以三种手稿撰写自己的传记：行为之书、言词之书和艺术之书，唯值得信赖的便是最后一部书。”[6]可见，绘画艺术是开启往昔的一把钥匙，是特定时代的历史印记。透过绘画艺术作品，可以直观感受到一个民族的特质。本课程以统编历史教材中不同时代、不同角度的具有代表性的 10 幅中国古画为切入点（见表 29－3），引导学生走近中国古画艺术，了解其背后的故事，洞察其时代特征，尝试以历史学家的眼光去鉴赏和诠释中国古画。

表 29－3 慕课“画说历史：统编教材古画背后的故事”内容框架

模块	顺序	课名
导学片	第 1 讲	课程与教师介绍
帝王面相	第 2 讲	惜秦皇汉武——《历代帝王图》
	第 3 讲	多面人明太祖——《明太祖画像》
	第 4 讲	微行过功臣家——《雪夜访普图》

（续表）

模块	顺序	课名
经济图谱	第 5 讲	东汉画像砖密码
	第 6 讲	塞北图景——《敕勒川狩猎图》
	第 7 讲	东京梦华镜像——《清明上河图》
交融掠影	第 8 讲	“凿空西域”——《张骞拜别汉武帝出使西域图》
	第 9 讲	有朋自雪域来——《步辇图》
	第 10 讲	不寻常的对话——《顺治会晤五世达赖图》
时尚百态	第 11 讲	女性生活的写照——《女史箴图》上
	第 12 讲	女性生活的写照——《女史箴图》下
结束片	第 13 讲	《画说历史：统编教材古画背后的故事》解读视角

所谓“一花一世界”，我们不妨转变思路，从“宏观叙事”的“上帝视角”转向“见微知著”的代入视角，以小见大，以局部洞察全局，深入了解历史事件的细节和历史人物的内心世界，从而引导学生拨开重重迷雾，贴近真实，走入历史。[7]

（二）线上线下，有机融合

什么样的慕课内容适合学生的线上学习？《普通高中历史课程标准》（2017 年版 2020 年修订）指出：“探索运用历史课程资源有效发展学生学科核心素养的策略、方法，促使历史课程的有效实施。”[8]由此可见，慕课的设计与实施应该同线下课程教学有机融合，成为线下教学的知识拓展与素养提升的教学载体和有效路径。

首先，在课程内容上，要实现课程线上线下的互补。统编历史教材“中外历史纲要”的课标定位是“让学生掌握中外历史发展大势”。[9]故教材多为精练概述和宏观叙事，这就需要结合历史事件细节和历史人物的微观刻画，才能更好呈现历史大势的教学效果，但线下历史课堂教学因课时有限等原因，难以层层铺开，细细探讨。如此，教师有意犹未尽之感，学生对历史也缺乏感性认识，学科核心素养的提升难以得到落实。有鉴于此，慕课内容一是补充教材中提到但未具体展开的重大事件。如教材中有一幅插图《毛泽东在延安窑洞撰写〈论持久战〉》[10]，对于其创作背景、历史影响等均未提及，故笔者设计了慕课“胜利是属于我们的——毛泽东作‘论持久战’报告的瞬间”，深入解读这一关键性抗战方针诞生时的国内外严峻形势和有关抗日战争三个阶段的科学论断，进一步加深学生对“中国共产党是全民族团结抗战的中流砥柱”的认识。二是大篇幅补充教材未提及但又不可忽视的历史人物或事件。如“军装上的七个枪眼——一个将军倒下的瞬间”补充了鲜为人知的川军将领王铭章出川抗日的悲壮之举，还原了一位肩当正义、凄美献身的抗日军人形象；又如在慕课“启蒙运动十日谈”中，设置了“哲学启蒙”模块，弥补教材的不足。在讲“欧洲思想解放运动”一课之前，采用“翻转课堂”的教学模式，让学生观看慕课“启蒙运动十日谈”，带领学生迅速建构出知识框架，而且学生带着这个印象走进现实课堂，增加了对启蒙思想的讨论与交流的广度与深度。通过线上线下内容的互补，为学生描摹了全民族抗战和启蒙运动的完整图景。

其次，在教学方式上，要实现师生的互动。据统计，参与慕课的学习者在线上充分、及时互动和反馈的人数不足1/5。在基础教育领域，慕课单纯展现课程内容很容易沦落为信息机械传递的工具，甚至威胁教育的核心价值。[11]我们在慕课中设置了课程提问和问题探讨等互动环节，引发学生思考和讨论。如在“启蒙运动十日谈”中，霍布斯、洛克和卢梭的思想中都有关于人性和国家的主张，而且存在一些分歧，于是笔者设计了一个问题探讨：谈谈你的人性善恶观。学生们纷纷发表自己的见解，有的认为“从人的自然属性与社会属性相统一理解人性，人应是善与恶的结合体”；有的认为“万物从根本上来讲无善无恶，之所以有善恶之分，乃是人为万物之灵，具备自我认知、自我意识，一切以自我为中心来衡量外界事物是好是坏，由此衍生出了善恶的概念”……正是这种思维火花的激烈碰撞引发了学生对人性的深度思考，学生的核心素养在互动过程中逐渐得到培养。

（三）项目驱动，学以致用

慕课更深层的意义在于推动学习者自主学习和终身学习。那么，如何激发学生自主学习的内驱力呢？《普通高中历史课程标准（2017年版2020年修订）》指出，“学习中心课堂”就是“以调动和发挥学生历史学习的积极性、主动性和创造性为核心，以学生的学习活动为实质性线路，以学生的自主探究活动为中心展开”[12]，同时还强调“利用网络资源进行项目学习，使学生进行自主探究和解决问题”[13]。

慕课“启蒙运动十日谈”的开发与设计，可以说是一次凸显“学习中心”的全新尝试。教师与学生建立师生学习共同体，在项目驱动下，合作设计慕课方案，撰写脚本，采用问题驱动的师生谈话形式呈现慕课，甚至有时对换师生角色。这种做中学的项目驱动，充分发挥了学生的主体性、主动性和创造性，使慕课这一教学载体的优势得到进一步放大，特别是师生在这样的合作与历练中得到了共同成长。[14]

慕课“画说历史：统编教材古画背后的故事”的设计与开发过程，也是慕课教师团队项目驱动的学习过程。随着统编高中历史教材的问世和推行，研读新教材成为一线教师的首要任务。教材中的大量图画是历史老师既熟悉又陌生的内容，熟悉是因知其名，陌生是因不懂画。笔者认为，作为教材的辅助内容，这些图画都经过教材编写者的精心挑选，不仅具有艺术审美价值，而且具有图像证史的史料价值。针对读图对象——高中生独特的认知偏好和身心发展需要，历史图片在传达信息方式上有着文字所无法替代的优势。[15]于是教研组决定设计开发“画说历史：统编教材古画背后的故事”这门慕课，一是促使教师深度研究与合理诠释教材中的图像史料；二是帮助学生有效建立图画与文字之间的联系，提升审美水平和史料实证素养；三是示范并启发学生认识到图画解读视角的多样性。教师与学生可借由这些形象的图画，将历史学习从死记硬背，转换为结合图文去想象当年人和事的“立体型”学习。

“网络只是一个工具——只对那些有学习动力、懂得运用它的人有用。对中小学生来说，最好的教学方式是双向的——教师与学生间的真正的相互作用能够增强学生的学习动力和聪明才智。”[16]为了激发学生自主学习的内驱力，笔者结合慕课“画说历史：统编教材古画背后的故事”，组织学生开展为期一学期的“名画诠释者”项目化学习，让学生以“历史学家”的身份，进行小组合作、自主探究、制作微视频分享成果与交流、自主评价与反思。

项目主题：名画诠释者

驱动问题：如何以历史学家的眼光欣赏与诠释名画？

项目任务与成果：学生自由组成5人以下小组，选择与教材中历史内容相关的一幅名画进行探究，做出符合逻辑的历史解释，并制作成一个15分钟左右的微视频进行分享。

项目评价：各小组长和老师组成评委小组，制订评分标准，及时点评。

项目反思：学生撰写一篇1000字左右的小论文“如何诠释名画？”(含学习体会与建议)

评委小组自主讨论出项目成果的评分标准(见表29-4)。项目化学习的过程与成效作为学期平时成绩的依据之一。

表 29－4　项目化学习“名画诠释者”评分标准

类别	具体要求	分值
主题内容	内容分包括但不限于画面内容描述、作者及时代背景解读、画作含义分析、历史影响阐述等，史实内容的准确性以及解读的合理性是评判内容分的标准。	40 分
视频制作	是否清晰、准确地呈现了主题与内容。	20 分
总体效果	包括视频的清晰度、演讲的流利度和诠释的创新性。	30 分
时间控制	在 15 分钟左右。不少于 10 分钟，不超过 20 分钟。	10 分

这次项目化学习的效果超出了预期，每个学生小组选择不同的名画，合作完成的微视频不但制作精美，而且解读各有特色，师生在整个项目化学习过程中，走进了名画艺术世界。俞同学在自己的小论文中这样写道：“名画是抽象历史的具象化体现，它的背后是一个时代的社会文化和一个作画者的视野和价值观。在对名画的学习中推敲历史具有重要的意义，它意味着以美学为切入点对历史进行二次考察、考证和解读，在我（俞同学，下同）看来可以理解为一种二次创作。同时，团队合作充分发挥了每个同学的潜能。在一个月中，我和组员进行了资料采集、文献阅读、演讲稿撰写与修改、PPT 制作、视频录制与剪辑，给大家带来了非常有诚意的作品。历史的研究在于争鸣，它可以是对艺术作品的情感流露，更可以是每一个同学对同一幅名作不同维度的思考、分享和探讨。”

学习的成功在于理解，理解的成功在于应用。中国现代著名哲学家冯契先生认为“人的认识就是从无知到有知、知识到智慧的辩证发展过程”[17]，他强调要在实践体验中“化理论为方法、化理论为德性”[18]，才可实现“转识成智”。项目化学习正是一种包含知识、行为和态度的综合性学习实践，重在培养学生在“复杂情境中的灵活的心智转换”[19]，是一种值得探索的提升和发展学生核心素养的有效路径。

三、总结

三门慕课的设计与实践过程，是我们对慕课的认识不断加深的过程。如何设计与实施新时代的高品质慕课课程？总结历史慕课的设计与实践，有三点体会。

第一，要树立"学习中心"的教学理念，促进学生的学习与发展。慕课内容的设计要服务于有效学习，关注点是学生能学到什么，因此要以学习为中心，立足于学情与校情，以学生学习与核心素养发展为根本，从学习者视角进行问题驱动探究。笔者所在的学校是一所部属外国语学校，承担着培养外交人才的使命。大家知道，学习一门语言就是学习一国文化，对于外国语学校学生而言，增强历史和文化自信、提升家国情怀素养尤为必要。据此我们选择了"抗战的十五个瞬间"和"画说历史：统编教材古画背后的故事"两个主题，通过多元微观视角解读历史人物或历史事件，创设真实的历史学习情境，以激发学生的学习兴趣和家国情怀。同时，也注重课程知识的整体性结构设计，以帮助学生建构历史发展脉络，促进学生的学习与发展。

第二，内容上要与学科教学深度融合，为课堂教学减负增效。历史学习和历史认识的发展，都要建立在掌握历史信息的基础上。如果把慕课内容从平时的课堂教学中孤立出来，那么所建构的历史事实，既零碎又缺乏方向，而且会加重学生的学业负担。同时，高中统编历史新教材纲要式教学浅尝辄止，这就需要将慕课内容与学科课堂教学有效融合，两者相得益彰。如慕课"画说历史：统编教材古画背后的故事"中的 10 幅画全部选自中学历史教材，但对画的解读又是教材内容和课堂教学的拓展与延伸。由此，在课程内容上实现互补，通过慕课拓展历史的信息源，学生可以学习图像史料的解读方法和史料价值辨析，感受更多、更具体的历史细节，有效达成线上线下融合教学的目标。同时开展"名画诠释者"项目化学习，在学习过程中实现互动，延伸现实课堂的时空，进一步促进学生的深度学习和素养提升。

第三，组织形式上要建立学习共同体，以提升慕课设计的品质和效率。在"互联网+教育"的新时代，教师之间、师生之间、生生之间建立学习共同体，紧密合作、集思广益，是慕课发展的必然趋势和影响力所在。三门慕课的设计与实践过程可以说是慕课教师团队和学生反复头脑风暴的过程，从课程的选题、命名到课程设计、录制，每一个环节都体现了集体的智慧，同时也展示了每个参与者的鲜明特点。例如慕课"启蒙运动十日谈"的诞生与创新设计，正是得益于学生的加入。两位学生对启蒙运动中的哲学思潮颇有研究，具有一定的认知深度，于是由他们合作负责"哲学启蒙"内容板块。学生的参与使得慕课内容、语言表达和呈现方式更加贴近学生，也使得学习者感到轻松、愉悦。可见，学习共同体成员之间的合作互动是促成慕课设计和提升慕课品质的有效路径。

总之，慕课的生命力在于不断创新，在实践中创新，在创新中实践。我们要不断对慕课学习内容、教学模式和学习方式进行创新，实现学生学习的个性化、交互式、拓展性，着力提升和发展学生的核心素养。

参考文献

[1] 陈佑清.学习中心教学论[M].北京：教育科学出版社，2019.

[2] 中华人民共和国教育部.普通高中课程方案(2017年版2020年修订)[S].北京：人民教育出版社，2020：51.

[3] 陈佑清，余潇.学习中心教学论[J].课程·教材·教法，2019(11)：91.

[4] 钱乘旦.发生的是"过去"写出来的是"历史"——关于"历史"是什么[J].史学月刊，2013(7)：6.

[5] 黄桂兰，俞仙芳.瞬间与永恒：线上线下交互滋育"家国情怀"的新路径[J].中学历史教学参考，2018(4)：28-31.

[6] 张欣浪.挖掘艺术内涵，彰显人文精神[J].科学中国人，2007(8).

[7] 黄桂兰.转识成智的课堂教学：核心素养导向的历史教学[M].上海：华东师范大学出版社，2020.

[8] 中华人民共和国教育部.普通高中历史课程标准(2017年版2020年修订)[S].北京：人民教育出版社，2020：68.

[9] 中华人民共和国教育部.普通高中历史课程标准(2017年版2020年修订)[S].北京：人民教育出版社，2020：9.

[10] 中华人民共和国教育部.普通高中教科书·历史·必修·中外历史纲要(上)[M].北京：人民教育出版社，2019：140.

[11] 黄桂兰，俞仙芳.瞬间与永恒：线上线下交互滋育"家国情怀"的新路径[J].中学历史教学参考，2018(4)：28-31.

[12] 中华人民共和国教育部.普通高中历史课程标准(2017年版2020年修订)[S].北京：人民教育出版社，2020：50.

[13] 中华人民共和国教育部.普通高中历史课程标准(2017年版2020年修订)[S].北京：人民教育出版社，2020：54.

[14] 黄桂兰，王逸群.历史教学载体形式与学习范式的新探索——师生合作开发慕课《启蒙运动十日谈》的反思[J].历史教学问题，2020(3)：178-181.

[15] 宋振韶.教科书插图的认知心理学研究[J].北京师范大学学报，2005(6)：22-26.

[16] 埃瑟·戴森著.2.0版数字化时代的生活设计[M].胡泳、范海燕译.海口：海南出版社，

1998:119.

[17] 徐超富.转识成智:现代教学的认知价值追求[J].华东师范大学学报(教育科学版),2014(4):23.

[18] 晋荣东.化理论为方法,化理论为德性—论冯契对课程思政的探索与实践[J].思想政治课研究,2020(5):7.

[19] 夏雪梅.项目化学习设计:学习素养视角下的国际与本土实践[M].北京:教育科学出版社,2018.

作者简介

黄桂兰

上海市特级教师、正高级教师。长期致力于中学历史教学实践与研究,以素养为导向,探索智慧型教学,追求转识成智。先后开发上线三门慕课,其中“抗战的十五个瞬间”入选上海市首批100门“中国系列”课程,论文《瞬间与永恒:线上线下交互滋育“家国情怀”的新路径》在《中学历史教学参考》(2018年第4期)上发表,并被中国人大复印资料全文转载(2018年9月《中学历史、地理教与学》),出版专著《转识成智的课堂教学:核心素养导向的历史教学》(华东师范大学出版社,2020)。

郑凌霄

台湾大学历史学硕士,毕业以来在校从事中学历史教学工作。

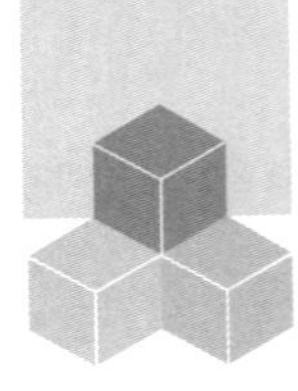

基于“五育融合”的慕课教学实践研究

——以特色校本课程“从零起步 快速学中阮”为例

上海市徐汇中学　孙樱露

本文是在上海市徐汇中学具有科创特色的“五育融合”办学背景下，围绕艺术类特色校本课程“从零起步 快速学中阮”的混合式教学案例展开，呈现线上线下混合式教学组织形式，生成信息化教学手段的创新策略，基于“学习力、创新力、研究力、自信力”的自适应学习能力内涵，引导学生构建自适应学习系统，促进学生多维能力提升的教学实践研究经验总结。

一、学校特色发展与课程规划

上海市徐汇中学从2016年起着手创建工程素养培育特色高中，于2019年创建成功，并在2020年9月正式挂牌成为上海市第四批特色高中。结合上海教育数字化转型和新课程新教材改革的背景，我校基于工程素养培育特色高中计划，构建了具有科创特色的“五育融合”办学体系。

我校具有科创特色的“五育融合”办学体系主要包括：①以原有的科艺体卫人文特色课程为蓝本，融入相关“五育”内容，形成具有多样育人特色的课程。②综合开发“五育融合”的特色课程，形成兼容并蓄的综合融汇课程。③深入挖掘已有的特色跨学科课程，并发挥多元作用。④利用5G＋MR（第五代移动通信技术＋混合现实技术）中学科创特色实验室进行沉浸式教学。⑤构建由我校自主管理的、有自主知识产权的个性化自主学习系统，将慕课、微课、直播课堂融合进学生的学习云平台，基于课程目录整合并存储学习资源，帮助学生实现线上线下结合的自适应学习，解决学生之间的学习差异，帮助学生实现按需学习、选择性学习等。

二、课程设计

我校现已有20门慕课在“上海市高中名校慕课”平台完成开课，并定期开展教师慕课和学生微视频制作的技术培训及指导，让更多教师成为慕课内容及课件的开发者、制作者和研究者，指导学生进行微视频的制作。所有教师及学生都可使用个人独立账号登录指定App，并在徐汇中学的专属智慧校园系统中发布或观看微视频内容。学生可以进行选择性学习、与教师在线上互动等，以促进个性化学习、开放式学习和泛在化学习，培养自适应学习能力。慕课“从零起步 快速学中阮”的课程设计如下。

（一）设计思路

“从零起步 快速学中阮”作为一门面向全体学生、拥有阶梯式培养课程系统支持的特色校本课程，旨在从零起步，快速培养学生的中阮初阶演奏能力，融合相关“五育”内容，开发校本学习材料(见图30－1)、慕课、微视频等，并利用5G＋MR等手段凸显线上线下混合式教学优势，提升学生自适应学习能力。

慕课精简并重构线下课程内容，针对重难点，形成难易适中、适合自学的线上资源，辅助线下教学，提升学生自适应学习能力。

（二）课程目标及重难点

作为“从零起步 快速学中阮”补充内容，慕课与线下教学共生(见图30－1)，课程目标为：①中阮基训融合“五育”内涵，结合线下教学工作，培养学生自适应学习能力。②基于课程目录整合并存储学习资源，打破学生学习时间及空间的局限性，实现乐团多样化发展。③利用慕课、微视频等信息化辅助手段，解决学生的学习差异性，帮助学生实现按需学习、选择性学习等。

教学重点：通过零起点慕课内容建设与录制展示等方式缩小个体弹奏能力差异，结合线下零起点中阮阶梯式课程建设，帮助学生突破空间和时间限制，进行自适应学习。

教学难点：在课程中贴合“五育”的教学导向，培养学生自主学习的能力和思考创新的能力和独立研究的能力，建立学生的自信心和树立民族自信。

图 30－1 “从零起步 快速学中阮”课堂实景

三、教与学的实践策略

本课程教与学的实践策略具体体现在：①指向德育、智育、美育、劳动教育、体育在内的“五育融合”内涵（见表 30－1）；②利用慕课、微视频、5G＋MR 等信息化手段，辅助学生利用自由时间与空间，实现按需学习、选择性学习等；③将自适应学习能力系统分解为创新力、学习力、研究力和自信力，强调学生的自适应学习能力在教与学的应用与实践过程中的培养与应用（见表 30－2）。

表 30－1 “从零起步 快速学中阮”的“五育融合”内涵

德育	智育	美育	劳动教育	体育
弘扬与传承国乐文化、增强民族自信	掌握中阮的基本弹奏技能，能够运用慕课、微视频、5G＋MR 等手段，提升自适应学习能力。	在欣赏、实践、探索中提高认识美，感受美、鉴赏美和创造美的能力。	掌握简单的中阮维修技术，如换弦等。	建立团队合作意识，自强、自立、自律。

表 30－2　自适应学习能力系统

创新力	学习力	研究力	自信力
创新力指积极主动地利用创新意识和发散思维，探索、解决问题的能力。	学习力是一个多维的概念，包含四要素：学习韧性、策应能力、反思能力和处理信息的能力，是衡量学生自主学习能力的重要指标，是学生发生深度学习、促进自适应学习能力发展的重要能力之一。	研究力指学生所具有的研究能力与有效运用这种能力的个性品质，能够在学习中保持好奇，善于发现问题、提出问题、思考问题和研究问题。	自信力指学生的自身能力自信与民族文化自信。在实践中累积能力自信，对传统民族音乐文化价值和意义持积极、肯定的态度，通过实践感悟，继而以广泛、客观的文化价值构筑民族文化自信。

（一）线上、线下混合式教学

“从零起步 快速学中阮”作为一门器乐类演奏技能课程，包括独奏、重奏、创意秀、团体展示等实践活动，离不开线下的实践、排练和磨合（见图 30－2），所以本课程采用线上、线下混合式教学模式，以线下课堂为主体，线上慕课（见图 30－3）为辅助，学生可以在课余不受时间、地点的限制，根据自身情况，自主学习慕课中的相关知识点以及教师真人示范。师生的角色发生转变，教师成为课程的开发者和构建者，学生成为具有自适应学习能力的学习主体。

图 30－2　线下学生分组练习

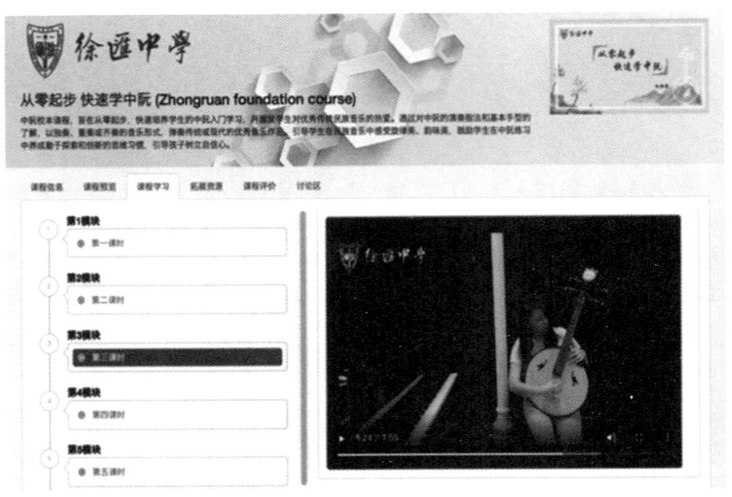

图 30－3　慕课中的教师示范

以下为“从零起步　快速学中阮”慕课教学设计(见表 30－3)。

表 30－3　“从零起步　快速学中阮”慕课教学设计

课时	专业技能目标	自适应学习能力目标	线下课堂活动	五育目标重点
课时 1 认识阮的类别和历史	1. 通过对阮的起源的学习，掌握阮的发展历史，了解阮族乐器各自的特点。 2. 通过对阮的类别和历史的了解，在掌握中阮这门艺术的基本信息的同时，对中华民族优秀音乐文化有进一步的了解，继而引起学习兴趣。	• 创新力 通过在课堂学习基础知识及参与创意活动，激发求知欲，培养发散思维。 • 学习力 能够按照要求独立进行信息检索及整合，初步养成学习力。 • 研究力 能够在学习中保持好奇，发现问题、提出问题、思考问题和研究问题。 • 自信力 在公开展示中树立信心，在对民族音乐文化的了解中激发爱国情怀，培育民族文化自信。	创意活动环节“mini中阮课堂”活动流程： 1. 搜索自己最喜爱的中阮音乐，可以是中阮协奏曲、阮乐团合奏、阮独奏、阮与电声乐队、摇滚阮乐等不同形式。 2. 从音乐背景、音乐形式等方面，分析并展示自己喜欢的作品，或对比几个不同的作品。3 人一组完成小组作业。 3. 准备 3—5 分钟的内容，与同学们分享。	凸显课程的智育、德育功能。以中阮的历史发展为载体，引起学生对中国传统民族音乐文化的关注，在欣赏中树立良好的审美观，加深对民族文化的热爱。

（续表）

课时	专业技能目标	自适应学习能力目标	线下课堂活动	五育目标重点
课时 2 中阮的构造及乐器配件的使用	1. 通过对中阮构造及乐器配件使用的学习与实操，对中阮有更为细致、进阶的了解，为弹奏做好准备。 2. 关注演奏的音准问题，能够独立、正确地使用调音器。能够独立更换琴弦。	• 创新力 结合美术知识，完成艺术设计，培养学生跨学科创新能力。 • 学习力 通过乐器构造了解发声及弹奏原理。 • 研究力 通过对中阮的不同形态及各部位功能的研究，为自主研究设计创造条件。 • 自信力 在感受中阮形态演变的同时，提高艺术素养，为形成民族文化自信打好基础。	创意活动环节“魅力中阮”活动流程： 1. 通过学习中阮的形态演变，选择其中一种进行装饰设计。 2. 从装饰物、色彩、花纹方面设计专属于自己的中阮。 3. 准备画稿或PPT，交流展示。	重点凸显课程的智育、劳动教育。掌握简单的中阮维修技术，提升动手能力，加强自主管理能力。
课时 3 中阮的演奏姿势及拨片持法	1. 掌握正确的中阮演奏坐姿及持琴方式。 2. 了解左右手姿势要领，知道如何选择拨片，并掌握拨片持法、触弦点位及使用方式。 3. 能够在琴弦上正确、连贯地演奏右手空弦弹挑。	• 创新力 通过中阮拨片的制作，自主选择形状、图案、色彩等元素对拨片进行设计，发展创新思维。 • 学习力 能够完成基础知识累积，打好学习基础。 • 研究力 以拨片制作为突破口，培养学生耐心及深度钻研的能力。 • 自信力 通过中阮拨片制作工艺的体验，培养动手能力，以成品激发自信心。	创意活动环节“中阮拨片工坊”活动流程： 1. 以课内知识为基础，自行制作拨片。 2. 制作过程包括打磨、设计和绘制，完成小组分工活动过程记录。 3. 进行小组展示。	凸显课程的美育、劳动教育、智育功能。结合所学内容，以设计、手工制作的方式，融合自身对于美术类色彩及图形的审美与设计思路，让演奏必需品“拨片”以艺术品的形式呈现。

（续表）

课时	专业技能目标	自适应学习能力目标	线下课堂活动	五育目标重点
课时4 中阮的演奏记号及乐理知识	1. 通过对中阮乐谱谱面常见的演奏技法符号及常规乐理知识的了解和掌握，能够用中阮弹奏节奏型练习曲。 2. 掌握中阮G调音阶按弦位置。 3. pen beat 的学习。 4. 创意活动——“笔尖律动”。	• 创新力 通过以笔为媒介的创意活动，针对乐理知识进行创编，在回顾专业技能知识的过程中培养创新精神。 • 学习力 通过对大量信息的掌握，为弹奏初阶知识的累积做准备。 • 研究力 能够利用专业技能知识举一反三，完成创意活动。 • 自信力 在乐理知识及节奏活动的技能学习中，感受多变节奏的效果与魅力，提高艺术素养。	创意活动环节“笔尖律动”活动流程： 1. 自选三种及以上的 pen beat 的音色创作一条节奏。 2. 个人展示。（注：Pen beat 是一项用笔和手的不同部位敲击来模仿架子鼓点的律动游戏，其可用于加深学生对复杂节奏的理解与应用，引导学生在音乐游戏中感受节奏的魅力。）	凸显课程的智育功能。通过节奏创编、展示等手段，引导学生学以致用，提升自适应学习能力。
课时5 中阮上的G调弹奏	1.通过左右手中阮演奏要领的学习，掌握基本手型及弹奏手法。 2. 演奏《小星星》。 3. 演奏《暖暖》。 4. 创意活动——“大森林的四季”。	• 创新力 在巩固相应知识的同时，并将其应用于创作，培养创新意识。 • 学习力 能够按要求正确弹奏中阮，能够独立或合作完成创编活动，并在过程中提高沟通及团结协作能力。 • 研究力 基础演奏方法的学习累积，为持续性深度学习打好基础。并以音响效果模仿为切入点，培养自主探究能力。 • 自信力 以《小星星》等简单乐曲的学习为媒介，培养中阮弹奏自信心。	创意活动环节“大森林的四季”活动流程： 1. 从日常生活入手，三人小组协作，在中阮上模仿常见的动物叫声、风雨雷声等音响效果及节奏，表现大森林的四季。 2. 通过音响与节奏的主题创编，在小组合作中锻炼沟通能力与作品创编能力。	凸显课程的智育、体育功能。通过小组合作对节奏、音色进行创编和展示，学以致用，提升自适应学习能力。

（续表）

课时	专业技能目标	自适应学习能力目标	线下课堂活动	五育目标重点
课时6 合奏欣赏及弹奏技巧	1. 欣赏合奏《丝路驼铃》《天高云淡》。 2. 合奏《大鱼》。 3. 合奏《千与千寻》。 4. 创意活动——“阮乐大家庭”。	• 创新力 通过欣赏合奏，了解演奏形式的多样性，并将其应用于日常器乐的学习。 • 学习力 通过自我练习与小组合作相结合的方式，探索合奏的方式。 • 研究力 掌握合奏的多声部看谱、演奏及合作的方法与技巧，具备自主重奏练习的技能。 • 自信力 欣赏阮乐团合奏，体验阮与乐队合奏的不同艺术形式所带来的音乐美感，培养欣赏并传承民族音乐的意识，树立民族文化自信。	创意活动环节“阮乐大家庭”活动流程： 1. 根据乐谱《阮之火》完成小组合奏。 2. 可根据小组情况自行调整乐谱演奏细节。 3. 进行交流展示。	凸显课程的智育、体育功能。以合奏的形式提升协同合作能力，通过合作演奏与展示提升自信力。

（二）突出慕课的社交性学习功能

慕课的社交性学习功能是指在慕课教学中，利用社交媒体软件提高学习者学习的主动性、交互性与学习效率。强调两个方面，一方面强调学生在学习过程中相互的讨论、交流、分享等；另一方面强调学生对于慕课及相关主题微视频的分享、转发、推荐与传播。在平台上，学生讨论他们的学习，并互相帮助与支持，可以进一步促进同侪学习，促进社交性学习。

（三）运用信息化手段丰富学生学习方式

1. 智慧钢琴教室

我校在两个校区都新建了智慧钢琴教室（见图 30－4），每一台智慧钢琴都可以给学

图 30－4　智慧钢琴教室

生进行一对一 AI 陪练，内置系统包括基础的视唱练耳、乐理知识等，能够让学生以游戏化的学习方式，选择适合自身情况的知识点进行学习，快速认识中阮乐谱。

2. 慕课、微视频等云平台资源

受到慕课的启发，也关注到学生普遍受到短视频平台影响，喜欢在碎片化休息时间刷短视频，并有一定的视频剪辑能力，我校连续举办了两届微视频大赛。教师对学生制作微视频进行指导，比赛结果由校内各个学科的科研员从视频结构、视频内容、视频拍摄、视频编辑各方面按照统一评分标准评判和学生投票两部分共同对参赛微视频给出比分。

3. 5G＋MR

教师利用科创教育实验室（见图 30－5），进行 5G＋MR 课件模块的架构及制作，将左、右手部，如手指按弦位置、拨片触弦点、弹奏时的手腕运动轨迹等一系列细节通过 5G＋MR 全息影像呈现，示范清晰，让学生体验沉浸式学习的快乐。

图 30－5　5G＋MR 科创教育实验室

运用多种信息化手段，丰富了学生的学习方式，充分调动了学生学习和探究的主动性和积极性。

（四）师生开展课题研究

本课程执教者作为学校的音乐艺术学科科研员，积极响应“科研兴校”的号召，基于日常教学的重难点，进行重点课题研究（见表 30－4），并带领学生开展相关课题的研究（见表30－5），满足教师专业成长需要和提高科研水平，培养学生自主探究能力和提高综合素质。

表 30－4 教师部分课题

课题名称	级别	职责
基于工程素养的零起点中阮基训探究	区级	主持人
初中音乐信息化课堂活动设计与实践研究——以 Garage Band 为例	区级	主持人
初中音乐信息化课堂活动设计与实践研究——以智慧钢琴为例	校级	主持人
中学艺术全员特色课程开发与实践研究——零起点学中阮	校级	主持人
未来学校民族音乐传承与创新的实践研究	部级	参与
江南丝竹在中小学传承创新的实践研究	市级	参与

表 30－5 学生部分课题

课题名称
中阮左手演奏技法——吟、揉的异同
乐队中零起点中阮的速学方法探究
中阮“弹、拨”技法演奏技巧
中阮“弹、拨”不同弹法对音色影响的探讨
跟着慕课学中阮的窍门

四、教学成果展示

成果 1

2018 年 2 月 6 日，中国校园榜中榜“美育圆梦”第 18 届全国校园春节大联欢活动在北京大学百年讲堂拉开帷幕。以我校零起点中阮初一(7)班学生为主、国乐团部分成员共同演奏的作品《印象国乐·大鱼海棠随想曲》荣获金奖和优秀表演奖(见图 30－6)。

图 30－6 《印象国乐·大鱼海棠随想曲》表演现场

成果 2

2019 年 1 月 25 日—27 日，“美育绽放”2019 全国中小学师生春节大联欢活动在北京大学百年讲堂举行。我校的民乐合奏《江南》受邀作为中国文艺榜中榜颁奖晚会开场节目亮相(见图 30－7)，荣获金奖和优秀表演奖。我校还在颁奖晚会上荣获 2018 年度全国十佳最具影响力艺术教育名校的称号。本次参演学生来自我校总校与南校的零起点中阮班、陶笛班、竹笛班和国乐团，涵盖 8 个班级。

图 30－7 民乐合奏《江南》表演现场

成果 3

2019 年 12 月 29 日下午，“长三角中小学校江南丝竹联盟成立仪式暨展演”在我校勤体馆举行。我校零起点中阮乐团与舞蹈团携新江南丝竹融合作品《苏堤漫步》进行展示(见图 30－8)。

图 30－8 《苏堤漫步》表演现场

成果 4

2019 年 1 月 19 日，由上海市徐汇中学主办，上海市音乐家协会民族管弦乐专业委员会、上海市学生民乐联盟指导的徐汇中学国乐团 2018 新春民族音乐会专场在贺绿汀音乐厅成功举行(见图 30－9)。

图 30－9 2018 新春民族音乐会专场表演现场

五、慕课教学实践的收获与反思

慕课的实践过程需要教师能够熟练使用不同的社交及视频制作软件，养成利用课程云平台发布课程内容等、与学生进行线上互动的教学习惯。在社交媒体的协作下，学生学习更有效率，与此同时，也可以让那些错过了部分线下课程内容的学生根据云平台中的相关主题学习有关内容，或者复习、回顾感兴趣的内容，提升自适应学习能力。教师做好从“指挥者”到“促进者”和从“导师”到“学友”的身份转变，让学生喜爱具有“轻量”“有趣”“社交化”“个性化”特点的慕课。

教师应通过多样化的手段提升自己的专业知识储备，如写论文、做课题、做慕课、做跨学科融合尝试等，始终保持教育教学热情和对知识的渴望，正确解读当下的教育理念及要求，提升自我。

参考文献

[1] 黎杨全.慕课教育发展的三个趋势及其意义[J].教育传媒研究，2022(2)：30－33

[2] 许涛.“慕课”(MOOCs)专家访谈——全球视野下的“慕课”发展与未来[J].现代教育论丛，2015(6)：2－6

作者简介

孙樱露

英国班戈大学(Bangor University)音乐教育专业硕士，一级教师。开发校本特色课程“从零起步 快速学中阮”及配套校本学习材料，配套慕课在“上海市高中名校慕课”平台完成开课。主持区级课题“工程素养背景下的零起点中阮基训探究”“初中音乐课堂信息化教学活动与作业的设计与实践研究”，并多次参与部级、市级课题研究。带领上海市徐汇中学国乐团数度获得国家级、市级一等奖。

慕课语境下“好智慧”在线教学模式的探索与实践

上海师范大学附属罗店中学　王雅婷

上海师范大学附属罗店中学一直以来都注重艺术教育的发展，为培养学生的艺术专长，构建尚美人格，创建了“好智慧”慕课平台。本文以“音乐的多声进行”课程为例，介绍学校以课堂教学为主阵地，以慕课平台为载体，构建“艺术—体验”的学习模式，并以慕课“管乐基础与欣赏”为例，介绍运用慕课平台实施在线教学的实践经验及成效。慕课为教师提供了更加灵活的教学方式，能够满足学生个性化教育的需求，同时，在教育数字化转型背景下，让教师得到历练和成长。

一、实践背景

（一）背景介绍

慕课用15—20分钟浓缩经典，通过屏幕以分享的方式对学生进行知识点的传授，对于刚接触在线教学的教师来说是新鲜的，也是喜欢的。特别对于艺术教师来说，课堂教学时间有限，学生基础薄弱，艺术理论知识相对枯燥，慕课的出现为学生提供良好的学习空间，避免出现信息孤岛效应，实现资源共享，教师借此进一步创新艺术教学形式。

2018年，在学校的大力支持和鼓励下，艺术教研组齐心协力，开发了艺术教学慕课，旨在以课堂教学为主阵地，以慕课平台为载体，以行动研究为杠杆，以教研组、集团研修为抓手，推进相关教师通过自上而下的指导和自下而上的研究带动“教、研、训、学一体”，并本着培养一人一专长，以“艺术—体验”的学习模式构建慕课平台“好智慧”，提高慕课应用的质量和流量。

(二)“艺术—体验”模式

艺术具有审美的教育功能，在教学活动中运用探究的方式，总结其隐藏的规律，用审美的视角、审美的精神审视这一过程，构建艺术学科类“艺术—体验”的学习模式(见图 31-1)。

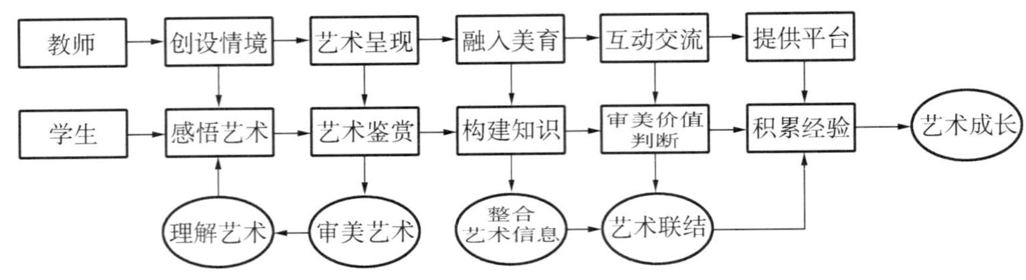

图 31-1 “艺术—体验”学习模式

对于教师而言：

第一环节为“创设情境”，即创设不同文化、生活和科学的艺术审美情境。

第二环节为“艺术呈现”，即以各种形式呈现艺术作品。第一、第二环节常常可以合二为一，因为创设情境的主要表现方式就是艺术呈现，从而营造艺术审美情境。

第三环节为“融入美育”，即以美育为核心，把美育元素融入艺术审美之中，引导学生“知情意行”的有机结合。

第四环节为“互动交流”，即组织学生互相交流审美感受，进一步培养学生审美价值判断。

第五环节为“提供平台”，即开展“互联网+艺术教育”(慕课)实践，满足学生的个性化需求，奠定终身学习的基础。

对于学生而言：

第一环节为“感悟艺术”，即初步接触和认识艺术。

第二环节为“艺术鉴赏”，即在初步认识艺术的基础上通过鉴赏作品从而感知艺术审美，进而理解艺术，这是一个循环往复的过程。

第三环节为“构建知识”，即在艺术审美情境不断地熏陶下，感受知识和美育元素的有机结合，通过整合艺术信息建立起对于艺术门类的联结。

第四环节为“审美价值判断”，即在互相交流和评价中，提高反思评价能力，强化判断性思维和审美价值判断，更好地实践艺术联结。

第五环节为“积累经验”，即通过艺术鉴赏、互动交流、实践探究等一系列的教学活动积累经验，最终成为具有审美力的时代新人。

艺术课程具有开放性、创造性、人文性和实践性，“艺术—体验”的学习模式，可以为学生提供宽泛的学习和发展空间，让学生在学习的过程中获得愉悦的审美感知，做到以美感人、以美育人。具体做法是通过模仿美和创造美的艺术形象等任务，使学生积极地发挥想象力和创造力，产生独特的领悟和认识，提高审美意识和审美能力。课程举例见表 31－1。

表 31－1 “音乐的多声进行”课程设置

<table>
<tr><td rowspan="6">课程选题与定位</td><td>课程名称</td><td>音乐的多声进行</td></tr>
<tr><td>课程目标</td><td>知道音乐的多声进行，了解音乐多声进行的方式有主调音乐与复调音乐，感知不同多声进行的方式所塑造的不同音乐形象，培养对艺术创作的兴趣，树立学习艺术的信心。</td></tr>
<tr><td>课程对象</td><td>学生</td></tr>
<tr><td>课前准备</td><td>制作演示文稿、视频</td></tr>
<tr><td>学习方式</td><td>师生共同学习</td></tr>
<tr><td>设备要求</td><td>电脑、平板电脑、手机等</td></tr>
<tr><td>课程内容</td><td colspan="2">内容 1：比较音乐多声进行中塑造的不同的音乐形象；比较主调音乐与复调音乐的异同；通过比较欣赏法使学生掌握本节课的教学重点。
1－1 课：看视频，听视频。
1－2 课：浏览视频，理解主调、复调。
作业：分别找一个主调、复调的音乐作品。
内容 2：通过听辨作品，复习巩固知识点，并对主调和复调音乐代表性作品进行介绍，拓展学生视野，在学生分组合作、表演的过程中使用激情鼓励法。鼓励学生积极参与到小组的创编过程中，大胆发挥想象，创作改编后进行展示，并通过师生互评，肯定学生合作的成果，激发对音乐创作的兴趣。
2－1 课：观看视频，听辨作品，巩固主调、复调概念。
2－2 课：对提供的作品进行改编创作。
作业：改编作品，进行创意表演。</td></tr>
</table>

（续表）

<table>
<tr><td rowspan="5">学时与考核</td><td rowspan="3">学时</td><td>学程</td><td>2 周</td></tr>
<tr><td>每周需投入的学习时间（平均）</td><td>看视频：3 小时
其他学习材料：1 小时
做作业：1 小时</td></tr>
<tr><td>建议学时数</td><td>5 学时</td></tr>
<tr><td rowspan="2">考核</td><td>考核方式</td><td>当场考核</td></tr>
<tr><td>结业条件</td><td>成绩等级为 A/B/C(85/70/60)</td></tr>
</table>

二、实践经验及成效

对于基础教育领域来说，慕课是一个比较新鲜的事物，还需要不断地尝试、聆听和改进。慕课可以将内容延伸到线下课堂同步进行（见图 31－2），令教师的指导和学生的有效学习都有更大的空间，形成一个多元化的过程。这种打破时空限制、弹性自主的学习共享方式节省了教学时间，也为有兴趣的学生提供了随时随地学习的机会。下面以学校管乐课程为例，浅谈“好智慧”在线教学模式的探索与实践。

图 31－2　慕课“管乐基础与欣赏”授课现场

（一）共享“好智慧”

管乐团作为我校艺术教育和素质教育的关键力量之一，在抓好普通学生的基础上，重视特长学生的培养，力求做到普及和提高相结合，而以慕课模式为基础的在线教学互动平台能架起师生间很好的沟通桥梁。师生借助平台实现实时交流，丰富艺术理论知识，在创设欢快、活泼、和谐、积极的学习氛围的同时，使学生的学习兴趣不断生成和强化，让每位艺术爱好者、演奏者主动参与到艺术美的感知中，提升对美的认知，促进审美意识的发展，提高审美能力和文化修养。慕课"管乐基础与欣赏"应运而生。

慕课"管乐基础与欣赏"是一门以管乐为载体的人文类课程。通过本课程的学习，引导学生了解管乐这一艺术形式，感受各类管乐团及管乐器的艺术特征，激发学生对传统管乐的喜爱与探究意识。学习内容主要围绕了解管乐艺术、了解不同管乐器的特点、认识部分常见管乐器及其在管乐队中的作用、欣赏管乐作品和评价五个部分开展。

通过学习，管乐团的学生能够对所学乐器的音色、演奏特点有更直接的了解，帮助其专业技能的提升；非乐团的学生能够对管乐团有初步的了解，潜移默化地陶冶审美情操，丰富艺术内涵。

本课程共 20 个课时，在开课期间，学生可以随时随地观看在线视频学习，并在讨论区参与发帖、回帖，教师会参与在线讨论，回复大家的发言。同时，通过资源的共享，无论是校内还是上师大基础教育集团的学生，都可以回看学习，真正将知识点内化于心。

（二）善用"好智慧"

慕课的有效运转给在疫情期间专业课如何开展提供了模板。专业教师第一时间建立各自的声部群，学生上传音频和视频作业；一对一聆听指导，按学情推进教学内容；定期家校互动，评估反馈学员训练成果。

在线教学模式对师生来说都是一次全新的尝试与考验。学生是否会按时交作业，不擅长使用电脑的教师如何记录作业情况，什么方式能更有效地反馈……诸如此类的问题困扰着不少乐团指导教师和学生家长。

有了慕课做教学示范，经过第一周尝试，完全打消了指导教师们的顾虑。各声部群叮叮咚咚，陆续收到大家丰硕的"宅家成果"。热情高涨的学生甚至一发多首，远超教师要求。教师们不厌其烦，总能在第一时间给予指导意见，遇到说不清的问题就拍视频亲自演示，学生们茅塞顿开。此外，年纪大的乐团指导教师戴起老花镜，逐行逐个地执笔记录，认真的工作态度感动了不少家长。

教师通过大数据技术，从系统后台对学生的网络使用情况和课程评价及反馈等相关数据进行个体分析，及时调整教学设计以提升教学质量。

（三）探索“好智慧”

教师在教育事业发展中始终扮演着重要角色，慕课的教学模式使教师在教学中的角色发生转变——教师不再是课堂的主导者，更多的是扮演课程发起者和协调者的角色。这也促使教师摒弃传统的教学方式，更新教学观念，同时掌握新型在线教学方式。

在慕课平台上，学生遇到问题可以直接找专业老师进行答疑，将传统被动式学习变为主动式学习，在提高自主学习能力的同时也守住了学习的兴趣。这种线上教师、线下导师的混合式教学方式促进教学更好地开展。

但是，教师的工作精力与能力有限，可用于学习信息技术的时间也不充裕，因此是否通过组织安排相关主题的专家讲座、学习交流会，分享、交流和学习相关教育教学的新方式、新方法，帮助教师在更新专业知识的同时，提高自身信息化素养，把握新动向，利用新技术充实教学内容，提高教学质量和教学能力，更好地赋能教学的开展，是需要探索和进一步实践的问题。

（四）联动“好智慧”

校管乐团作为上师大基础教育集团的辐射项目和校内多元艺术社团的龙头，如何发挥好辐射效应，以自身的健康发展引领区域艺术的共同进步，呈现“一枝独放不是春，百花齐放春满园”的亮丽风景，对这个问题一直在不断探索、思考和总结中。

“双减”之下，宝山区推出了“智慧同侪课堂”。宝山区是上海市首个全国“人工智能助推教师队伍建设试点区”，也是“上海市教育数字化转型实验区”。经历慕课教学，教师更有兴趣，也有信心加入新的课堂教学模式中。从单兵作战到协同合作，从发起者到陪伴者、协同者、参与者……在教育数字化转型背景之下，课堂优化改革正在实现。

总的来说，慕课的出现与发展解决了教育事业发展过程中出现的师资紧缺、高质量教学匮乏和课时压缩等问题，降低了学习的门槛，扩大了学习的年龄段，增加了学生接受艺术学习的机会，满足了社会各阶层接受个性化教育的需求。同时，慕课的教学方式也更加适应新时代学生的学习个性与特点，为在线教学提供了灵活便利的手段，让教师在数字化转型的环境中得到历练和成长，更好地适应未来教育的新要求，与学生一起走向未来。

参考文献

[1] 王琨.MOOC 慕课理念下艺术类教学互动平台的构建[J].黄河之声,2016(22):56.
[2] 徐丹丹.大数据时代背景下慕课发展路径研究[J].大众文艺,2021(23):209-210.

作者简介

王雅婷

毕业于上海师范大学音乐教育系,现任校德育副主任、团委书记一职,任教高中艺术课及乐团指挥课。参加上海市高中名校慕课建设研修班学习,并多次参与慕课录制。被评为宝山区学校艺术教育先进个人,宝山区教育系统第七届、第八届教学能手;获第八届宝山区教育系统"十佳青年"称号。在市、区级教学比赛中屡屡获奖,并多次受邀讲授市、区级教学示范课。参与编写图书《醉美校园》(华东师范大学出版社,2020),多篇论文在《少先队研究》《上海教育》《现代教育》等期刊发表。

思政育人视角下“木刻版画”课程线上线下融合的教学实践

上海市行知中学　沈婧能

上海市行知中学经过八十多年的传承与实践，形成了“木刻版画”特色校本课程。为完善课程体系，充分利用校内上海行知工业版画研究院院长、上海市行知中学退休教师胡军制作的慕课资源，设计开发了慕课“中学生版画”，与线下课程“版画行走——承陶行知精神，走爱满天下路”融合实践，拓展美育实践形式，增添课堂教学活力，优化学生学习效果，最终落实课程思政育人价值。

通过课程实现思政育人是高中落实“立德树人”根本任务的重要依托。上海市行知中学是伟大的人民教育家陶行知先生创办的学校，陶行知先生将当时极具革命性的木刻艺术首次纳入学校艺术教育体系之中。经过八十多年的传承与实践，木刻版画已经成为上海市行知中学的特色课程。

学校木刻版画课程在实施美育的同时，也充分发挥该课程思政育人的功能，润物细无声般地向学生传递正确的价值观念，引导学生成长为符合社会主义现代化建设需要的高素质人才。

一、“木刻版画”课程在思政育人视角下的意义与设计

（一）“木刻版画”课程思政育人的意义

版画具有转换功能和创造功能，完成一件版画作品需要经历：构思、画稿、画版、刻制、印制。版画制作的过程可谓手脑并进，且蕴含着极其丰富的育人内涵。高中主题性木刻版画课程是在学生掌握版画基本技能的基础上，为学生创造具有育人价值的主题

情境，进一步达到思政育人效果。

《普通高中美术课程标准(2017 年版 2020 年修订)》提道："教师应从现实生活情境中选择合适的主题，拟订深化思维的'基本问题'。"[1] 另有专家强调，提升思想政治教育实效性，充分发挥课堂育人主渠道作用，坚持立德树人，将知识传授与价值引领相统一。[2] 以美育为路径向学生渗透正确的人生观、价值观是当前美术教学背景下的发展趋势。为了加深课程人文深度，学校根据自身优势，围绕纪念陶行知主题，挖掘学校丰富的人文资源，整合学校陶行知纪念馆、校园十景等育人场景，带学生走出课堂，增强作品创作的主动性、原创性，将思政教育所带来的影响内化于心、外化于行。通过作品传承陶行知先生思想与精神，实现木刻版画课程思政育人价值。

（二）思政育人视角下"木刻版画"课程的架构、教学目标与特色

版画社是上海市行知中学较成熟的艺术教学项目。由中国工业版画研究院在沪成立的上海行知工业版画研究院就设在我校，有着丰富的版画艺术家资源。学校为了完善课程体系，在"上海市高中名校慕课"平台发布慕课"中学生版画"供全市学生选修，并进一步开发线下"版画行走课程——承陶行知精神，走爱满天下路"课程，线上线下课程结合，注重作品原创性与课程思政育人目的。

1. 慕课"中学生版画"课程简介

课程架构：①木刻人像写生。②木刻黑白处理一。③木刻黑白处理二。④木刻刀法。⑤纸版画。⑥吹塑版画。

教学目标：①了解版画几种常见的艺术种类，熟练掌握木刻版画基本技法，逐渐深层次地理解木刻版画艺术的语言特点，了解各种刀法的运用与艺术特点，并形成自己的个性审美趋向和表达方式。②通过对木刻版画经典作品与写生示范作品的欣赏，理解版画的文化内涵。③感受优秀传统木刻版画的艺术魅力与版画的精神，培养学生对中华优秀传统文化的审美情趣。

慕课使学生获得更多自主学习的时间，教师对相关知识进行系统的讲解，通过让学生充分理解版画的制作步骤与艺术语言激发学生的学习兴趣，为主题式创作打下基础。

2. 线下"版画行走课程——承陶行知精神，走爱满天下路"课程简介

课程架构：①参观校史馆、"校园十景"。②设计制作。(包括：a.提炼素材，构思作品。b.制作草图，版画制作与印制。)③展示与评价。

教学目标：①了解学校的校史与陶行知先生的历史故事，实践版画的制作方法与步骤以及了解其艺术概念。②通过参观校史馆、“校园十景”等探寻实践活动，让学生了解校史，“学陶师陶”，感悟版画艺术魅力与精神。培养学生分析探究、合作分享的学习能力。③在艺术创作与表达的过程中，浸润学生的心灵，激发学生对学校的热爱及对陶行知先生伟大革命教育情怀的认同感，培养社会责任担当意识，传承英烈思想，弘扬陶行知思想。

课程以学生为主体，引导学生参观搜集素材，写生自己需要的各类历史照片、雕塑、风景等，思考如何进行画面艺术再加工，使学生的逻辑思维能力得到训练，综合素养得到提升。

二、慕课与线下课程融合的教学实践过程与策略

（一）学情分析

高中生能较为深入地思考和分析问题，可以在自主探究学习过程中探寻木刻版画的艺术概念与文化内涵。对于作品中主题的表达、鉴赏是学生颇感困难的地方，而对于刀法与作品抒情达意的关系的理解更需要一个进阶的过程。课程设计以主题任务引导学生主动探究，在这个从结果向过程的探寻中，学生转向对木刻版画文化的理解，进而培养综合素养。

（二）慕课在课前、课中、课后的各阶段实践

学生通过慕课“中学生版画”自主学习版画的艺术概念与技法。基于线下主题任务，明确学生课前的线上预习内容。慕课中的专业讲解与示范会在线下教学中进行实践操作。

在线下课程实施过程中，学生充当“小先生”，通过分享慕课中的片段或示范来解答小组内出现的问题，在帮助同伴学习的过程中，巩固慕课中的知识。学生也可以通过平板电脑自主登录慕课平台，对遗忘的知识进行补充观看，根据个人情况带着问题去学习巩固。

慕课给学生提供高弹性的专业教育方式。学生除了可以在课前预习，在线下课程结束后，如遇到技法与创作问题，也可以再次通过慕课视频进行学习巩固。通过线上视

频学习—线上问题反馈—线下实践—线上视频复习—线下问题反馈的学习过程，学习效果明显体现在学生的实践作品中。

（三）创设思政育人主题教学情境，进行实践创作表达

在课程中，首先鉴赏行知校友、艺术家伍必端的版画作品，引导学生对作品本身及其所蕴含的精神品质和创作思想进行全方位的品析，使学生从技法的学习转换到思政学习。在理论铺垫之后，带领学生走出课堂，对校史馆、校园环境等资源进行深度考察。经过参观学习、写生收集资料以及网络信息查找与梳理，多维度记录对陶行知先生相关故事的感悟。自我内化信息后，选择适合创作的版画风格，通过制作版画作品，进行陶行知精神的传承与弘扬，感受版画传统艺术魅力。在创作版画课程的传授过程中融入思政教育的核心内容，培养学生热爱学校的情怀、乐于奉献的精神。

线下单元课程实施分为三个阶段：

1. 走进行知校园与校史馆，聆听陶行知故事

学生通过版画社“小先生”的导览（见图 32 - 1），了解校史馆中陶行知先生珍贵物品背后的历史故事，缅怀先辈，寻找校园中的陶行知名言，行走“行知校园十景”，写生行知校园，感悟行知校园文化。结合学校纪念陶行知诞辰 130 周年活动“同走行知路，寻访追梦人”，通过校友视频与网络信息的进一步收集，整理出陶行知先生动人的故事，总结制作故事名片。

图 32 - 1　版画社“小陶子”讲述陶行知的故事

2. 通过版画艺术创作陶行知主题作品

课程挖掘育才学校(行知中学前身)毕业的艺术家的丰富资源，开展行知校友思政教育。例如伍必端的育才经历、创作及革命艺术人生，为版画课程研究提供了一个重要的方向。伍必端传承版画艺术的核心精神——奉献，将自己的艺术奉献给人民。课程中的版画鉴赏范例选择了伍必端2006年创作的木刻作品《陶行知像》(见图32－2)，作品饱含他对育才学校的深厚感情，这让学生看到，版画作品能够抒发作者的情怀，并且这样的作品是一种精神财富，起到了传承与发扬的作用。

图32－2 《陶行知像》(伍必端，中国美术馆藏)

3. 通过图文与版画作品等素材形式进行线上展示活动

总结作品背后的历史故事与创作意图，传达自己所要传承的陶行知伟大精神，以实践育人，让学生真正为弘扬陶行知精神出一份力，实现课程思政的外化。在“气清

景明忆先贤 英才不忘承陶志——上海市行知中学举行清明纪念陶行知先生线上系列活动”中，学生通过线上展示版画作品（见图 32－3），表达对陶行知先生的纪念之情。由于版画印制的特殊性，每一次印出的效果都不一样，学生主动多次细心认真印制版画作品，选出自己最满意的作品在活动中展出。从作品中，能感受到学生对陶行知先生的尊重之情，其他同学也在作品的刀味、印味中感受到陶行知先生的伟大品格。活动让版画作品发挥更大的社会效益，也更能够体现其立德树人的教育作用。

图 32－3 《爱满天下育英才》（门譞颖）

（四）以主题创作为路径，实现文化传承

学生通过课程的系列活动，提炼素材，找到与自己有共鸣的内容，创作出具有原创性与创新性的作品。比如我校 2022 届吴雨阳同学在创作《伟大的人民教育家陶行知先生》（见图 32－4）时，其在黑白历史资料的基础上，将书法字“爱满天下”设计在画面中，使整个作品构图更加饱满，同时点明了主题，展现她心目中的陶行知先生。这幅作品荣获 2021 年“阳光天使”杯上海市学生艺术作品展二等奖。在陶行知先生相关资料中发现，当时的育才学校会积极将绘画组同学的作品推荐到刊物发表，鼓励学生的艺术学习，也让学生参与社会实践。所以，版画社的成员们效仿先辈、积极参加市级展演活动，真正在实践中纪念与弘扬陶行知思想，也因学习和提升而收获愉悦和满足。

图 32－4 《伟大的人民教育家陶行知先生》（吴雨阳）

三、经验与反思

（一）传承陶行知美育思想，创新课程理念

为培养学生“真善美的人格”，陶行知提倡“教、学、做合一”的美育方法，以学生的生活、家园等身边的活动为中心教育学生，让学生在自然环境与社会环境的熏陶中，不断地学习和实践，通过具体的行动来发展理解美的视野、欣赏美的态度、创造美的能力。[3]课程的开发设计以行知中学陶行知老校长的思想与奉献精神作为思政主题，利用校史馆、学校环境滋润学生的心灵，让他们在参观、写生的活动中，自主从校园生活中提取创作素材与灵感，在版画创作的过程中，感受美、欣赏美、创造美，体验到艺术化的校园生活，对学校产生荣誉感，最后被培养成能够让学校引以为荣的行知学子。

“小先生制”是陶行知先生提出的一种教学思想，其基本做法是“即知即传、随学随教”。[4]在线下课程教学中，由于课前的慕课学习，学生已经对版画的制作步骤与方法有了一定的认识与理解，学生之间可以互相分享学习经验，促发学生之间的互动学习情境。“小先生制”利于创设真实的教学情境、促发真实的自主学习、促生真实的学习活动。[5]陶行知先生的“小先生制”在以学生为主体的课程模式探索、践行新课标精神的过程中具有实践意义。

（二）线上线下融合的师生、生生互动的学习模式

线上线下融合教学模式在推动“教、学、做合一”方面具有十分重要的支撑作用。线上教学与线下教学有机结合在一起，需要教师梳理提炼一些基础性的内容，分派到线上教学中，让学生自主探索基础知识的形成过程，主动学习吸取；将一些操作性、实践性的内容作为线下教学的主体内容，带领学生参与实践类的学习活动当中，使学生形成良好的学习习惯，具备良好的知识操作能力，掌握较多的学习技能[6]。线上线下融合教学模式作为新的探索，增添了课堂教学的活力。慕课提供的专业课程内容使学生能够高效地掌握版画基础知识，打好创作基础。在课前、课中、课后利用慕课资源可帮助学生在“行—知—行”的实践过程中优化学习效果，提升综合素养。

（三）优化课程体系，拓展美育实践形式

在新时代背景下，美育空间应该拓展到学校场域内外，通过线上与线下的结合，探索新学校美育空间与文化空间。值得反思的是互动式教学、过程性评价还没有有效应用于线上教学。我们应当研究如何丰富慕课中学生自主学习的参与方式，通过提供信息材料包等方式，构建线上学习支架与任务项目，赋予学生更多的自主性学习机会。

学校在未来需要进一步强化教师的线下实践指导，积极利用社会资源，邀请版画专家来到课堂，提升线下课堂的专业性，发挥慕课的延展性；有效记录学生在线上与线下课程的过程性材料，加强过程性评价，关注学生的过程性发展。要求教师善于规划，合理安排好慕课学习和线下课程学习之间的关系，引导学生在线下课程学习中积极参与“小先生制”的“学与教”，培养学生自主学习的习惯。

未来我校会继续坚持将思政工作贯穿版画课程教学全过程，以陶行知先生提出的“为老百姓画画，画老百姓”引导学生坚持以人民为中心的创作导向，努力创作出更具时代精神的好作品。只有在与时俱进的教育教学模式中不断创新，才能更加深入落实核心素养观念和思政育人主题式教学。我校课程建设将不断完善线上与线下混合化的教学模式，建设更多的思政主题，并不断反思，在陶行知先生“创造教育”理念引领下，继续探索思政与美育融合的育人新路径。

参考文献

[1] 中华人民共和国教育部.普通高中美术课程标准(2017 年版 2020 年修订)[S] 北京：人民教育出版社，2020：45.

[2] 高德毅，宗爱东.课程思政：有效发挥课堂育人主渠道作用的必然选择[J].思想理论教育导刊，2017(1)：4.

[3] 程功群，夏豪杰.培育真善美的活人——陶行知美育思想解读[J].生活教育，2021(3)：3.

[4] 李吓琴.陶行知“小先生制”再解读[J].福建陶研，2010(1)：3.

[5] 左高超.指向落实新课标精神的“小先生制”教学策略例谈[J].生活教育，2021(2)：3.

[6] 孙立研.“线上线下混合式”教学模式的应用研究[J].软件：(教育现代化)，2019(2)：12.

作者简介

沈婧能

2010年毕业于华东师范大学设计专业。2018年获上海市“体育艺术领域教师专业技能展示评选活动”二等奖。2020年，版画《世界之最——洋山港之最快桥吊师》入选上海市第十二届版画展。2020年、2021年，荣获“阳光天使”杯上海市学生艺术作品展优秀指导教师称号。2022年，荣获上海市学生绘画书法摄影作品展优秀指导教师称号。版画作品《只争朝夕——洋山港巨轮入港》荣获2021年“翰墨守初心，丹青绘新篇”上海职工书画展金奖。2021年，荣获上海市学校美育评价案例征集活动一等奖。指导的上海市行知中学行知版画社团荣获2021年“梦想，需要坚持”——高中社团梦想助力计划优秀社团称号。

体育慕课的教学实践探索

——以慕课“力量锻炼”为例

上海市徐汇中学　张　军

上海市徐汇中学为上海市信息化建设标杆学校，致力于将教育教学的信息化发展落实到不同学科。在此背景下，作为一名专业的青年体育教师，作者建设了以“力量锻炼”为主题的慕课。该慕课的设计思路遵循运动规律，将人体运动解剖学相关理论知识与力量锻炼实践演示相结合。该慕课充分发挥数字化资源平台的优势，走进家庭和线下课堂，推动学生养成自主锻炼的健康行为习惯，并为学生提供个性化运动损伤康复指导。

一、学校教育现代化发展的需求

2020 年 3 月，上海市徐汇中学被评为上海市特色普通高中，学校发展定位于以科技特色建设撬动学校现代化发展。同年，新型冠状病毒感染疫情一度肆虐，大规模线上教学应运而生。在疫情防控常态化背景下，线上线下相结合的教学模式确保了学校教育教学的正常开展。在此期间，徐汇中学响应上海市学校教育信息化政策，积极推进慕课的线上学习资源建设。学校集结、整合团队师资，成立科技创新备课组，在第一时间开始了徐汇中学第一批以科技课程为抓手的上海市高中名校慕课资源建设。

当时，笔者作为徐汇中学科技特色课程“无人机航拍”的授课教师和专业青年体育教师，带头制作了慕课“无人机航拍”，上线“上海市高中名校慕课”平台并成功开课，为全市有兴趣学习无人机航拍的学生提供了系统的线上公开学习资源。与此同时，笔者经细心观察后发现，“上海市高中名校慕课”平台上体育学科的慕课资源较少，于是催生了制作体育学科慕课的想法。

（一） 徐汇中学信息化标杆校建设发展的需求

徐汇中学是上海市信息化建设标杆学校，大力支持学校教育教学相关信息技术的应用发展，在建设第一批以科技特色课程为抓手的慕课资源后，致力于将学校教育教学的信息化发展落实到不同学科。笔者作为一名专业的青年体育教师，以此为契机，结合教学实践需要，深挖教学过程中的痛点问题，同时考虑常态化疫情防控背景下线上线下相结合的教学现状，结合学生寒暑假居家进行力量锻炼时面临的实际问题需求，决定推进慕课“力量锻炼”* 的建设，以期帮助解决学生在校、居家进行力量锻炼时所面临的实际难题。

（二） 培养中学生健康运动的需求

中学生是国家现代化发展的栋梁之材，但由于一些中学生在日常学习生活中缺失健康素养的培育，容易忽视不良体态和错误运动习惯等健康安全隐患造成的影响。体育教师在日常教学中经常发现因长期低头作业而导致的颈椎过度前伸、含胸驼背等不良体态，长时间发展下去会造成颈椎病变、腰椎间盘突出和脊柱侧弯等健康风险。力量锻炼是改善学生不良体态和错误运动习惯的最佳基础运动方式之一，所以“力量锻炼”慕课的线上学习资源可以有针对性地帮助学生纠正自身错误运动模式，增强肌肉力量，强健体魄，从而培养学生正确的运动健康观念，提升健康素养。

二、课程设计与内容架构

（一） 慕课“力量锻炼”的设计思路

1. 遵循运动规律，搭建课程章节架构

力量锻炼项目既可以是徒手，也可以是手持器械（弹力带、哑铃等）进行，但本质上离不开人体关节的运动原理。笔者依据人体运动解剖学理论涉及的关节的分类、运动形式及经常运动的肌群分类，把人体参与运动的主要关节和对应的主要肌群按

---

* 本慕课在“上海市高中名校慕课”平台上的具体名称为“力量健身运动”。——编者注

照身体分布位置由上至下，依次以理论结合实践的章节内容进行呈现。这样的课程架构设计符合学生从事力量锻炼的科学规律，有利于学生循序渐进地安排运动课程内容的学习。

2. 围绕体育教学难题，利用信息技术攻坚

中学生力量素质的发展长期面临挑战，尤其是反映男生力量素质水平的引体向上项目的成绩历来不够理想。学校教育教学信息化背景下如何利用现代信息技术手段助力提升中学生的力量素质是一项重点工程。笔者通过总结当前体育教学中力量锻炼的教学问题，利用3D人体解剖专业软件的技术手段，开发“力量锻炼”理论和实践部分的学习资源，帮助解决学生力量锻炼中决定动作模式是否正确的关键环节，奠定学生正确发展力量素质的方向和基础。

（二）慕课“力量锻炼”的课程目标

1. 疫情防控常态化背景下，提供线上线下力量锻炼学习资源

慕课“力量锻炼”的开发初衷是为在家开展力量锻炼的学生提供理论和实践的线上指导，同时在学校教育教学信息化发展的需求下，线下的体育教学也需要慕课“力量锻炼”的课程学习资源。作为体育教学中不可缺少的体能练习模块，力量锻炼是学生身体素质发展的重要内容之一，课堂教学中充分利用慕课“力量锻炼”资源，可满足学校体育教学信息化、情境化发展的需求。

2. 学科核心素养培育背景下，学生自主锻炼习惯和能力的养成

体育与健康学科核心素养包括运动能力、健康行为和体育品德。通过慕课“力量锻炼”的线上学习，能帮助学生掌握力量锻炼的自主锻炼方法，积累锻炼中的人体健康知识和实践经验，进而养成自主参与力量锻炼的终身习惯。

（三）慕课“力量锻炼”的内容

慕课“力量锻炼”内容共分6讲（见表33－1），第1讲“中学生健身的时代意义”主要阐述中学生力量锻炼发展现状、力量锻炼的重要性及时代意义；第2—6讲依据人体关节运动原理分别讲解经常参与锻炼的胸肌、背阔肌、腹肌、肩部三角肌、手臂肱二头肌、肱三头肌、臀肌、大腿股二头肌、股四头肌等的解剖理论和动作实例演示。

表 33－1 慕课“力量锻炼”的内容

章节	名称	内容概要
第 1 讲	中学生健身的时代意义	中学生力量锻炼发展现状、力量锻炼的重要性及时代意义。
第 2 讲	关节运动与胸肌训练	“关节运动与胸肌训练”介绍人体主要参与体育运动的关节分类及关节的运动形式，讲解肌肉起止点和肌肉收缩原理的基础解剖知识，还介绍连接人体上肢和躯干部位的肩关节，以及肩关节主要支配的胸肌训练原理和实例演示。
第 3 讲	肩胛骨运动与背阔肌训练	“肩胛骨运动与背阔肌训练”主要介绍人体肩胛骨的运动形式，以及主要附着在肩胛骨上的背阔肌的起止点，阐述肌肉收缩的运动解剖学原理，并真人演示背阔肌的主要锻炼方法。
第 4 讲	腹肌与肩部三角肌训练	“腹肌与肩部三角肌训练”主要介绍腹肌的起止点，以及腹肌运动的关节运动原理，即脊柱的屈伸运动；肩部三角肌的起止点，以及肩部三角肌的关节运动原理，即肩关节的不同运动形式；真人演示腹肌、肩部三角肌的主要锻炼方法。
第 5 讲	手臂肌群训练	“手臂肌群训练”主要介绍肱二头肌、肱三头肌等主要手臂肌群的起止点，以及涉及的肩关节和肘关节的运动形式，并真人演示肱二头肌、肱三头肌的主要锻炼方法。
第 6 讲	臀部、腿部肌群训练	“臀部、腿部肌群训练”主要介绍臀大肌、大腿股二头肌、股四头肌的起止点及涉及的髋关节和膝关节的运动形式，并真人演示臀大肌、大腿股二头肌、股四头肌的主要锻炼方法。

三、课程实践理念

自 20 世纪 80 年代中期以来，我国基础教育改革的创新发展紧紧围绕着“素质教育”“课程改革”“教育信息化”三大主题。数字化转型后的教育是未来教育信息化发展的核心，但是当前数字化转型背景下的基础教育改革面临一定瓶颈，比如高中慕课平台的建设，虽然实现了学习资源获取途径的共享，学生也享受到信息技术带来的便捷，但不少学生并未真正掌握技术促进学习的方法，其学习方式没有发生根本改变！笔者认为，如何利用高中慕课平台等学习资源共享的数字化学习平台助力培养学生自主学习能力，是当前学校教育信息化建设中一线教师在教学实践中应该思考的。另外，据学者研究发现，部分平台资源使用效果不佳，利用率不高，其主要原因在于不少已经建设的数字教育资源过于泛化，不少平台甚至因无法满足学生学习的针对性需求而被闲置。如何结合数字化教育资源平台提供能满足学生对个性化数字化学习资源的需求，是我们教师需要探索的方向。

慕课“力量锻炼”的数字化学习资源的建设，得益于“上海市高中名校慕课”平台的支持，也离不开学校的教育信息化平台支持。所以，用好慕课“力量锻炼”的线上课程资源造福学生，科学发展学生体能，推动学生养成自主锻炼的健康行为习惯是本课程资源建设推进的意义所在。接下来，笔者以徐汇中学“力量锻炼”慕课在体育教学实践中的创新应用和实践探索为例，阐述教育信息化背景下信息技术如何助力体育课堂的教与学。

四、课程实践应用

（一） 体育慕课走进家庭，助力指导学生居家锻炼

慕课“力量锻炼”开发的初衷是为了向在疫情期间居家进行力量锻炼的学生提供科学指导。在日常体育课上，笔者发现不少学生在进行诸如俯卧撑、仰卧起坐、深蹲跳等徒手力量锻炼动作时，未掌握正确的动作模式，也缺乏对徒手力量锻炼的兴趣。笔者秉承“身教胜于言传”的教学理念，在慕课“力量锻炼”的内容中除了加入了 Flash 3D 立体图解的理论之外，还加入教师本人的锻炼方法演示，从而吸引学生。

在课程上线的一年间，笔者鼓励学生在寒暑假的体育锻炼计划中记录对居家力量锻炼和户外体育锻炼的反思，并在开学后的第一堂体育课上与同学分享自己的居家运动心得，具体分享内容包含运动项目、运动频次、运动形式（个人或结伴形式）、运动感受。笔者总结发现，学生居家的运动锻炼以徒手力量锻炼为主，同时，学生的分享中多了关于自主力量锻炼的收获和疑惑的内容，针对学生的共性问题教师可以在学校课堂上集中解答与指导。

（二） 体育慕课走进线下课堂，提供个性化运动损伤康复指导

在高二年级的篮球专项体能训练课上，经常有男生向教师描述自己存在膝关节疼痛等运动健康问题，该问题导致学生不能进行高负荷体能训练。也有学生描述自己在进行上肢力量训练时肩关节弹响，以至于关节运动活动受限。笔者总结了学生常见的运动健康问题，针对共性问题，在实践课上给予有关运动康复的科学集中指导，并利用“上海市高中名校慕课”平台和学校自适应学习平台，引导学生自主学习“力量锻炼”慕课，他们在学校的室内理论课上和家里都可以随时随地学习自己想要的锻炼方法。学生在锻炼过程中遇到的疑惑也能在训练课上得到解答。

线上教学资源自主选择学习结合线下个性化指导，不仅提高了学生的力量锻炼自主学习能力，还科学地推动了学生对力量锻炼正确动作的掌握，帮助学生养成进行力量锻炼时的健康行为习惯，进而培养学生的体育与健康学科核心素养。

五、课程实践策略

（一） 信息科技赋能课程理论资源建设

力量锻炼项目的运动原理本质上是人体关节运动原理的实践，后者也是人体从事其他技巧类运动项目训练的基础体能项目。学生对力量锻炼理论的理解和掌握程度，决定着学生开展力量锻炼的实效，以及学生能否避开身体关节的健康安全隐患。利用信息科技助力学生开展力量锻炼的理论学习，是“力量锻炼”慕课的一大创新设计。

“力量锻炼”的基础理论部分包括人体运动解剖学理论，还涉及一些跨学科理论。笔者利用3D人体解剖专业软件制作人体不同关节的Flash图解，帮助学生立体直观地理解人体不同关节运动所对应支配和参与运动的肌群，代替以往相对烦冗的解剖图，即通过利用信息化科技手段，向学生呈现更加形象生动、立体直观的人体解剖学理论。

（二） 真人演示助力课程理论与实践融合

掌握人体运动解剖的原理，有利于学生掌握力量锻炼的正确动作模式，但正确的动作模式也离不开实践训练。笔者在每一章节的Flash图解理论后面加了教师真人演示，（见图33－1、33－2）向学生呈现不同力量锻炼动作涉及的关节运动和肌群参与，帮助学

生在自己进行力量锻炼运动时，更好地体会不同动作中相对应关节肌肉的发力感觉，稳固掌握正确动作模式，提高健身实效。

图 33-1 教师真人演示

图 33-2 教师辅助学生找到背部肌肉的发力感

（三）分析学情精准解决学生学习难点

传统体育课的力量锻炼存在难点。体育课堂上，发展学生力量素质的教学手段大多集中在俯卧撑、深蹲跳等全身性的徒手力量动作，缺乏对学生力量素质发展状况的评价手段和标准，同时学生力量锻炼的动作模式缺乏科学指导。以学生引体向上项目为例，有些教师对引体向上的关节运动原理存在误区，在实践指导中未能有针对性地指出引体向上的动作要点，导致不少学生对引体向上练习产生抗拒心理，从而导致该项技能成绩不佳。

从人体运动解剖学角度分析，引体向上动作涉及人体背部（背阔肌）的参与，肩胛骨的运动，以及肩关节的联动等。排除学生体重的因素，如果力量练习一直集中在其他身体部位的肌群，很难激活学生引体向上动作中背部肌群的发力。体育教学中，某些教师、学生在做引体向上动作时倾向于肩关节先发力，这样导致练习者肩关节的力量难以克服自身体重的重力，以至于引体向上拉不上去。一旦这样的错误动作随着练习强度的上升而增加，练习者的引体向上专项耐力就很难提高，且随着练习时长的增加会导致练习者出现不同程度的肩关节损伤。笔者发现利用 Flash 图解的关节和肌肉解剖 3D 演示，可以直观呈现包括引体向上动作在内的身体各处骨骼关节、肌肉的正确发力模式，即利用专业软件精准帮助学生解决力量锻炼时遇到的难点问题。

六、课程实践反思

慕课的开发与应用实践是教育信息化背景下和教育数字化转型发展中教师专业能力的体现。不同于以往传统课堂教学中线下面授的教学形式，慕课的线上学习资源开发与实践，更考验教师的学科专业素养，包括专业知识的整合能力、教学内容的多媒体呈现能力等。笔者通过慕课“力量锻炼”的开发与实践应用，在学科专业素养和信息技术运用能力方面得到了提升。

（一）慕课的开发与实践促进青年教师学科专业成长

慕课“力量锻炼”的课程内容融合了运动人体科学的专业理论和涉及生物学科的跨学科知识，并借助信息技术让理论知识得以形象呈现，进而以理论促实践。以上既考验教师的专业知识储备与运用能力，也考验教师对力量锻炼实践的专业基本功。在课程的开发过程中，笔者整合人体运动解剖理论知识的过程，不仅是教师再学习的过程，更是结合教学工作实践、学生学情再分析再创造的过程。通过思考如何利用信息化手段助力教师的教和学生的学，实现“双减”背景下教师教学“减量提质”，学生学习“自主高效”。笔者重点考虑解决以往力量锻炼理论讲解较抽象的难点问题，在课程的开发过程中，充分利用 3D 人体解剖专业软件的信息技术手段，将纸面上的枯燥文字和图解理论以视频形式立体呈现，整个过程也帮助教师对专业知识的细节有了更深刻的理解。

（二）慕课的开发与实践促进青年教师信息技术应用能力提升

教育信息化发展进程对青年教师的信息技术运用能力提出了较高的要求。慕课“力量锻炼”的开发与实践，不仅要求教师掌握视频课件制作技术，将纸面上的学习资源整合转化为视频学习资源，同时还要求教师具备筛选、融合多样化信息技术手段的能力，将其恰如其分地运用于线上视频学习资源中。在慕课“力量锻炼”的视频学习资源开发过程中，笔者首先学习相关专业教育软件的教学形式，然后思考如何将线上的教学形式与学生力量锻炼学习需求相结合，即运用多元的信息技术手段，满足学生力量锻炼的自主学习需求。制作立体解剖图解的过程不仅提高了笔者本人的视频制作水平，也提升了笔者的信息技术运用眼界，让笔者思考如何将多元化的信息技术更好地运用在今后的数字化教学建设中。

综上，现如今青年教师站在“信息科技大发展巨人”的肩膀上。如何紧跟时代步伐，利用信息技术赋能学校教育教学，创新师生教与学的实践发展，实现育人目标是青年教师在当下的教育工作岗位上要不断思考和践行的方向。

作者简介

张　军

硕士，上海市徐汇中学青年体育教师，研究方向：运动处方、体育教学。自制的“中考体育——引体向上”微视频课件获评“2021 年上海市中小学信息化教学应用交流展示活动”基础教育组课件三等奖，撰写的论文《中学体育教学信息化的实施策略研究》发表于《上海教育》(2022 年第 15 期)，开设的“校园篮球运动普及”课程于 2022 年在“寻找课后服务优质课程”活动中获评“特色课”。

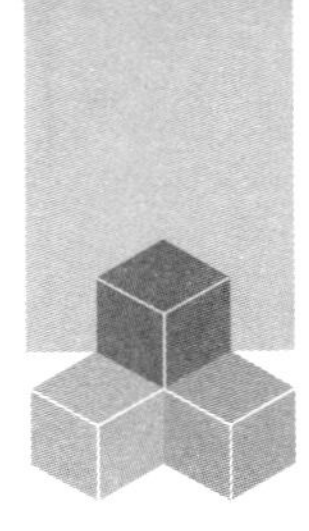

项目化学习视角下的慕课设计与实施初探

——以慕课“昆虫秘事”为例

上海师范大学第二附属中学　任方方

作者所在的上海师范大学第二附属中学的标本馆的馆藏昆虫标本数量达1000余件。基于该校资源优势及学生兴趣，作者确定以“昆虫秘事”作为慕课课程的主题，并将项目化学习应用到本慕课课程的设计与实施中，利用丰富的馆藏昆虫标本激发学生参与学习的积极性。在参与子项目“安能辨我是蝶蛾”的过程中，学生分别在白天和傍晚观察并拍摄乡土生态园区中常见的蝶类与蛾类，制作成短视频，并思考两者的结构异同，进而丰富了知识储备，充分体会生态环境的魅力。

一、实践背景

（一）国家生态文明建设的总体战略引领

我国正在推进生态文明建设，并加强生态环境保护。2021年国家明确将生态文明教育纳入国民教育体系。中学生作为祖国未来建设的栋梁，对其生态文明素养的培育是十分必要的。指导教师适当引导，理解学生的心理需求，结合当地的基本情况激发学生进行一定的实践活动，提高学生的生态文明意识和生态文明素质，这对我国生态文明的建设有着重要意义。学校应当建立良好的学习环境，为提高中学生的生态文明素养作出努力。

（二）中小学综合实践活动课程的需求

《中小学综合实践活动课程指导纲要》指出：综合实践活动是从学生的真实生活

和发展需要出发,从生活情境中发现问题,转化为活动主题,通过探究、服务、制作、体验等方式,培养学生综合素质的跨学科实践性课程。中小学校是综合实践活动课程规划的主体,应在地方指导下,对综合实践活动课程进行整体设计,将办学理念、办学特色、培养目标、教育内容等融入其中。要依据学生发展状况、学校特色、可利用的社区资源对综合实践活动课程进行统筹考虑,形成综合实践活动课程总体实施方案。要引导学生把自己成长的环境作为学习场所,在与家庭、学校、社区的持续互动中,不断拓展活动时空和活动内容,使自己的个性特长、实践能力、服务精神和社会责任感不断获得发展。

(三) 区域特色资源的助力

学校所在的金山区,地处上海市西南远郊,南临杭州湾,有着漫长的海岸线。学校的乡土生态园区含有植物、水生生物、昆虫 150 余种。学校还拥有在全市中小学中首屈一指的标本馆,馆藏标本数量达 1700 余件,其中昆虫标本馆藏数量达 1000 余件。校内的乡土生态园区开辟了蝴蝶招引区,目的是为上海本土昆虫繁育提供场所,这也为学生观察昆虫提供了天然的课堂。标本馆作为金山区的科普基地之一,每年会接待前来参观的区内中小学生,学生在参观时有关昆虫的提问是最多的。基于本校资源优势及学生的兴趣,笔者确定以“昆虫秘事”作为慕课课程的主题。

(四) 项目化学习的理念指引

在课程改革的大背景下,“项目化学习”作为当今教育领域的一个热词,是学生科学学习的一种重要学习方式,是学生获取分析解决问题及合作学习能力、实现对科学知识的创造性运用和深度理解、促进学生真正发展的有效路径。它让学生在某一时间段内聚焦学习主题,开展有挑战性的学习任务与活动,掌握学科知识,更深层次理解学科思想,这有助于引发学生的深度学习,进而在研学活动、合作探究、讨论质疑中培养学生的动手实践能力、高阶思维和综合素养等。

因此,笔者将项目化学习应用到慕课课程的设计与实施中,以项目为载体,将科学知识有机渗透在学习项目之中,引领学生聚焦关键学科知识和能力,展开项目化探究学习,在完成学习项目过程中达成科学学习任务,获取分析解决问题及合作学习能力,实现对科学知识的创造性运用和深度理解,促进学生的真正发展。

二、项目化学习视角下的慕课设计

（一）设计思路

项目化学习是以学习者为中心、以真实性情境为前提、以挑战性任务为驱动、以持续性探究为路径、以展示性成果为导向的一种学习方式。基于项目化学习的内涵，慕课“昆虫秘事”的设计思路如下：引导学生在参加实践活动的不同场所内提出主问题，为了更好地解决这一问题，尝试将主问题拆解为多个子问题，进而确定本次活动的目标，并基于问题设计相关活动，通过小组合作、探究等形式，最终将主问题解决，中间经历展示与评价环节。在这一过程中，学生会发现新的问题，然后结合做与学的知识，按照刚才的流程设计活动，在实践场所中继续开展探索，进而形成一个良性循环。

（二）项目主题设计

项目主题是项目化学习的核心。教师应基于项目主题在项目化学习中的重要地位，精心设计项目主题。项目的主题设计应建立在充分考虑学生实际学情与学习需求之上。慕课“昆虫秘事”的项目主题从学生比较熟悉的标本馆内馆藏丰富的昆虫标本出发，激发学生参与项目化学习的积极性。慕课“昆虫秘事”的项目主题一共分为5个，同时每个主题匹配对应的主题任务（见表34－1），让学生在某个主题中开展实践探究。

表34－1　慕课“昆虫秘事”的课程项目主题及主题任务

项目主题	主题任务
初识昆虫	1. 走进标本馆
	2. 观察身边的昆虫
	3. 巧用特征识别昆虫
	4. 按图索骥识昆虫
昆虫与文化	1. 飞虫走蝶入诗来——探究诗文与昆虫
	2. 我最喜爱的昆虫之音频介绍大比拼

（续表）

项目主题	主题任务
昆虫仿生学	1. 观察自然界的昆虫，找出有绝技的昆虫
	2. 探究“昆虫绝技”在科技界的应用
昆虫色彩的奥秘	1. 选取一个昆虫，从不同的角度观察翅膀颜色的变化
	2. 探究昆虫翅膀颜色变化背后的原理
昆虫与生态环境	1. 寻找生态环境指示昆虫有哪些
	2. 探究某一昆虫与生态环境的关系

（三）项目活动及评价

为了检测学生的学习效果，与活动相匹配的评价是必不可少的，因为项目评价在活动中发挥着导向的作用，它引导教师和学生更好地总结项目化学习经验，及时发现项目化学习存在的问题，从而不断地优化项目化学习，提高项目化学习效能。在慕课“昆虫秘事”的学习中采用“积分制”评价方式。主要对项目质量、项目目标、项目流程、项目实际成效等进行评价。评价既关注项目实施的过程，又关注项目取得的实际成效。通过师评、自评、互评等对学生的每一次表现进行积分，完成对每一个项目的评价。

三、项目化学习视角下的教学活动实施

项目化学习目标的达成最终需要依靠项目化学习的过程的实现。因此，教师应聚焦项目化学习“过程”，创设真实的项目情境，提出项目问题，组织项目探究活动，并结合成果展示引导学生及时地总结项目化学习经验。下面以子项目“安能辨我是蝶蛾”为例，聚焦项目化学习过程，引领项目化学习自然发生的实践（见表 34－2）。

表 34－2　子项目“安能辨我是蝶蛾”学习过程

过程	环节	项目任务	学生活动	设计要点
创设项目情境，引导独立思考	项目任务初探	分别在白天和傍晚观察并拍摄乡土生态园区中常见的蝶类与蛾类，制作成短视频，并思考两者出现时间的差异和结构异同。	观察并拍摄蝶类与蛾类制作成短视频，课前在班级分享，针对视频及自己观察到的现象尝试总结两者之间的异同点。	项目化学习效果与学生主体性发挥有关，教师应基于学生主体性作用，注重创设项目情境，借助情境直观性优势，激发学生参与项目学习的积极性，自然地引出项目任务。情境创设后，学生基于情境开展项目任务，观察、拍摄蝶类与蛾类并制作成短视频，课前在班级分享，针对视频及自己观察到的现象尝试总结两者之间的异同点。让学生主动融入学校的生态实践场，观察自然，感悟自然的多姿多彩，拍摄的视频与图片形成动态与静态的融合，提高课堂的活力。
分组合作，探索规律	学生认知把脉	每个小组会得到 1 个信封（内含 16 张打印好的蝶类与蛾类图片）、1 张海报纸、1 支固体胶、多支笔，按照要求将图片分别贴至蝶类与蛾类区。	每个小组经过 30 秒讨论后，将手中的图片分别贴到蝶类区与蛾类区；在海报纸上写出如此分区的理由的关键词；每个小组派 1 位代表分享分区的理由。	本环节依据学生分区的结果和分享的理由依据，找到学生认知的起点，为后续的活动铺垫。学生完成项目任务的过程是一个不断开启思索，不断发现问题、分析问题和解决问题的过程。高质量的项目问题可以为学生完成项目任务提供引领作用，其既要能够有效地激发学生项目学习的兴趣，又应有助于项目任务完成，从而避免项目学习过程中学生做无用功和低效学习行为的出现。

（续表）

过程	环节	项目任务	学生活动	设计要点
组织探究活动，增加组内交流	小组实践探索	向每组分发蝶类与蛾类标本、放大镜、统计表；观察蝶与蛾形态特征最大的不同是什么，寻找你觉得最容易区分的特征部位是什么。	学生观察各部分特征，小组合作完成表格；各组以抢答的方式分享两种昆虫每个部位的特征。	由面到点的观察顺序，引导学生找到解决问题的关键方法；通过观察触角的不同，体会生物多样性，并了解普遍性与特殊性之间的融合。项目问题发挥驱动作用，项目任务的达成需要学生经历项目探究的过程。学生借助蝶类与蛾类标本观察特征，在观察体验中发现这两种昆虫的异同。
开展分享交流，助力项目完善	小组交流互评	以小组为单位分享项目学习的成果，其他同学提出修改意见或建议，帮助小组完善项目成果。	每位小组派代表分享本组的成果，其他组成员可以提出质疑或补充，结合其他组的意见与建议对本组的项目进行补充、修改并持续完善。	分享观点，多人论证，组间分享，同时针对其他组提供的证据是否符合事实进行纠正或补充，其他组也可以提出质疑。组间分享后，组内重新进行验证，对蝶类与蛾类图片分区及分区的理由进行修订。项目学习是一个不断优化、不断提升的过程。教师应基于项目学习引导学生及时地进行总结归纳，帮助学生积累项目学习经验，从而使学生在总结归纳过程中对科学知识进行整合，并给后续项目学习提升进行较好的铺垫。

（续表）

过程	环节	项目任务	学生活动	设计要点
总结项目学习经验，提升生态文明素养	反思项目，思维拓展	撰写项目总结，并将所学知识应用于校园观察这一新的情境中，完成后进行组间交流。	回顾、反思整个项目的历程，写出总结，在接下来的一周时间内，将所学知识应用到观察校园里有多少种蛾类与蝶类这一新的情境中，并组间分享在新情境中的应用心得。	引导学生自然地进行总结，也给学生提供创造性学习的机会，增加学生观察校园的机会，让学生在紧张的学习中，体会生态环境的魅力，在校园走逛的同时提升学生生态文明素养。通过对拓展问题的思考与讨论，让学生学会在平时的学习与生活中遇到问题搜索证据论证的多种途径，形成科学的思维和探究的核心素养。

四、项目化学习视角下的慕课课程的实施成效与反思

（一）实施成效

1. “昆虫少年”的养成记

我校 2022 届王同学，在学校的创新素养培育基地学习了“昆虫秘事”的课程后，对昆虫产生浓厚的兴趣，在 2020 年暑假期间每天定时来学校观察，并写下每日的观察计划和观察日记。经其初步鉴定和统计，观察到 60 种昆虫，共有 8 目 56 科 78 属。在 2021 年的暑假，2023 届祁同学以“上海师大二附中夏季蜜源植物及传粉昆虫多样性研究”为项目开展调查研究，通过调查，记录了学校 67 种夏季蜜源植物，分别属于 41 科；21 种传粉昆虫，分别属于 7 目 16 科。他还依据调查结果为学校的绿化提出合理化的意见与建议，此项目获得第 20 届上海市“明日科技之星”称号。

2. 开展线上实践，吸引学生选课

“昆虫秘事”这一作品已在“上海市高中名校慕课”平台上线，可供中小学生进行在线学习。目前已完成开课，吸引了课程开发者学校及其他学校众多学生选修这门课程。

学生在观看相关视频的同时，对视频中涉及的内容进行讨论，对昆虫相关知识及生活环境有了更加直观的认识。

3. 克服恐虫心理，丰富了知识储备

在了解昆虫前，许多学生对昆虫很陌生，不少人甚至有些惧怕它们，但通过观看课程视频，多数学生不仅克服了恐惧心理，还会主动查阅更多的资料了解它们，有时也会在课间找笔者或者通过即时聊天软件与教师交流有关昆虫的知识。许多学生平时走在校园时也会把注意力放到观察草丛中飞舞的昆虫上。

4. 激发学习兴趣，养成观察的习惯

昆虫基础知识的储备激发了学生的学习兴趣，推动他们更主动地去探索更多的知识，也因此在相关领域获得奖项。多名学生在上海市中小学昆虫识别竞赛中获得二等奖、三等奖的好成绩。“昆虫秘事”最后一讲是关于昆虫与环境的关系，张司学以生活中常见的蝴蝶为出发点，思考植物与蝴蝶数量的关系，想到研究“在城市绿化带中增加特定的寄主植物来增加城市中蝴蝶的数量”这一课题，通过细心的研究和相关资料的查阅，这一课题获得第33届上海市青少年科技创新大赛科技创意二等奖。

（二）反思

项目化学习所强调的“实践”意味着学生要像真实世界中的科学家、工程师、数学家、新闻工作者那样，遇到真实问题并在多种问题情境中经历持续的实践，而非按部就班完成探究的流程。在本慕课中，学生在情境学习中“发现”知识，而非被“告知”知识，这有助于回归综合实践活动课程的本质，体现以学生为主体的教育理念。

项目化学习是学生学习科学的一种有效学习方式，它将科学理论和科学实践有机融合起来，既促进学生科学学习知识，又给学生创造参与科学实践的机会。项目化学习应进行系统化设计，抓住关键节点，这样才能使项目化学习真正引导学生进行科学研究。项目化学习在慕课课程中的实施探索还在继续，后续还会不断地进行优化，使其更加系统化与可操作化。

参考文献

[1] 孙冬怀，张玉竹.以初中生物学科为例浅谈项目化学习的实施[J].基础教育参考，2020(8)：38-40.

[2] 夏雪梅.学科项目化学习设计：融通学科素养和跨学科素养[J].人民教育.2018(1)：61－66.

[3] 娄小星."互联网+"背景下MOOC＋SPOC大学英语混合教学模式研究与实践[J].辽宁经济职业技术学院.辽宁经济管理干部学院学报，2020(3)：143－145.

作者简介

任方方

上海师范大学第二附属中学生物教师，金山区明天导师工程骨干教师。承担市级青年教师课题"'同伴教学法'在高中生命科学实验微视频制作中的应用研究"、区级课题"高中式环境教育课程的设计研究——以'标本馆建设'为例"的研究，多篇论文在专业杂志上发表，负责案例获得区级一等奖和二等奖。同时兼任学校标本馆管理工作和学校创新素养培育基地负责人，依托其专业背景，指导学生在创新大赛、明日科技之星等比赛中获得一等奖等多个奖项。

指向生态文明素养培育的慕课开发与实践

——以慕课“带你玩转图形计算器”为例

上海师范大学第二附属中学　陈海龙

为落实学校生态文明素养培育的理念，上海师范大学第二附属中学进行了慕课开发与实践。在慕课“带你玩转图形计算器”的教学实践中，坚持“慕课资源化，线上、线下融合教学”的理念，借助慕课资源，指导学生进行生态创意绘画，并在学科基础型课程教学中指导学生解决科技问题，发展生态文明素养。慕课资源点燃了学生的学习兴趣，提升了学生的信息素养和自主学习能力，加深了对学科知识的理解。

一、课程开发背景

生态文明素养在全国上下努力建设美丽中国的背景下愈来愈重要。笔者所在学校正在创建“生态科技特色学校”，其将生态文明素养的培育作为学校发展的重要目标。生态科技教育包括养成生态情感、习得生态知识和生态思维方式、运用科学方法解决现实问题等。生态科技教育的实施离不开基础学科的支撑。数学作为一门工具学科，与很多生态知识相关，与许多生态问题和生活实际问题的解决相互渗透、交叉。很多生态问题具体而复杂，在经过数学化抽象后可以转变为数学问题，而借助信息化数学教学工具解决这些问题，对实现数学教学的现代化能起到良好的推动作用。

在众多的信息技术中，非常便携的 TI 图形计算器受到广大师生的青睐。在数学教学中，教师的“教”可以更多地借助其便捷的计算、直观的图形和仿真的模拟引导学生进行数学实验和探究，帮助学生自己得出数学结论和理解数学本质，并进行更加广泛的数学实践和应用；学生的“学”可以采用更为自主的学习方式，通过独立思考、自主实践、合作交流，获得更具个性的知识与能力。

笔者设想通过开发一门关于如何使用图形计算器的慕课，引导学生熟悉 TI 图形计算器这一数学工具，尝试解决生态问题中的数学问题，在数学学科教学中培养学生的生态素养。

二、课程架构与内容

慕课“带你玩转图形计算器”包括三个专题，即入门介绍、进阶学习和综合应用，三者层层递进。三个专题又细分为 10 节微课，分别为图形计算器的按键介绍、图形输入介绍、学画自行车、解方程与方程组、会动的幂函数、线性规划等。专题和微课之间的逻辑关系见图 35－1。课程提供了学习单、微视频、相关学习网站、参考书籍等丰富的学习资源，而教师入镜增强学习的代入感，加强了与学生的互动性，同时建立了包括思考题在内的学习评价系统。

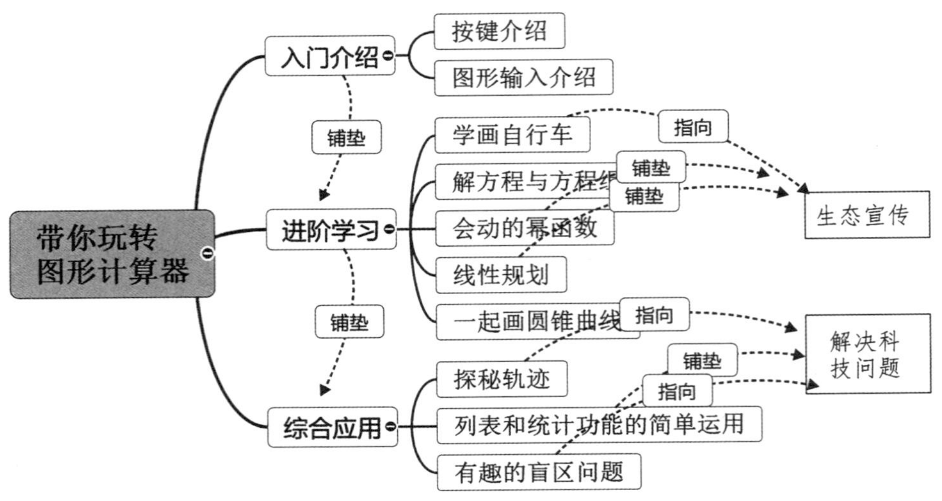

图 35－1 “带你玩转图形计算器”课程架构

三、基于慕课的教学实践

（一）实践理念

在基于慕课“带你玩转图形计算器”的教学实践中，坚持“慕课资源化，线上、线下融合教学”的理念，根据教学需求，在预习、授课及复习等环节适时运用视频资源，或者采用“翻转课堂”的教学模式，引导学生自主学习。

（二）实践过程

为配合慕课“带你玩转图形计算器”这一线上资源，笔者结合校情、学情，在线下开设了校本选修课程“图形计算器创意绘画”，该课程在学校课程群中隶属艺术分支。凭借图形计算器强大的作图功能，把数学知识和艺术结合起来，学生们创作出“节能减排”“垃圾分类”“动植物保护”等主题的绘画作品，在学校生态宣传中体现其独特的价值。此外，笔者还以慕课资源为依托，在学科基础型课程教学中，指导学生把真实情境问题转化为数学问题，综合应用图形计算器这一数字化教学工具解决现实问题。

在学习中，学生的数学基础知识及数学思想不断内化，生态保护意识得以培养，解决问题的能力得到提高，最终实现生态文明素养、数学素养和信息素养的落实。

1. 借助慕课资源，指导生态创意绘画

校本选修课程“图形计算器创意绘画”的实施过程中，教师采用“翻转课堂”教学模式，课前提供给学生慕课资源链接，学生在家里使用图形计算器，自学课程入门阶段的教学内容（图 35－1），并在课堂上就疑难问题进行探讨。在线下课堂教学中，则主要是以任务驱动的方式，让学生在任务完成的过程中强化基本技能的练习。

在经历了入门介绍阶段的自主学习后，笔者带领学生进行生态创意绘画的制作，下面以“低碳环保行——学画自行车”一课为例来展示具体的做法。

（1）情境导入，激发兴趣

在课堂教学中，教师选取指向生态文明素养的情境作为导入环节的素材，循序渐进。

教师播放习近平总书记在中国共产党第十九次全国代表大会上作报告的

视频片段，习近平总书记强调："生态文明建设功在当代、利在千秋。我们要牢固树立社会主义生态文明观，推动形成人与自然和谐发展现代化建设新格局，为保护生态环境作出我们这代人的努力！"

……

教师：同学们，作为中学生，能不能借助图形计算器和数学知识画一些宣传"生态文明""低碳出行""垃圾分类"的作品呢？如果有机会还可以在社区展出，起到教育大众的作用。大家觉得怎么样，小组讨论一下，再派代表交流。

（学生讨论中……）

学生1：2019年7月18日，世界自然保护联盟将超过7000种哺乳动物、鱼类和植物列入"濒危物种红色名录"，因此我要画蓝鲸，呼吁全人类保护濒危动植物。

学生2：全球80个国家和地区约15亿人口面临淡水不足，因此我要画一幅画，呼吁人们保护水资源。

学生3：绿水青山是金钱不能代替的，有了钱，但空气、饮用水都不合格，就没有什么幸福可言，所以我要画一幅画来宣传"绿水青山就是金山银山"这一理念。

……

教师：同学们的想法很好。千里之行，始于足下。我们今天先画一个比较简单的作品——自行车，宣传"绿色出行"理念。下边我们就开始吧。

[设计意图：通过学习习近平总书记在中国共产党第十九次全国代表大会上所作的报告，引导学生分享自己的绘图设想，内化生态文明素养。]

（2）巧用慕课，突破难点

教师借助慕课资源，融合授课，师生经历了认识自行车、绘制自行车、美化自行车3个过程。

① 认识自行车

教师：自行车低碳环保，是绿色出行"神器"，大家知道它的基本构造吗？

播放视频资源，展示各种各样的自行车，归纳其基本结构特征（见图35-2）。

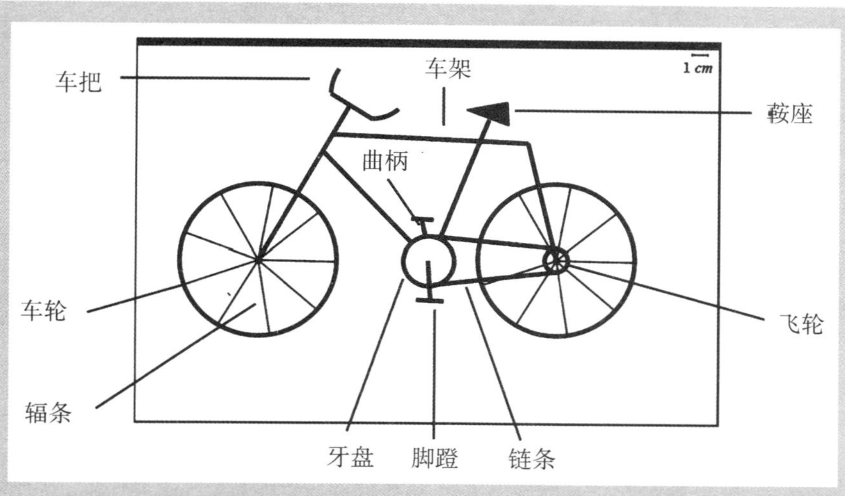

图 35－2　自行车结构

② 绘制自行车

在这一教学环节中，教师带领学生在计算器上进行实操训练。慕课“带你玩转图形计算器”中的“学画自行车”一课，可供没有完全跟上教学节奏的学生在自行练习的环节回放学习。不同的学生可按不同的节奏学习，但最终都能达到本节课的教学目标。

a. 画第一个车轮

为了能让每两根辐条的夹角相同，教师带领学生用计算器中的“旋转”功能绘制第一个车轮（见图 35－3）。

图 35－3　画第一个车轮

b. 画第二个车轮

为了能让自行车的两个车轮大小、形状完全一样，教师带领学生用 TI 图形计算器中的“平移”功能绘制第二个车轮。

c. 画自行车的其他结构

教师引导学生借助 TI 图形计算器几何功能中的线段、圆、弧线等功能画出自行车的飞轮、牙盘、脚蹬和鞍座等。

③ 美化自行车

教师提问：怎样的自行车才能看起来既美观又结实？

教师引导学生用计算器中的“属性”按钮，对自行车的车架、车把等部件进行加粗，这样就得到了一辆帅气的自行车(见图 35-4)。

图 35-4 学生作品《自行车》

[设计意图：慕课资源弥补了教师课堂传授时部分学生跟不上教学节奏的缺憾，学生可以在遇到疑难时反复观看视频，通过自主学习或同伴互助突破难点。]

(3) 化平台讨论区为作品展示台，激励学生课后创作

根据学生课上分享的对生态文明的看法及自己打算绘制的作品，教师布置相应的课后实践活动，主题围绕节约用水、保护濒危动物、“绿水青山就是金山银山”等。学生在绘制过程中如遇困难，可以随时和教师联系请教。

“上海市高中名校慕课”平台的讨论区可以作为学生创意生态绘画作品的展示平台。由于平台上可以呈现不同学段学生的习作，因此可以相互激发灵感，促进学生思维宽度、广度和深度的建立。

图 35-5、图 35-6、图 35-7、图 35-8 为学生课后借助图形计算器绘制的宣传画，部分作品在市级及国家级比赛中获奖。学生的学习成果获得认可，提升了自我效能感，数学学习的热情得到激发，学科核心素养的培育目标得以落地。为了鼓励学生的创作热情，部分优秀作品还在学校橱窗进行展示分享。在这循序渐进的过程中，学生的生态文明素养得以不断深化。

图 35-5 学生作品《绿色出行》

图 35-6 学生作品《保护森林 熊熊有责》

图 35-7 学生作品《请珍惜每一滴水》

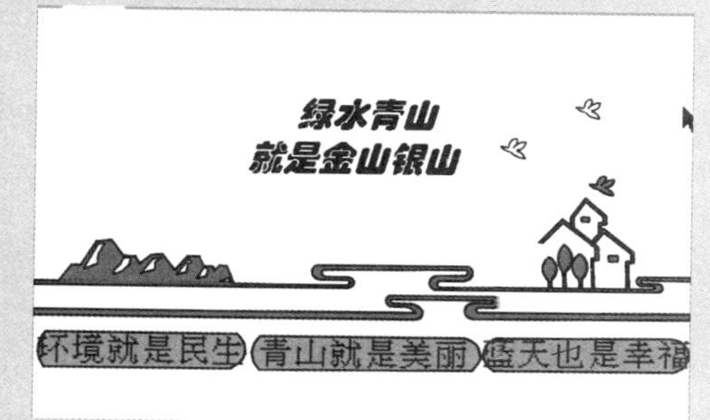

图 35-8 学生作品《绿水青山就是金山银山》

2. 利用慕课资源，指导学生解决现实问题

数学在社会生活和科技进步中有着广泛的应用，高中数学教学中不乏现实问题解决情境。针对此类问题，学生在课堂教学中会学到一些常规的解决方法。而作为拓展，课余时教师指导学生借助图形计算器这一数字化教学工具创新性地解决现实问题，则可以为学生开阔视野。对于乐于钻研的学生来说，慕课资源是美妙的“加餐”。下面笔者以“有趣的盲区问题”一课为例介绍具体的教学实践。

(1) 用常规方法，遭遇直观迷途

问题：如图 35-9 所示，甲、乙两人在边长为 20 米的正方形广场的两边道路 AD、BC 上散步，广场中间有一个半径为 1 米的圆柱形建筑物，甲以 1.5 米/秒的速度从 A 出发向 D 移动，同时，乙以 1 米/秒的速度从 C 出发向 B 移动，由于圆柱形建筑物的遮挡，甲、乙会有一段时间看不到对方，即都在对方的“盲

区”中，请问盲区时间会持续多少秒？（精确到 0.1）

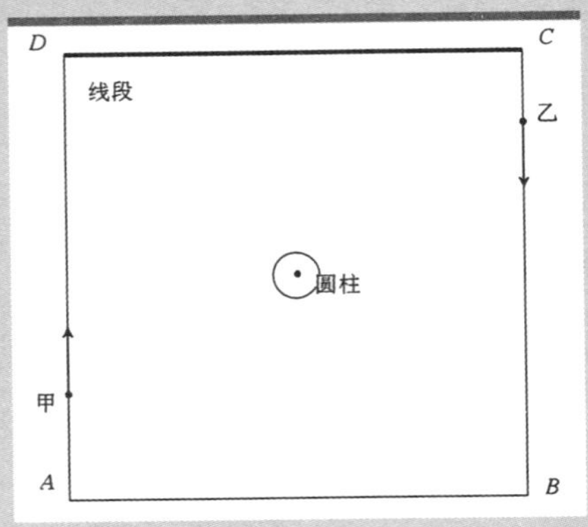

图 35－9　现实问题示意图

在面对这类问题时，我们使用的常规方法是通过对现实问题进行数学抽象，用数学语言表达问题、用数学方法构建模型来解决问题，因此教师呈现上述现实问题后，给学生充足的时间来理解所给出的问题，分析题目中相关信息，适当进行抽象和概括，并把实际问题的语言文字转化为数学符号语言，具体如下：

如图 35－10，正方形 $ABCD$ 的边长为 20 米，圆 O 的半径为 1 米，圆心是正方形的中心，点 P、Q 分别是线段 AD、BC 上的动点，若线段 PQ 与圆 O 有公共点，则称点 Q 在点 P 的“盲区”中，已知点 P 以 1.5 米/秒的速度从 A 出发向 D 移动，同时，点 Q 以 1 米/秒的速度从 C 出发向 B 移动，则在点 P 从 A 移动到 D 的过程中，点 Q 在点 P 的“盲区”中的时长约为几秒？（精确到 0.1）

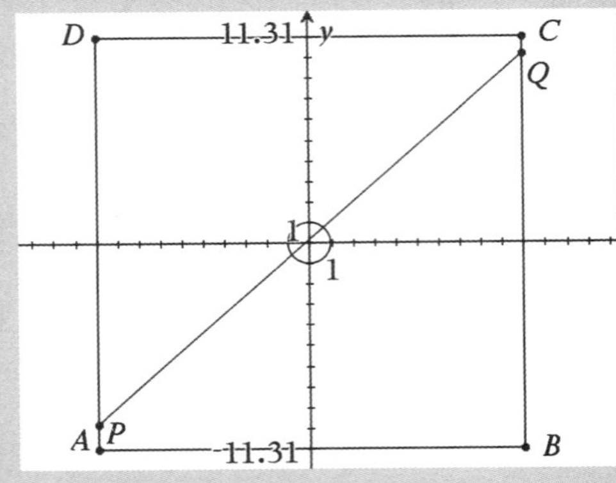

图 35－10　数学建模示意图

学生根据题意，分析出圆心 O 到直线 PQ 的距离不大于半径 1 就满足题意，以圆心 O 为原点建立直角坐标系，得到相应的不等式，解得盲区时间为 4.4 秒，具体解题过程略。

然而，这种常规解法存在的弊端是学生对此问题缺乏动态直观的认识，对“4.4 秒”这一时间也缺乏形象的理解，所以笔者想让学有余力的同学在课后依托慕课资源进行探究，对该问题有更深刻的认识。

(2) 观慕课视频，探究解题新路

教师为学生提供慕课“带你玩转图形计算器”中“有趣的盲区问题”一课，学生通过自学慕课、在讨论区沟通及线下小组交流与师生互动，开始尝试使用图形计算器解决这一问题：

他们用图形计算器新建图形文件，绘制正方形 $ABCD$ 和线段 PQ。以 O 点为坐标原点建立直角坐标系后，设移动时间为 t 秒，点 P 和点 Q 的坐标分别为 $(-10,-10+1.5t)$、$(10,10-t)$，再把 t 设置为游标，游标范围是 $\left[0,\dfrac{40}{3}\right]$，步长 0.2，点击“生成动画”按钮，可以清晰地看到线段 PQ 在一点点地“转动”，当 $0<t<4.4$ 时，满足题意；当 $t>4.4$ 时，直线 PQ 与圆 O 相离，甲、乙不会在彼此的盲区里。如图 35－11、图 35－12、图 35－13、图 35－14，分别是 $t=0$、$0<t<4.4$、$t=4.4$、$t>4.4$ 时的情形。正是通过动画演示，学生看到了自变量 t 从 0 变化到 $\dfrac{40}{3}$ 的全过程，并发出了由衷的感慨：“图形计算器太神奇了”“我爱上了图形计算器”。

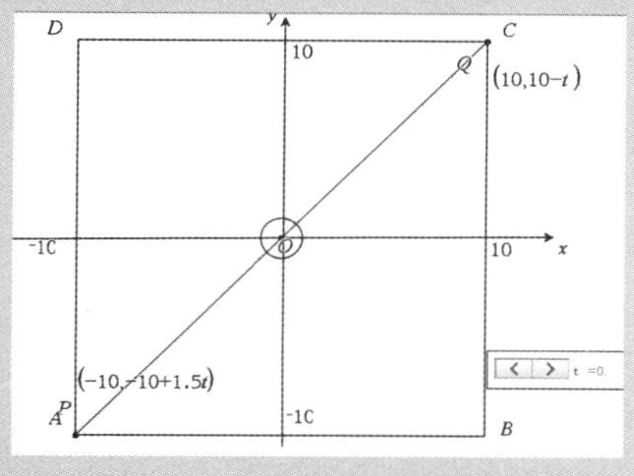

图 35－11　$t=0$ 时

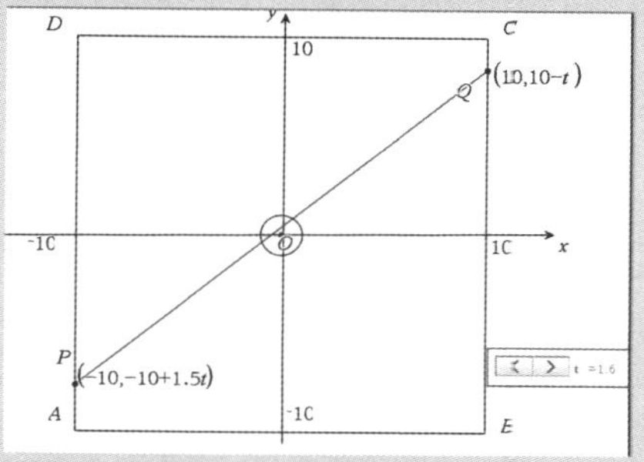

图 35－12　$t=1.6$ 时

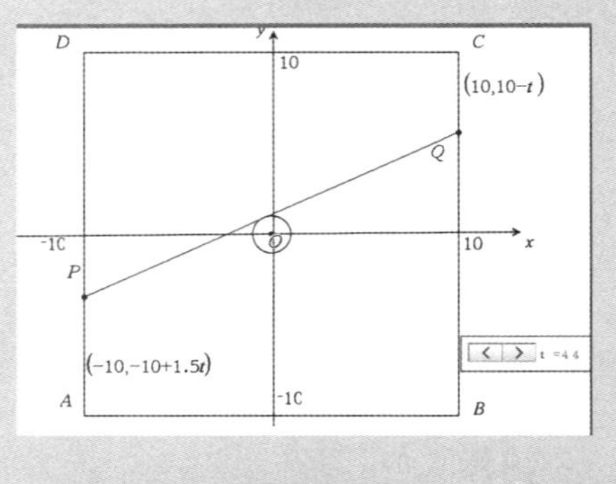

图 35－13　$t=4.4$ 时

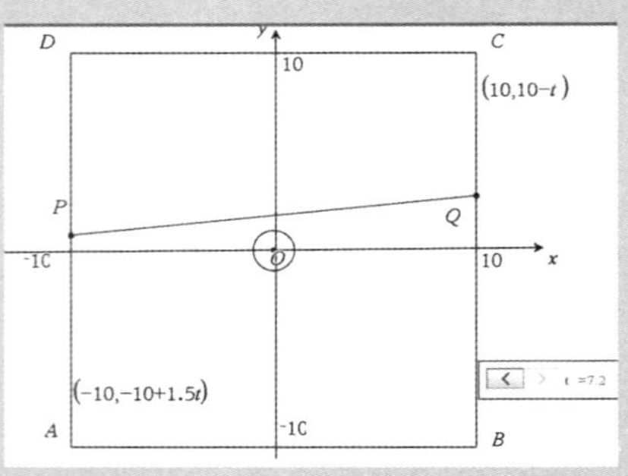

图 35－14　$t>4.4$ 时

在此过程中，学生合理地使用了游标功能，实现了数据、图形、方程等的联动，使得现实问题变得可视化、直观化，激发了学习兴趣，提高了解决此类问题的自信心，增强了对信息化数学工具在现实问题解决中所具有的独特优势的认同感。

(3) 循拓展练习，感悟科技力量

学生初步体验使用图形计算器解决盲区问题后，感觉意犹未尽，对“有趣的盲区问题”一课结尾处教师提出的延伸思考题继续进行探究。

思考题：如图 35－15 所示，距离码头 O 点南偏东 60°的 400 千米处有一个台风中心 A。已知台风以每小时 40 千米的速度向正北方向移动，距台风中心 350 千米以内都受台风影响，问从现在起多少小时后，码头将受台风影响，码头受台风影响的时间大约多久？

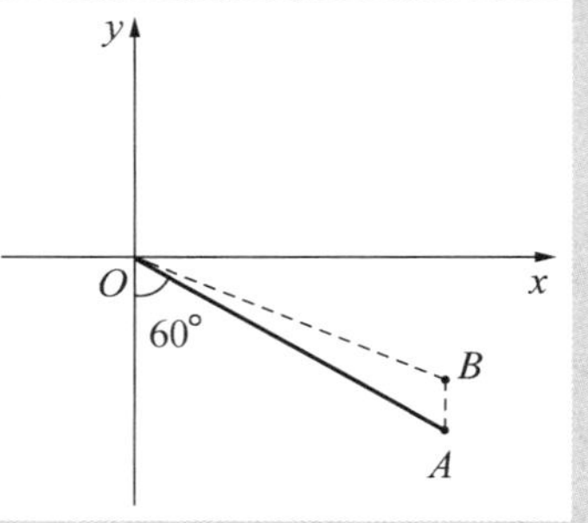

图 35－15　思考题示意图

有位学生思考之后，还是不知从何入手，于是在慕课留言区请教教师，希望获得提示。

在教师提示后，这位学生用图形计算器插入游标 t，绘制以 $B(200\sqrt{3},-200+40t)$ 为圆心，以 350 为半径的圆，如图 35－16 所示。当 t 从 0 开始增大时，如图 35－17 所示，圆会从下往上移动，在这一过程中，学生可以清晰地看到码头 O 点何时在圆内，何时在圆外，而且能够从游标中读取 t 的范围是：$3.75\leqslant t\leqslant 6.25$，这正好说明码头受到台风影响的时间为 2.5 小时，这和平时用常规方法解出的结果完全一致。多数学生使用图形计算器解题之后发出了由衷的赞叹。

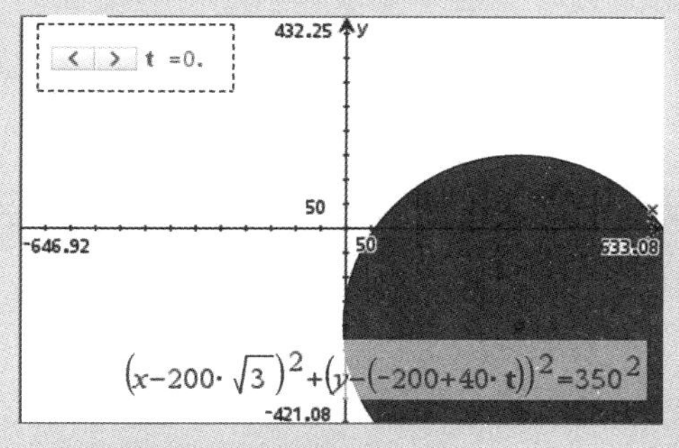

图 35 - 16　数学建模示意图

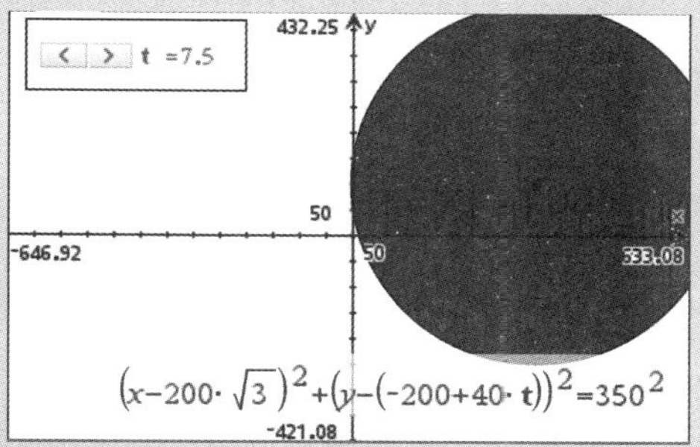

图 35 - 17　仿真模拟图示

学生通过慕课，学习借助图形计算器这一手持式数字化学习工具，针对抽象的现实问题进行直观演示求解和仿真模拟，在问题解决过程中，感悟科技力量，深化了生态文明素养。

（三）实践策略

1. 让慕课资源种子植根于学校发展的沃土

慕课“带你玩转图形计算器”应学校特色发展的需求而生，在课程开发和实施的过程中，把学校倡导的生态科技教育理念作为课程目标的一部分。无论是以慕课为基础的校本选修课“图形计算器创意绘画”的实施，还是基础型课程中带领学生借助图形计算器探究现实问题，以上教学实践均为慕课资源扎根校园提供了肥沃的土壤。

2. 让慕课资源成为线上、线下教学融合的助推器

时代的发展呼唤教学方式的变革，信息技术的使用促进线上、线下教学的融合。一方面，慕课的核心组成内容是教学视频，具有主题突出、教学时间短、问题聚焦等特点，学生可以反复观看学习，也可以作为预习、复习的资源，突破线下教学时空的限制；另一方面，教师在线下教学时也可以通过慕课资源切片化处理来灵活使用，突破教学重难点。此外，慕课讨论区既是师生沟通的平台，也是学生作品展示的舞台，是思想的跑马场，智慧的聚集地。

3. 让慕课资源引导学习从兴趣点燃到拓展探究

慕课作为一种教与学的资源，其发挥的效益大小取决于对学习活动的调动与深度学习的激发。在循序渐进的教学活动中，该慕课资源首先从点燃学生学习兴趣开始，呈现图形计算器绘制出的生态创意美术作品。在兴趣的推动下，学生体验图形计算器的操作，对图形计算器的使用从绘画到编程，解决的问题类型逐步融汇数学与科技元素。事实证明，兴趣带来努力，努力带来收获，不少学生的绘画作品在市级、国家级比赛中获奖。喜欢钻研探究的同学使用图形计算器模拟现实问题，展开拓展研究，科技创新素养得以提升。

四、反思与展望

随着慕课在几轮校本选修课和基础型课程中的应用，教师在实践中积累了丰富的教学案例和学生作品，反思实践过程，笔者认为在以下几个方面需要改进和探索：完善教学设计，将慕课资源与线下学生学习活动设计结合，提高学生对学科知识的深度理解；信息素养已成为信息社会师生的基本素养，如何借助慕课提升学生的信息素养和自主学习能力；如何进一步彰显慕课平台的互动交流功能，让其服务于学生评价等。总之，慕课开发和实践应用仍有很长的路要走，虽任重道远，但恒者必达。

作者简介

陈海龙

毕业于华东师范大学数学系，硕士，从事高中数学教学十余年。主持上海市首届基础教育信息化研究课题“运用信息技术提升高中数学‘直观想象素养’的实践研究”。开发的两门慕课“带你玩转图形计算器”和“一起玩转计算器”均在“上海市高中名校慕课”平台完成开课，前者于 2021 年在中宣部“学习强国”平台上线，在全国范围内有所辐射。长期开设校本选修课“图形计算器创意绘画”，借助慕课平台与线下教学的有机融合，从 2019 年到 2021 年共指导 53 名学生在全国“TI-Nspire™ 手持技术创新思维大赛”和上海市“TI 图形计算器教学应用研究——绘图作品”评选活动中获奖。

“双新”背景下高中数学慕课教学模式研究

——以慕课“有趣的数学”为例

同济大学第一附属中学　徐张晶

慕课作为一种新型的教学模式，为“双新”改革提供了更开放的教学空间。在“双新”背景下，同济大学第一附属中学“有趣的数学”慕课团队挖掘与高中数学课程有关的、趣味性、拓展性的数学内容，为学生提供更丰富的学习经历；基于学生兴趣，依托慕课平台，以任务为导向，培养学生自主学习能力；借助后台数据，分析学生观看视频的时长、回答问题的正确率、论坛讨论的积极性，以及长期任务完成情况，多维度、全过程评价学生慕课学习效果。随着“双新”改革不断推进，慕课将成为线下课堂的有力补充，成为一种广泛应用的教学模式。

2016年6月，《上海市教育委员会关于进一步做好本市高中名校慕课建设工作的通知》指出，慕课可以丰富中学生学习体验，培育学生核心素养，通过慕课的示范辐射功能，形成优质、特色、多样发展的格局。同济大学第一附属中学数学组根据学校特色，依托已有基础，在“双新”背景下，探索如何利用慕课有效延伸课堂内容、激发学生学习兴趣、提升学生自主学习能力，于2018年推出慕课“有趣的数学”。

一、“双新”背景下高中数学慕课的设计思路

慕课作为一种依托于互联网的在线课程，具有开放性、互动性、便捷性等特点，可以作为课堂教学的有效补充，突破了传统课堂空间与时间的壁垒，让学习者利用碎片化时间，进行自主有效的学习。在探索“双新”背景下高中数学慕课教学的可行途径中，同济

大学第一附属中学“有趣的数学”慕课团队进行了积极的实践探索。

（一） 结合学生认知，筛选慕课主题

慕课团队在慕课主题选择上，定位于与高中数学课程内容相关的拓展内容，有一定的趣味性，既能激发学生学习兴趣，又能为学有余力的学生提供更丰富的数学学习经历。数学问题浩如烟海，高中数学慕课主题应符合高中生的认知水平，适合学生自主学习，所以部分难度过大、对思维要求过高的问题就不适合作为慕课的主题。

（二） 设计教学环节，激发学习动力

慕课学习完全基于学生的自主学习能力，根据我校其他慕课团队的经验，每次慕课开班，都会有部分学生无法完成全部课程。学生自主学习能力还有待加强，容易开始冲劲较大但后劲不足，特别是慕课，缺乏他人监督，需要学生持之以恒督促自己学习。

在设计慕课时，慕课团队思考如何设计合适的教学环节，在学生学习的每个阶段都树立一个明确的、可检测的目标，从而帮助学生克服惰性，学会自主学习。并且在准确的前提下，增强教学语言表达的趣味性，避免过多的书面表述。

（三） 完善教学评价，构建多维度评价体系

教学环节设计再完美，缺少了评价检测，效果也会大打折扣。慕课平台可以如实记录学生观看视频的时长、回答问题的正确率、论坛讨论的积极性，以及长期任务完成情况，教师可以多维度评价学生学习情况。

二、高中数学慕课教学模式的探索与实践

利用互联网的优势，有疑问的学生可以反复观看视频，如果仍有疑问，可以线下请教教师或与同学讨论，解答自学过程中产生的问题。教师提高教学效率，学生提高学习效率，有时间、有机会向更富有挑战性的问题发起挑战。高中数学慕课教学模式的构建，需要明确慕课的课程目标，选择合适的教学内容，大数据跟踪分析学生的学习质量，设计多维度作业检测学习效果。

（一） 前期准备

由于普通人观看视频的注意力集中时间一般为20分钟，所以慕课的时长不宜超过15分钟。不能将一节完整的线下数学课照搬成慕课。需要教师对课程内容进行筛选，在15分钟内浓缩一节课的精华，并严格规划每个环节所需的时间。

首先，慕课的切入点要小，难度不宜过高，比如可以选择与教学内容相关、有一定拓展性的内容作为课堂教学的补充，也可以选择某一个实际生活场景引入数学概念，还可以选择一个综合性问题中的关键步骤。综合各方面因素，“有趣的数学”慕课最终选定六个专题：自然数平方和公式的几何证明、博弈论初步、图论的起源——哥尼斯堡七桥问题、集合的势、幻方和非欧几何初步。这些主题都源于与高中数学相关的趣味性问题，既能让学生感受数学的趣味性，避免学生由于对数学的“固有恐惧”而影响慕课学习，也能契合“双新”对学生的培育目标，引导学生用数学的眼光发现问题，用数学的方法解决问题，用数学的语言解释问题。

其次，慕课作为教学环节的补充，教师应当设置可评测的教学目标。例如，通过慕课学习，学生拓展了学科知识，增强了学习兴趣，最终达成感受数学之美，体悟数学之趣，领略数学文化的目的。

最后，教师应当设计多维度的学习评价标准。除了纸笔测试，针对慕课平台具有可以将学生的过程性学习行为如实记录，帮助教师量化过程性评价。比如，教师可以知道每位学生视频观看时长、是否反复观看某个内容、在平台上评论互动的积极性等。

笔者以“有趣的数学——博弈论初步”的设计为例，阐述同济大学第一附属中学高中数学慕课的实践与经验。

（二） 课程设计

慕课“有趣的数学”设计了课前导言、视频学习、课中练习、课后作业、讨论合作、延伸拓展六个板块。

在“课堂导言”部分（见图36－1），学生可以大致了解慕课的学习内容及主讲教师，明确学习目的和内容价值。

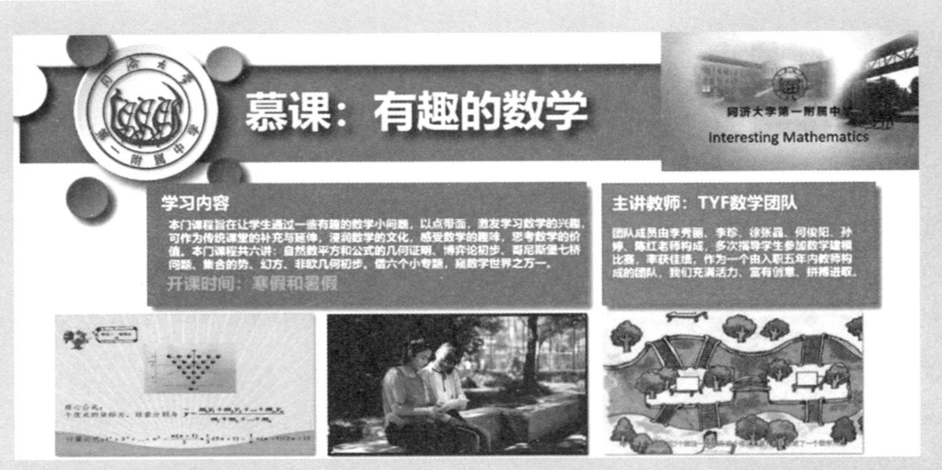

图 36-1 慕课的课堂导言

在“视频学习”部分(见图 36-2),学生通过观看慕课视频,自主学习相关内容。借助慕课平台的优势,学生可以在自己感兴趣、有疑问的地方反复观看。

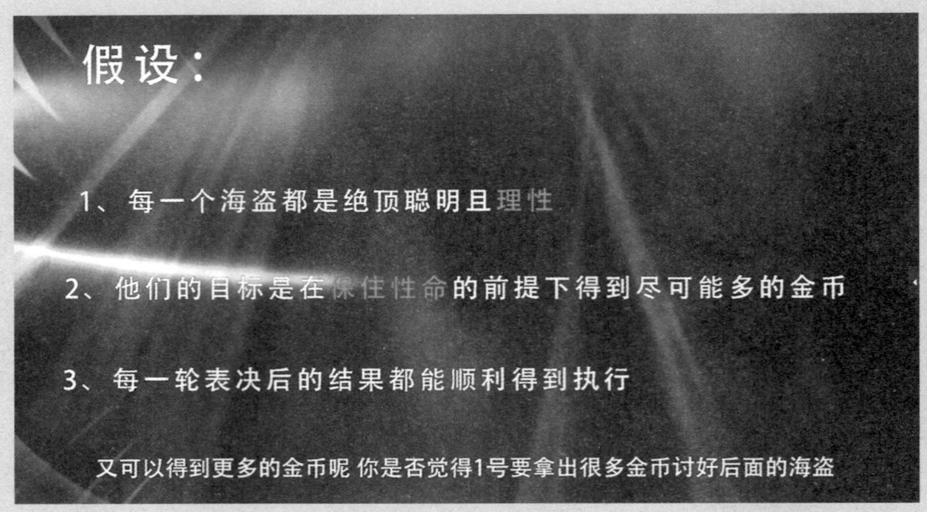

图 36-2 慕课教学视频截图

在“课中练习”部分(见图 36-3),设计与课程内容相关的问题,一般以选择题为主,难度适中,学生在观看视频的过程中完成。教师通过后台数据分析,了解学生的听课情况与知识掌握程度,为后续及时调整课程设置做准备。

1	博弈论初步的例子中，为什么2号海盗不拉拢3号海盗？	(A) 因为3号海盗至少需要2个金币才能支持2号海盗，而4号、5号海盗只需要1个金币即可 (B) 因为3号海盗反对2号海盗才能获得最大利益，独得金币，所以3号海盗永远不可能支持2号海盗√ (C) 因为2号海盗不需要给3号海盗金币也能得到他的支持 (D) 因为3号海盗只会支持1号海盗
2	利用博弈论的思想，解释如何让两个完全理性人尽可能公平地将蛋糕分为两份	(A) 让甲为乙切一块蛋糕，剩下的归甲 (B) 让乙为甲切一块蛋糕，剩下的归乙 (C) 让甲切蛋糕，且甲先选 (D) 让甲切蛋糕，让乙先选√

图 36-3 课中练习设计

在“课后作业”部分(见图 36-4)，学生利用所学的知识完成相应作业，短期作业以选择题或问答题的形式呈现，长期作业是尝试解决某个生活化问题，并撰写研究报告。

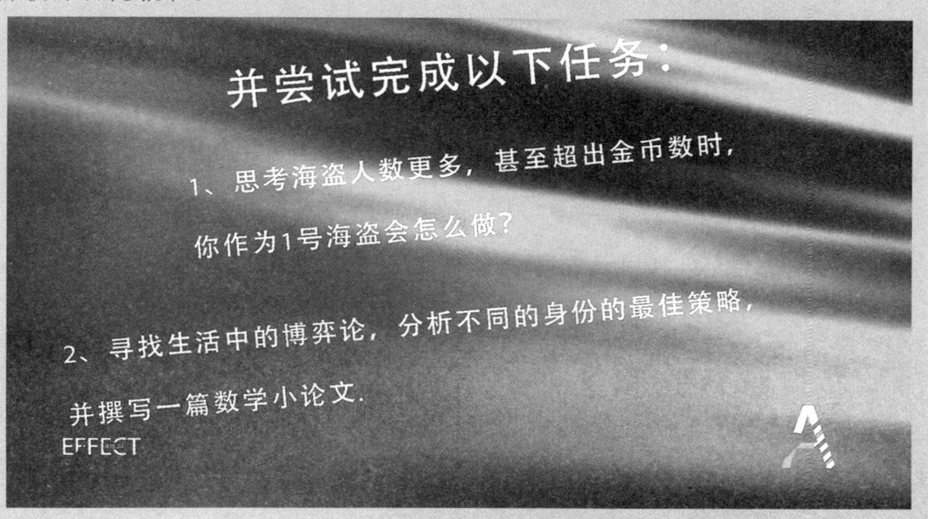

图 36-4 课后作业设计

在“讨论合作”部分，学生可以在论坛中向教师提出问题，也可以与同学共同探讨问题，教师可以通过置顶、加精华等方式展示有价值的观点，学生可以通过发帖、点赞、留言等方式表达自己的想法(见图 36－5)。

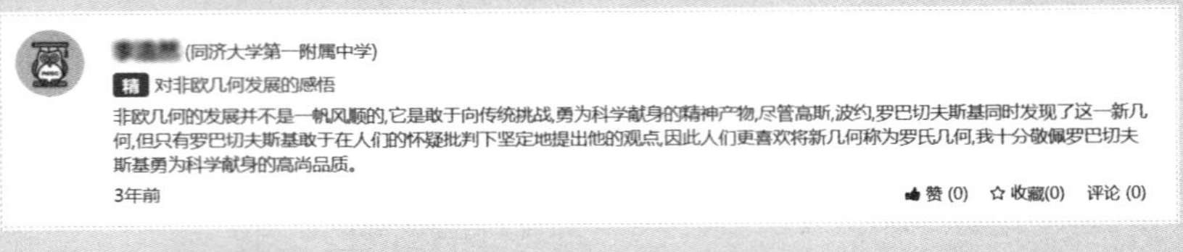

(同济大学第一附属中学)

精 对非欧几何发展的感悟

非欧几何的发展并不是一帆风顺的，它是敢于向传统挑战，勇为科学献身的精神产物，尽管高斯，波约，罗巴切夫斯基同时发现了这一新几何，但只有罗巴切夫斯基敢于在人们的怀疑批判下坚定地提出他的观点，因此人们更喜欢将新几何称为罗氏几何，我十分敬佩罗巴切夫斯基勇为科学献身的高尚品质。

3年前 赞 (0) 收藏(0) 评论 (0)

图 36－5 平台讨论区学生发言

在“延伸拓展”部分，教师提供参考书籍(见图 36－6)或视频链接，学有余力的同学可以进一步探索数学的奥秘。

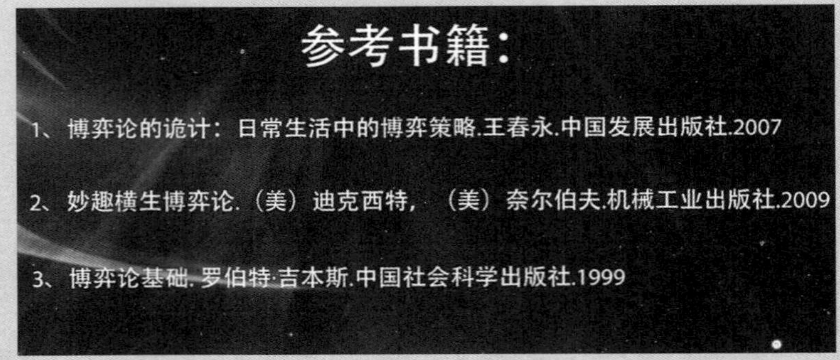

参考书籍：

1、博弈论的诡计：日常生活中的博弈策略.王春永.中国发展出版社.2007

2、妙趣横生博弈论.（美）迪克西特，（美）奈尔伯夫.机械工业出版社.2009

3、博弈论基础.罗伯特·吉本斯.中国社会科学出版社.1999

图 36－6 参考书籍

（三） 评价方式

慕课学习评价应充分利用大数据的优势，评价方式采用过程性评价和终结性评价相结合。过程性评价包括视频观看、课中练习、论坛讨论、学习态度四个方面，终结性评价包括短期作业和长期作业，见表 36－1。

表 36－1　慕课“有趣的数学”评价方式汇总

评价环节		评价目标	评价内容	评价要求	评价占比
过程性评价	视频观看	学生能够自主学习课程内容。	视频观看完成度。	应至少将每个视频完整观看1遍。	20%
	课中练习	评估学生知识掌握的程度。	在观看视频过程中，完成3道针对课程内容的基础性问题，问题以选择题的形式呈现。	按时完成，根据平台显示成绩记分。	10%
	论坛讨论	通过同伴互助式学习，激发学生深度思考。	讨论的积极性，问题思考的深度，是否提出感兴趣的问题。	教师给学生讨论与回答打分，对有价值的回帖置顶并设为精华，予以该同学加分；学生通过点赞和跟帖的方式，表达对某位同学观点的赞成，同样予以该同学加分。	10%
	学习态度	遵守慕课学习基本规范。	线上答疑出勤率。	线上答疑无故不缺席。	10%
终结性评价	短期作业	检测学生学习效果。	在学习本节课程内容后，完成10道与课程内容相关的题目，题目以选择题、填空题、解答题的形式呈现。	按时完成，根据平台显示成绩记分。	20%
	长期作业	进一步提升学生的数学思维能力，锻炼数学语言的表达能力，培养学生数学核心素养。	在学习本节课程内容后，完成1道与课程内容相关的开放性问题，并撰写数学小论文。	按时完成，教师根据论文的完成度、专业度、全面性等方面进行评分。	30%

（四） 存在问题及后续改进

慕课“有趣的数学”经过多年的实践，借助信息化优势，参与学习的学生覆盖全市多所初、高中，有效延拓了数学课堂的教学边界，引导学生发现数学之美，初步探索应用数学知识解决实际问题的途径。

在实际教学过程中，也发现了一些问题。

（1）部分学生观看视频完成度不高，没有完成整个慕课的学习与练习。教师可以适当进行督促，鼓励他们坚持完成课程。

（2）部分学生虽然尝试完成长期作业，但苦于不了解论文的基本写作规范，另因实际背景下的数学问题处理起来千头万绪，不知从何下手，所以提交的论文质量不高。在学生撰写数学小论文之前，教师可以给予指导，让学生了解论文撰写的基本规范与格式。另外，对于开放性问题的解决，仅依靠学生个人是比较困难的，故而也可以将学生分组，学生在与同伴的头脑风暴中，可能会碰撞出更多的思维火花。

（3）虽然慕课平台有论坛供学生分享和讨论，但论坛的时效性不高，互动回复不及时，一些学生遇到问题往往不能及时得到解决，容易造成问题的堆积。所以，在论坛讨论的基础上，教师也可以与学生共同组建慕课讨论群，实现问题的及时解决。经过共同的讨论，学生再将自己的想法汇总成文，发表在论坛中，提高论坛发言的质量。

三、“双新”背景下慕课在高中数学教学中的应用策略

慕课作为一种新时代的产物，为高中数学教学新模式打开了新局面，特别是在“双新”背景下，为高中数学教学模式探索提供了新方向，必定会在高中数学教学模式的改革中发挥重要作用。

慕课“有趣的数学”的教学实践，为学校后续慕课的开发工作提供了宝贵经验。教师要想完成慕课教学模式的构建，势必要对高中数学课程进行解构，将适合慕课形式的内容剥离出来，确定教学目标，明确师生交流、生生交流的要求，设计合理的评价手段等。

（一）深入挖掘数学问题，补充、延拓课内学习

慕课可以让学生接触更广泛的数学内容。通过慕课学习，学生可以发现兴趣所在，完成从“要我学”到“我要学”的转变。

由于慕课时长的限制，慕课团队筛选的主题都是课内知识的补充与延拓，启发学生对课内知识的进一步思考，引导学生发现更广阔的数学世界，鼓励学生在学习慕课之后继续探索新的内容。

比如在“有趣的慕课——自然数平方和公式的几何证明”中，介绍了构造三角数阵证明自然数平方和公式的方法(见图 36 - 7)，教材里是用数学归纳法证明该公式，学生可以对比两种方法，从不同角度理解同一个数学公式，打破思维定势，体会数学证明的严谨性，培养逻辑推理能力，提升数学核心素养。

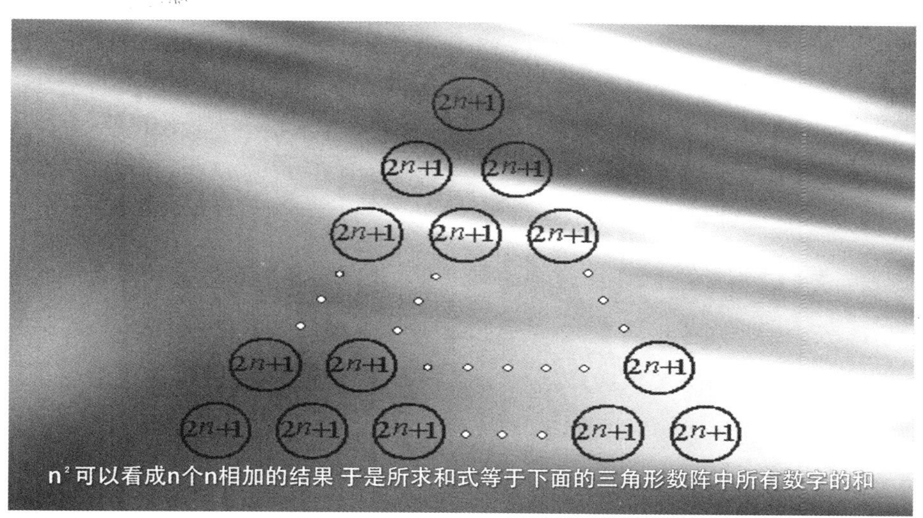

图 36 - 7　构造三角数阵证明自然数平方和公式

(二) 明确设计任务目标，指导学生自主学习

在“双新”背景下，教师的育人目标是发展学生的学科核心素养，让每一位学生都体验知识的发展过程。为了更准确地反映学生学习状态的真实性，前期的任务设计非常重要。慕课团队在慕课介绍中明确学习目标，让学生带着任务学习；并在慕课学习过程中穿插测试题，以选择题的形式测试学生学习效果；最后布置长期任务，让学生应用慕课学到的知识解决实际问题，形成一个完整的知识学习过程。

学生通过慕课学习，合理安排学习时间和内容，找到最适合自己的学习方式，大大提高学习效率，提高自主学习能力。今后学生独立面对更广泛、更艰难的学习任务时，可以借鉴慕课的学习经验，应对更大的挑战。

(三) 精准记录学习过程，定量分析学习效果

评价是教学环节的重要组成部分，学习评价必须以客观数据为基础，慕课平台为数

据收集提供了一个非常好的途径。

视频观看时长、课中练习完成结果等客观数据可以由平台直接汇总，节省了教师收集数据的时间；论坛交流、长期作业等主观数据可以长期保存在平台上，便于教师、学生浏览、讨论。教师可以根据讨论的热度、作业完成度、点赞量等方式，定量分析学生的学习效果。

每一轮慕课开班，新加入的学生都可以看到过去论坛的讨论，使得学习经验的交流跨越时空维度，得以传承下去。

（四）建立配套的激励机制

针对慕课平台高注册率、低完成率的情况，平台需要严格把控慕课质量和内容。对于完成慕课并通过相应考核的学生，给予相应的学分奖励。多设计一些开放性任务，这部分在激励机制中应占据更大的比例。

四、结束语

同济大学第一附属中学“有趣的数学”慕课团队初步探索了高中数学慕课的教学模式，为后续进一步推进慕课建设提供了大量的实践经验，也为其他学科的慕课开展提供了参考。

参考文献

[1] 谢君辉，郭峰，李力.慕课(MOOC)时代下高中数学教学方式探究[J]，教育教学论坛，2016(8)：271－272.

[2] 史宁中，林玉慈，陶剑，等.关于高中数学教育中的数学核心素养：史宁中教授访谈之七[J].课程・教材・教法，2017(4)：8－14.

[3] 董世魁，马浚伟，刘世梁，等.大学课程慕课制作与运行[J].中国大学教学，2019(11)：24－28，87.

作者简介

徐张晶

华东师范大学教育硕士，毕业以来一直从事学校的数学教学工作，自 2018 年起参与学校数学实验室管理。曾开设“数学文化与数学史”“数学建模与数学实验”选修课，深受学生好评。2019 年 11 月荣获上海市信息化教学慕课组二等奖，2017 年指导学生获“登峰杯”数学建模比赛初赛一等奖。

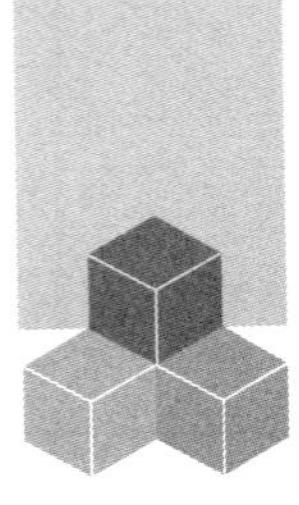

基于慕课的高中物理拓展课教学实践研究

——以“太阳能的利用”为例

华东师范大学第一附属中学　许文怡

以高中物理教材内容“太阳能的利用”为例，在“翻转课堂”的教学方式中引入慕课，从课前、课中、课后三个部分介绍教学实践过程，并配备评价量表，从知识掌握、活动参与、实验设计三个维度进行自评、互评和教师评价。最后，基于“双新”课改的新背景，对慕课教学进行总结与反思，并提出改进措施。

一、背景分析

“太阳能的利用”是沪教版《高级中学课本·物理·高中二年级第一学期》中“内能 能量守恒定律”最后一节内容，学生在掌握了内能、能量转化和能量守恒定律等内容后，再对“新能源中的太阳能”进行进一步学习。本节课的内容包含阅读材料和探究性实验，学生可通过自主阅读对太阳能的产生、转化和利用等进行学习，并运用DIS温度传感器测量不同材质表面对太阳能转化为内能的效率的影响。

教材内容丰富，但实施起来却受到诸多限制。首先是时间局限：高考改革后，物理的教学课时被缩减；本节内容需要学生在课堂中自主阅读、讨论问题、进行实验探究，并对学习内容进行总结和交流，这将占据不少课堂和课后的时间，无疑与如今本就紧张的课时相冲突。其次是资源局限：教材由于篇幅限制，仅提供了简略的文字材料，缺乏生动鲜活的视频、图片资源；学生在课前预习和课后复习时搜索太阳能的相关内容时，网络资源的繁杂带来很多不便。最后是空间局限：课程中的探究实验需要使用数字化实验设备，学生只能在实验室进行实验操作，不利于课后进一步学习和探究。

为了打破这些局限，备课组教师共同研究课程、收集素材，结合教材开发了慕课“新能源——开启未来能源之路”太阳能系列课程。在教学中，教师充分运用慕课资源。从课前学生预习到课后复习，再到课中“翻转课堂”，慕课为教学提供了便捷而丰富的资源，也激发了学生的学习兴趣，调动了学生学习的自主性。

二、教学过程

在这个内容的教学过程中，我们采用“翻转课堂”的模式。翻转课堂，又称为“颠倒课堂”，是一种将“课堂教师讲授知识，课外学生完成作业”这一传统教学模式进行翻转的新型教学模式，即学习者课前通过视频、文字等学习材料完成部分课程的预习，课堂上教师组织学生对预习内容进行讨论、问题解答。运用慕课进行的“翻转课堂”教学活动分为课前、课中、课后三部分。

（一）课前准备

课前，教师为学生提供包含慕课和学案的自主学习包（见图 37－1）。以“太阳能的

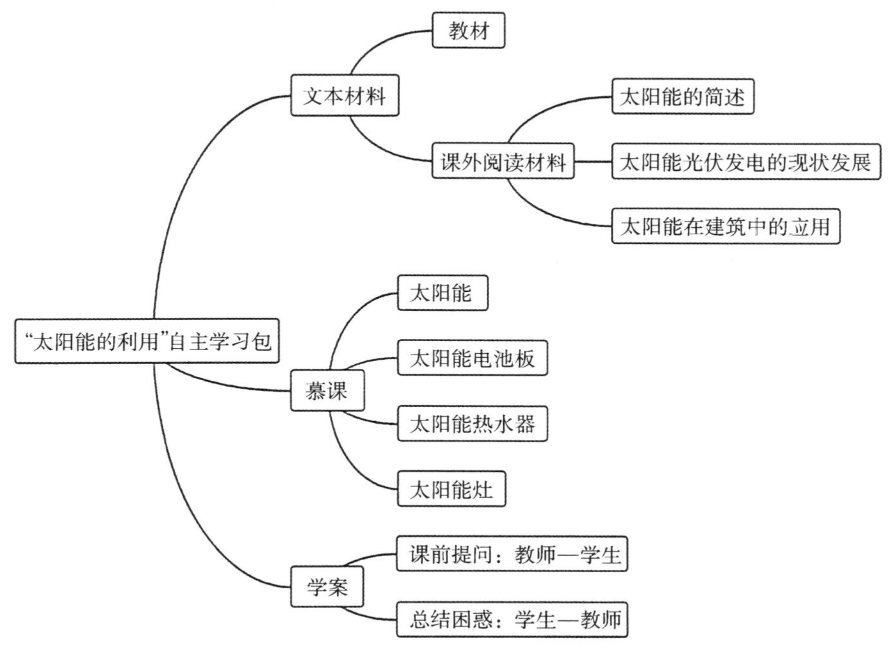

图 37－1 “太阳能的利用”自主学习包

利用”这节课为例，学生的学习材料除课本内容外，还包括慕课中的 4 节微课《太阳能》《太阳能电池板》《太阳能热水器》《太阳能灶》，以及学案和课外阅读（与太阳能的利用与发展相关的文章）。同时，教师也可引导学生对自己感兴趣的话题进行资料搜集。教师还可将课程的重点和难点进行提炼，由组长挑选课堂中将要讲解的主题，组内成员讨论并准备讲解内容。

慕课作为学生预习重要的资料，不能仅仅罗列知识点，而是需要教师基于课程内容，进行素材收集、整理和再加工。“太阳能”系列慕课具有以下几个特点：

1. 趣味性

运用图片、视频等替代单一的文字，能更好地增加课程的趣味性，提高学生学习的积极性。如在微课《太阳能》中，教师运用纪录片来进行知识讲解；在微课《太阳能电池板》中，教师用动画形式生动地介绍了光伏发电的原理（见图 37－2）；在微课《太阳能灶》中，教师用镜子实验来验证太阳能灶烹饪的可行性。

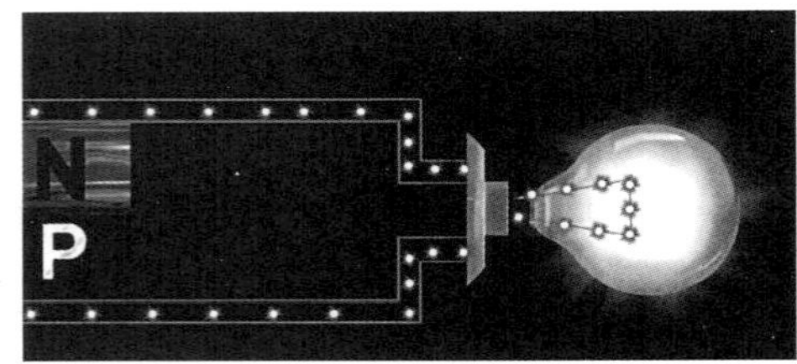

图 37－2　微课“太阳能电池板”中的原理动画组图

2. 互动性

慕课不同于面授课程，没有教与学面对面的互动，需要教师通过多种形式促进课堂上的互动。在《太阳能电池板》中，教师提供了制作太阳能小车的方案，学以致用，动脑又动手；在《太阳能热水器》中，教师提供了“你觉得太阳能热水器有哪些优点和缺点”等问题，促使学生思考科技在实际生活中运用的利弊。

3. 系统性

太阳能系列慕课包含太阳能概述和太阳能的利用，课程中对于目前较为广泛使用的太阳能应用进行介绍，并对每一种应用的原理、使用情况、优缺点等进行详细介绍，兼顾知识的全面性，拓展学生的视野。

4. 便捷性

学生学习慕课的便捷性也是非常重要的。运用信息化平台可以更好地帮助学生随时随地学习。太阳能系列慕课已在“上海市高中名校慕课”平台上线，学生可以便捷地通过网络收看课程，也可以在平台提供的讨论区对课程内容进行提问和评论。

在自主完成慕课学习后，学生还需要完成预习学案。学案分为两部分。第一部分是文本材料，要求学生课前阅读。文本材料分为必读和选读。必读为教材内容，选读材料是教师提供的课外阅读材料，学生可根据自己的兴趣选择性阅读和学习。教师根据文本材料中的重点、难点设置问题，让学生边学习，边寻找答案，以问题促思考。第二部分是在预习结束后，学生在学案上记录对课程内容的困惑，以便教师提前收集问题，并在课堂上以讨论的形式来解决。通过提出问题、交流问题以及解决问题，预习学案为学生提供了自主学习的路径，提高了学生学习的主动性和积极性。

（二）课堂教学

学生提前自由分组，每组五到六人，并推选一名组长，由组长确定发言主题、组织课堂活动及讨论。

课堂教学过程分为 4 个环节：内容回顾、交流解惑、实验设计、总结提炼。

1. 内容回顾

内容回顾是指由学生代替老师对部分课程内容进行讲解。学生在讲解时可以运用多种形式，如图片、动画、慕课片段等。“太阳能的利用”这节课中，太阳能电池板的工作原理是一个难点，讲解的学生首先通过播放慢动作动画，讲述工作原理。为了让其他学生更好地理解在光照情况下半导体 PN 结间电荷的分布，几位学生化身为“电子”，表演了电子的移动情况。学生以自己的理解进行展示，发挥了他们学习的能动性，同时也帮助他们更为深入地理解课程的重难点，提升科学思维能力。

2. 交流解惑

交流解惑是由教师和学生交替发问，问题可以是课前学案预习时的问题，也可以是学生在学习中产生的困惑。在相互交流的过程中，学生学会辩证地看待问题，深入理解课程内容，自主生成结论的同时获得学习的成就感。例如：学生针对太阳能发电提出疑问：

> 除了光伏发电外，还有哪些太阳能发电的方式？
>
> 为什么光伏发电的能量转换率很低？
>
> 如何解决光伏发电的电能储存问题？

光伏发电并网是怎么回事？

面对变身为“十万个为什么”的学生，教师在课前应充分进行资料搜集，以解决学生的困惑。教师也可以在课堂中运用搜索引擎，带领学生共同寻找问题的答案。同时，教师可引导学生根据自己搜集的资料，尝试回答同学提出的问题。

3. 实验设计

实验教学是物理教学的重要组成部分。学生除了要知道实验如何操作外，还要基于实验目的和实验原理，理解实验时如何选择实验器材、为什么要使用这些实验器材、实验步骤的目的以及实验方法。在“太阳能的利用”中，教材提供了“提高太阳能转化为内能的效率”的实验，探究运用温度传感器测量在太阳的照射下，三种不同材料瓶子内部空气温度的变化情况（见图 37－3）。

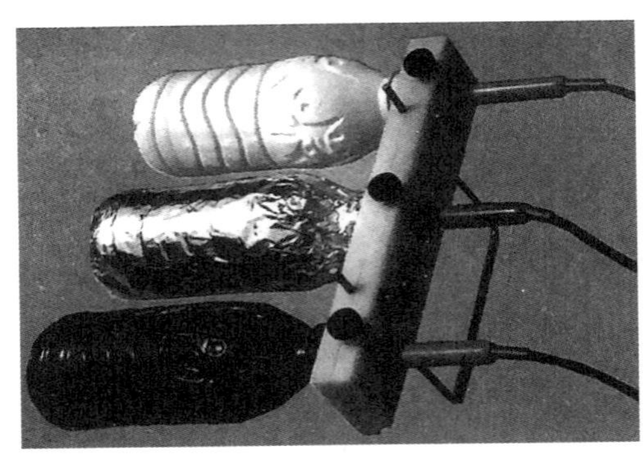

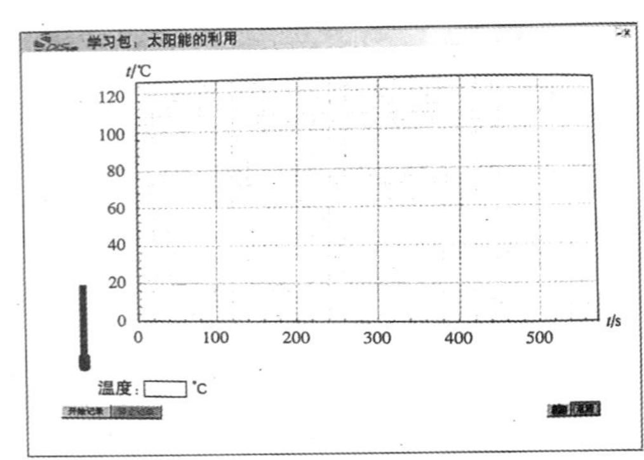

图 37－3　教材中太阳能转化效率实验

针对这一探究性实验，学生在讨论中对器材、实验方法、实验操作步骤都提出了自己的见解：

水是生活中最常见的需要加热的物质，建议在瓶内装满水，测量水温的变化。

电子温度计读数更方便，建议使用电子温度计。

运用控制变量的实验方法设计实验。实验可以分成两组：第一组，让太阳光垂直照射在瓶身上，比较不同材料对太阳能转化效率的不同（见图 37－4）；第二组，采用同种材质的瓶子，调节太阳光与瓶身的夹角，比较倾角对瓶子吸收太阳能效率的影响。

图 37－4　对太阳能转化效率的改进实验

学生通过自主设计实验，交流实验方案，对实验内容有了更深入的理解，同时也培养了基于实验目的提出问题、分析、评估等实验探究能力。

4. 总结提炼

总结提炼是教师对整节课的内容进行提炼，是对已解决及待解决问题的总结，也是对学生在课堂中的表现进行评价。对学生的评价可以采取评价量表(见表 37－1)，分为教师评价、自我评价、组内互评等方式进行。

表 37－1　“太阳能的利用”课堂评价量表

指标	0—3 分	4—6 分	7—10 分	自评	互评	教师评价
知识掌握	无法简述太阳能的定义，不清楚太阳能的利用以及这些利用的原理。	能够简述太阳能的定义，知道太阳能的利用，能简单说出利用的工作原理。	能够用规范的语言表述太阳能的定义，系统了解太阳能的利用以及工作原理。			
活动参与	活动参与度低，组内讨论时发言较少。	活动参与度较高，能够积极参与组内讨论。	活动参与度非常高，积极带领组内成员讨论，并交流自己的看法。			
实验设计	不理解实验的目的和原理，无法进行器材选择和实验设计。	较清楚实验的目的和原理，器材选择和实验设计较合理。	非常清楚实验的目的和原理，器材选择和实验设计合理。			

通过评价量表，让学生对自己知识掌握情况、课堂参与度、实验能力等有一个较全面的认识，也为教师将来更好地帮助学生提供依据。

（三）课后反馈

课后，教师可以采取丰富多样的形式延续课堂内容。测评练习可以快速检验学生对课程内容的掌握程度，教师可以有针对性地进行辅导。课堂中设计的探究性实验，学生可以利用课余时间完成。除此之外，教师也可以指导学生利用收集到的资料和在活动中掌握的知识制作太阳能小报并进行展示。

三、反思改进

慕课为学生和教师提供了丰富的视频教学资源以及便捷的学习方式。运用慕课进行“翻转课堂”的教学，改变了传统的授课方式，提升了学生的学习效率和积极性。

太阳能系列慕课是基于二期课改物理教材进行资料收集并制作的。而新一轮的课程改革深化，对教学内容和教学方式都提出了新的要求。例如，新教材是以问题链引出课程内容，从提出问题、探究问题、解决问题、拓展运用几个环节，让学生经历科学研究的完整过程。而慕课也应该符合这一教学逻辑。例如太阳能系列慕课可以从“什么是太阳能？”“如何使用太阳能？”“太阳能应用有什么优势和不足？”等问题出发，引导学生进行探究。在慕课后期制作中，可以用问题链串起课程内容。

运用慕课进行物理拓展课教学是对物理课程内容的补充和延伸，为物理拓展课教学提供了一种开放、高效的教学模式，为拓展学生的知识面、提高学生的学习兴趣提供了帮助。更重要的是，通过课前的自主学习、课中的高效参与以及课后进一步延伸学习，学生从浅层学习知识，转变为持续、自主的理性思维和高阶认知活动。

参考文献

[1] 张金磊，王颖，张宝辉.翻转课堂教学模式研究[J].远程教育杂志，2012(4)：46－51.

[2] 钟晓流，宋述强，焦丽珍.信息化环境中基于翻转课堂理念的教学设计研究[J].开放教育研究，2013(1)：58－64.

作者简介

许文怡

华东师范大学理学学士，毕业后从事物理教学工作，曾在2019年“一师一优课”评比中获部级优课，并在全国“新教学”教师研修实践中开设示范课。在教学过程中，注重实验教学的开发与研究，主持区级课题“培育学科核心素养视野下高中物理实验流媒体库的规准化开发与应用研究”，并在核心期刊《中学物理教学参考》上发表《巧用物理问题链 促进学生实验探究》(2022年第2期)、《泛在学习视域下高中物理数字化实验教学的实践探索》(2021年第23期)等论文。

图书在版编目(CIP)数据

课程改革深化背景下的慕课开发与实践:上海市高中名校慕课案例集/上海市电化教育馆编.—上海:上海科技教育出版社,2022.12

ISBN 978-7-5428-7865-6

Ⅰ.①课… Ⅱ.①上… Ⅲ.①网络教学—教案(教育)—汇编—高中 Ⅳ.①G434②G632.0

中国版本图书馆CIP数据核字(2022)第239990号

责任编辑 曹 一 张心凯
封面设计 李梦雪

课程改革深化背景下的慕课开发与实践:
上海市高中名校慕课案例集
上海市电化教育馆 编

出版发行 上海科技教育出版社有限公司
(上海市闵行区号景路159弄A座8楼 邮政编码201101)
网 址 www.sste.com www.ewen.co
经 销 各地新华书店
印 刷 启东市人民印刷有限公司
开 本 787×1092 1/16
印 张 24.5
版 次 2022年12月第1版
印 次 2022年12月第1次印刷
书 号 ISBN 978-7-5428-7865-6/G·4660
定 价 88.00元